JN102462

Basic
Study
Books

入門 国際法

Handbook on International Law

大森正仁 編著
Omori Masahito

法律文化社

はじめに

　21世紀に入ってから世界で起きている課題は枚挙に暇がない。2000年には，2015年を目標とした「ミレニアム開発目標（MDGs: Millennium Development Goals）」，2015年には，2030年を目標とした「持続可能な開発目標（SDGs: Sustainable Development Goals）」が策定されているが，これらは，現代の国際社会において我々が抱えている問題を反映しており，さらに現在ではポスト SDGs も視野に入りつつある。

　この間に国際法に関連するものとしては，日本では2011年3月11日の東日本大震災を契機に注目された自然災害や原子力事故に関する諸条約，領土問題，TPP への参加，国際司法裁判所での捕鯨事件判決，2014年7月1日の国家安全保障会議と閣議の決定「国の存立を全うし，国民を守るための切れ目のない安全保障法制の整備について」などが挙げられる。また，「国家安全保障戦略」（2013年決定）は，2022年に新たな方針が決定され，日本を取り巻く国際情勢の変化を示している。国際的には中国の海洋進出，ロシアのクリミア半島を巡る動きがあり，国連では2014年から2024年までを「すべての人のための持続可能なエネルギーの国連の10年」としている。いうまでもなく国際法の観点から，最も衝撃的な事件は2022年2月24日のロシアによるウクライナ侵攻であるが，現在でもなお継続中で，その影響は多方面にわたっている。

　国際化の指標でもある人，物，情報，エネルギー等の国境を越える移動もまた，その量を増加させ，質を変化させてきた。例えば，2008年に約840万人であった日本への外国人訪問者は，震災の影響により一時減少したものの，2013年に初めて1000万人を超え，2018年には3000万人を超えた。この状況を一変させたのは新型コロナウイルス感染症（COVID-19）であった。2020年以降，各国の間での人的交流は激減し，対策のために「鎖国」状態にまで達したともいえるが，コロナ禍が収束し，ウイルスへの対応が日常化する中で急激に日本への訪問者数は回復しつつある。

　隣国との関係では，交流を促進していくべきところで双方の思惑の違いにより，これまでの努力の成果が簡単に水泡に帰すことを目の当たりにしている。領土問題（一方はそれが存在していないと主張する場合を含めて）への国際法からのアプローチひとつを取り上げてみても大きな変化が生じている時代である。しかしながら，国際的な紛争解決手続がいかに発展しても最終的には紛争当事者が解決に向けて努力をしない限りはその糸口をつかむことさえできないのが現実である。

このような状況で国際法はどのように理解されているのだろうか。この10年ほどの間にも，新たに生じた事態に対応する国際法の必要性は高くなってきているものの，その全体像を理解することはますます難しくなっているように思われる。インターネットの普及に伴い，また，スマートフォン等のモバイル端末機器の進化により，多くの情報に簡単に接することが可能となった。以前に較べて使いやすさは進歩してきており，分散している情報を瞬時に収集することができる時代に我々は生かされている。このことは同時にサイバー空間で新たな問題を生み出すことにも繋がっている。

本書は，『よくわかる国際法』（ミネルヴァ書房，第2版，2014年）の構成を改め，最近生じた様々な問題を考慮に入れ，新規の企画として準備された。新たな項目を追加し，担当者，担当項目の入れ替えも行ったが，はじめて国際法に触れる人のために，どのような知識が必要であり，さらに勉強を進めていく上で何らかの指針を与えることができないか，という初期からの趣旨に変更はない。様々な問題を考慮に入れながら，国際法の対象とする分野が広いことから，総論と各論という2部構成を採用することにより，取り上げることのできなかった新しい問題への対応を可能にできると考えている。読者諸氏が本書により基本的な事項を理解した上で，次の段階へと進まれることを期待している。

動揺する国際社会において，各国の行動および指導者の見解が，国際法の観点からどのように考えられるのかを，一人ひとりの個人が判断する力を有することが不可欠である。フェイクニュースや情報操作で無意識のうちに我々の自由や民主主義が脅かされないようにするための基本的な知識は，デジタル社会において，より一層重要になってきていると感じている。

今回の執筆にあたっては，法律文化社の梶谷修氏からは適切な指摘をいただき，作業を進めることができた。心から感謝申し上げる次第である。

最後に，執筆者の多くが教えを受けた慶應義塾大学の栗林忠男名誉教授が2019年1月にご逝去され，遼子夫人も翌々年8月に亡くなられた。執筆者一同，これまでの学恩に感謝すると共に，ご冥福を心からお祈りする次第である。

2023年9月

執筆者を代表して　大森正仁

目　次

iv

序　章

五大陸と国際法の動き

Ubi societas ibi ius（社会あるところに法あり）との格言があるが，国際社会があるとすれば，国際法が存在することになる。その国際社会は，地域により，また時代により，実は多様であり，社会的，文化的，民族的，歴史的観点等からは，同一のものではあり得ない。そのような状況が生み出している各地域の特徴を概観しながら，それでもなお同一の国際法規則を生み出そうとしているそれぞれの地域での国際法の発展の違いを感じてほしい。

1 アフリカ大陸

1 欧州勢力の渡来

アフリカ大陸奥地では，古くから集権的な政治体制が形成されていた。例えば，中部アフリカのベニン王国やコンゴ王国，また東アフリカには，北方から来た遊牧民（ツチ）によってバンドゥー系農耕民（フツ）を支配して築かれたキタラ王国が栄え，この王国は後にウガンダ王国やルワンダ王国として，19世紀のヨーロッパ諸国による植民地支配まで存続する。ところが，ブラック・アフリカ（アフリカ大陸南部）の海岸各地では，15世紀半ば頃から，大航海時代を迎えた欧州諸国によって交易拠点が作られるようになる[*1]。これら欧州勢力の目的は，当初金であったが，次第に奴隷貿易へと移行していき，19世紀に欧米諸国で奴隷貿易が廃止されるまで数千万のアフリカ人が犠牲となった。

2 植民地時代と第二次世界大戦

19世紀に入ると，アフリカ大陸全土は，産業革命を経験し機械制大規模工業による資本主義が発展した欧州諸国によって分割され，植民地支配に服することとなる。当初，アフリカ大陸のうち欧州諸国の支配下にあったのは1割にすぎず，支配権を及ぼした国も英国，フランス，ポルトガルの3カ国であった。ところが，ベルギー国王レオポルド2世がコンゴ盆地を中心にコンゴ国際協会を創設し，コンゴ盆地の植民地化を推し進めたことにより，他の欧州諸国によるアフリカ大陸

*1　初めにポルトガルのエンリケ航海王子の遺志を継いだジョアン2世の時代にポルトガルの交易拠点が作られ，その後，海の覇権争いに参戦したオランダ，英国，フランスによってこれらの拠点の争奪が繰り返されるようになった。

2

*ベルリン条約

この内容は、コンゴ盆地の自由貿易と中立化、コンゴ川の航行の自由（コンゴ盆地条約）、奴隷貿易の禁止に関する宣言、ニジェール川の航行の自由に関する協定、アフリカ沿岸部での新規の領土併合に関する取決めなどである。同条約は、コンゴ国際協会のコンゴ盆地に対する支配権を承認し、ベルリン会議直後にこれをコンゴ自由国とした。この国王を兼任したレオポルド2世は、1885年から事実上同国を国王の個人財産とし、土地収用政策、鉄道開発、ゴムと象牙の採集のための残虐な強制労働政策など暴政の下においた。こうした政策は欧米諸国からの激しい非難の的となり、1908年には同国はベルギー政府の手に移管されることとなった。第二次世界大戦後もこの地域はコンゴ人が政治から隔離されていたため、ナショナリズムの発展が著しく遅れたままの状態で1960年の独立を迎え、その後のコンゴ動乱（1960～65年）を引き起こすなど、混迷を極めることとなる。

*2 例えば、アルジェリアのアブドゥ・アルカディルの反仏闘争（1832～47年）、スーダンのマフディー派の反英闘争（1881～98年）、英領ソマリアにおけるサイード・ムハンマドの反乱（1899～1920年）、独領東アフリカ（タンガニーカ）のマジマジの反乱（1905～07年）などが挙げられる。

分割競争が激化の一途を辿る。こうした無秩序なアフリカ分割競争に一定のルールをもたらすべく、ドイツのビスマルク首相の提唱により開催されたのがベルリン会議（1884～85年）であった。ここでは、欧州諸国に米国とオスマン帝国を加えた14カ国が参加しベルリン条約*が締結された。

3 資源ナショナリズム運動と植民地独立

植民地主義に対しては、19世紀頃からアフリカ人によって地域的な抵抗運動が起こったが[*2]、これらは主として英領内で、ナショナリズム運動が全アフリカ的なものとなるには第二次世界大戦後まで待たなければならなかった。

第二次世界大戦によって植民地体制が弱体化すると、1940年代後半にはアジアの植民地独立、1950年代にはアフリカ植民地独立が起こる。その後1960年代、70年代を中心に一気に50近くの独立国が誕生した。しかし、これらの新興アフリカ諸国の誕生は、過去の植民地獲得闘争の中で欧州勢力による細分化、再編成を繰り返して作り上げられた不自然な国境線をそのまま引き継がざるを得なかった。このため、民族の形成や国民統合の問題は、独立後のアフリカ諸国に急務の課題となったが、その問題解決の糸口がみつからないまま、コンゴ動乱（1960～65年）、ナイジェリアにおけるビアフラ戦争（1967～70年）といった紛争を引き起こした。

4 現代アフリカと地域協力機構

1960年代半ば以降のアフリカは、金、石油、ダイヤモンドといった稀少天然資源の利権をめぐる開発独裁体制の時代でもある。これと並行して軍事クーデターも頻発し、その結果、ナイジェリアやガーナなどでは軍事政権によって政治的不安定がもたらされた。東西冷戦が終結すると、こうしたアフリカ諸国にも本格的な民主化の波が押し寄せ「第二の解放の時代」と呼ばれるように、一党支配体制から複数政党制への転換が多くみられるようになる。しかしながら、こうした民主化の過程は、開発独裁体制時代に蓄積された歪みを一挙に表面化させ、ルワンダ（1990～94年）、ソマリア（1991年～）、ジブチ（1991～2001年）、コンゴ民主共和国（1998年～）、リベリア（2003年）、コートジボワール（2002～03年）など民族紛争を激発させた。1990年代はまた、南アフリカ共和国におけるアパルトヘイト政策廃止（1991年）と全人種選

挙の実施（1994年），マンデラ政権の発足といった，歴史的課題の解決もみられた時代でもある。

アフリカでは，50を超える植民地の独立を背景に，小国分裂への危機意識から，指導者たちによって地域協力及び地域統合へ向けた方法が早くから模索されてきた。これは，第二次世界大戦後のアフリカに強い影響力を行使した**パン・アフリカ主義**[*]によるところが多く，1963年5月のアフリカ統一機構（OAU：Organization of African Unity）の創設を導いた。OAU は，その後アフリカの一層高度な政治的経済的統合の実現と紛争の予防・解決に向けた取組み強化のために，2002年7月にアフリカ連合（AU：African Union）へと発展改組され，現在では，アフリカ55カ国が加盟する世界最大の地域的国際機構となっている。AU は発足以来，アフリカの地域統合・協力の中核として急速に機能を拡大しており，特に平和・安全保障分野で活動し，国連改革，気候変動，各種選挙等で統一の立場を形成している。また，2001年に採択された「アフリカ開発のための新パートナーシップ」（NEPAD）は，開発分野における役割を拡大している。日本が主導し，国連及び国連開発計画（UNDP）等と共同で開催されるものとして，アフリカ開発会議（TICAD）も注目される。^{*3}

② ユーラシア大陸

1　イスラーム国際法

ヨーロッパ[*]と**アジア**[*]をあわせもつユーラシア大陸における特徴的な国際法の動きの一つは，イスラーム国際法の形成と発展である。主に中東地域において展開されたイスラーム国際法は，現代国際法の源流となったヨーロッパ国際法や東アジアに独特の華夷秩序とは異なった思想的背景に基づいている。

7世紀，イスラーム教は，アラブ世界における交易による繁栄がもたらした個人主義（相互扶助精神の減退）に基づく社会的混乱（ジャーヒリーヤ）の時代を打開する形で誕生した。そのため，イスラーム教は，アッラー以外の神を認めず，偶像崇拝の禁止，富の衡平な分配，貧者や寡婦の救済，部族間紛争の終焉等を推し進めることで，アラブ世界の多民族を連帯させることに成功し，平和な世界（ダール・サラーム）を確立した。

アッラーを制定者とするイスラーム法（シャリーア）は，

＊パン・アフリカ主義
ナショナリズム運動と並んで第二次世界大戦後の植民地独立運動を推し進める原動力となった。この動きは20世紀初頭から半ばにかけてパン・アフリカ会議として結実し，各植民地における独立運動相互間の連帯を強化していった。

＊3　西アフリカでは，1975年のラゴス条約に基づいて西アフリカ諸国経済共同体（ECOWAS：Economic Community of West African States）が結成されている。現在の加盟国はコートジボワール，ガーナ，セネガルなど15カ国。設立当初の目的は，持続的経済開発のための基盤整備，地域内の関税障壁の撤廃，域内・域外貿易の促進等，将来の経済統合を目指すものであったが，近年では，選挙支援メカニズムの構築，紛争予防・管理・解決・平和維持・安全保障メカニズムの構築，ECOWAS 待機軍の設置等へ活動範囲を広げている。また，域内に蔓延する小型武器の対策としての ECOWAS 小型武器条約（2006年）は，関係諸国の努力の成果として評価される。

＊ヨーロッパ
➡序章❺「ヨーロッパ」
＊アジア
➡序章❻「アジア」

イスラーム教における連帯意識の要となり，イスラーム世界の安全保障に資するものと位置づけられている。イスラーム法は，宗教，生命，理性，血統，財産という人類の生存に不可欠な価値を保護することを目的に，礼拝，浄財，斎戒，聖戦，売買，遺贈，婚姻，扶養，応報，賠償，法定刑等，宗教儀礼から民事法や刑事法を含む多種多様な規範を包摂している。イスラーム法の法源に関しては，アッラーの啓示（アル・クラーン）と預言者の言行録（ハディース）が基本的法源とされ，これに加え，法学者の協議に基づく合意（イジュマー）と類推解釈（キヤース）を法源とするかについて学派が分かれてきた。

イスラーム法のうち，ムスリムと異教徒との関係を規律した規範は，イスラーム国際法（スィヤル）と称され，8世紀頃，シャイバーニー*の『大行状記』によって確立された。イスラーム国際法は，主に国家間の関係を規律してすべての国家に適用されうる近代国際法と異なり，イスラーム世界の対外関係を規律し，ムスリムのみを拘束する法である。イスラーム国際法によれば，世界は，イスラーム教の及ぶ「イスラームの家」（ダール・イスラーム）と呼ばれる共同体と「戦争の家」（ダール・ハラブ）と呼ばれる異教徒の共同体に大別される。イスラーム国際法は，これら両共同体間の関係の調整を司っており，異教徒との関係の基本は，①イスラーム入信の呼びかけ，②入信に応じない場合の税金（ジズヤ）の支払請求，③納税拒否の場合の戦争開始といった順で構成され，納税をして「イスラームの家」に居住する異教徒は庇護民（アフル・ズィンマ）として保護されることになっている。異教徒との戦争に関して，イスラーム国際法には戦争法規が置かれ，非戦闘員の殺害の禁止や異教徒との契約である休戦協定（スルフ）の容認に関する規範が存在している。

*シャイバーニー
ハナフィー派の法学者で，イスラーム国際法の父と呼ばれる。

2 　地域協力のための機構

中東地域においては，アラブ諸国等の共通利益を保護するため，様々な国際機関が設立されてきた。1945年にエジプトの提唱により設立されたアラブ連盟（League of Arab States）は，加盟国の独立と主権の擁護，経済・社会・文化等における相互協力と関係強化，安全保障を主目的とする地域機構である（加盟国数はパレスチナを含め22）。1960年に設立された石油輸出国機構（OPEC：Organization of Petroleum Exporting

Countries）は，加盟国の石油政策の調整・一元化，国際石油市場における石油価格の安定化，生産国の利益のための着実な収入の確保，消費国に対する石油の効率的・経済的・安定的供給を目的としている（**加盟国数13**）。1969年に設立されたイスラーム協力機構（OIC：Organisation of Islamic Cooperation）は，加盟国であるイスラーム諸国間の経済・社会・科学・文化・政治等における協力関係の強化を目的とする（加盟国数57）。1981年に設立された**湾岸協力理事会**は，経済・金融・安全保障等の多岐にわたる分野における加盟国間での調整や連携を目的としている（加盟国数6）。

北アジア・東アジア・**中央アジア**・**コーカサス**地域においても，様々な地域機構が設置されてきた。1991年に旧ソ連邦を構成していた共和国によって設立された国家連合である独立国家共同体（CIS：Commonwealth of Independent States）は，政治，経済，軍事，人権，環境，文化等の分野における協力促進を目的としている（**加盟国数9**。準加盟国としてトルクメニスタン）。このうちの6カ国により，**集団安全保障条約機構**が構成されている。2001年，旧ソ連崩壊後の国境地域における信頼構築を目的として成立した上海ファイブを前身として，地域における政治・経済・文化・環境等の分野における協力と友好関係強化を目指した上海協力機構（SCO：Shanghai Cooperation Organization）が成立した（**加盟国数8**）。2015年には，地域の経済統合を図るべく，ユーラシア経済共同体（EAEC）を前身として，ユーラシア経済同盟（EAEU：Eurasian Economic Union）が発足した（加盟国数5）。その他，アジア信頼醸成措置会議（CICA：Conference on Interaction and Confidence-Building Measures in Asia），経済協力機構（ECO：Economic Cooperation Organization），中央アジア地域経済協力（CAREC：Central Asia Regional Economic Cooperation）などの地域機構がみられる。

③　アメリカ大陸

1　アメリカ大陸とは

ここでいうアメリカ大陸とは，国連での区分に従い，北アメリカ（2カ国），中央アメリカ（8カ国），カリブ海地域（13カ国），南アメリカ（12カ国）である。また言語や文化，法体系などの観点からは，米国・カナダと，**ラテン・アメリカ**諸国として分けることも可能である。

＊加盟国数13
2019年1月，カタールが脱退した。

＊湾岸協力理事会（GCC：Gulf Cooperation Council）
正式名称は Cooperation Council for the Arab States of the Gulf という。

＊中央アジア
中央アジアとは，カスピ海の東側に位置する5カ国であるカザフスタン，ウズベキスタン，キルギス，タジキスタン，トルクメニスタンを指す。

＊コーカサス
コーカサスとは，カスピ海と黒海に挟まれた地域を指し，コーカサス山脈を境として，北にロシア，南にアゼルバイジャン，アルメニア，ジョージアがある。

＊加盟国数9
ウクライナは，CIS創設の当初より関与し，加盟国ではなく創設国・パートナーとして活動に参加していたが，2014年のロシアによるクリミア併合を受けて事実上離脱し，2018年4月12日，CISの枠組みからの正式な離脱を表明した。

＊集団安全保障条約機構（CSTO：Collective Security Treaty Organization）
2022年1月，カザフスタンは，同国内における燃料価格値上げをめぐる暴動を鎮圧するため，CSTOに対して支援を要請した。これに応じ，ロシア軍が主導する平和維持部隊が派遣された。

＊加盟国数8
2021年9月にオブザーバー国のイランの加盟手続開始が合意された。

＊ラテン・アメリカ

ラテン・アメリカとは，ラテン系の言葉をしゃべる地域という意味であるため，北アメリカ大陸に位置するメキシコが含まれ，また英語を公用語とするガイアナとオランダ語を公用語とするスリナムは，中南米諸国には含まれるが，ラテン・アメリカ諸国には含まれない。なお，中南米出身者はヒスパニックと呼ばれることもあるが，これは「スペインの」という意味を有するため，スリナム及びポルトガル語を公用語とするブラジルは含まれない。

2 主な地域機構

1951年に米州機構憲章に基づいて設立された米州機構（OAS：Organization of American States）は，域内での不干渉原則を確立するとともに，米ソ冷戦を背景として米州諸国の民主化と民主主義の維持を目的として設立された。アメリカ，カナダとすべての中南米諸国を含む汎米国際機関として機能することが予定されていたが，キューバは1962年から2009年まで除名されており，2009年に除名決議が無効とされた後も復帰はしてない。また，2017年，ベネズエラ政府は，米州機構が不当な干渉をしているとして脱退を発表している。

北アメリカ大陸においては，アメリカ，カナダ，メキシコ間で1992年に締結された北米自由貿易協定（NAFTA：North American Free Trade Agreement）がある。これは，三国間において関税の引き下げや撤廃，知的財産の保護，投資の自由化などによる貿易の促進を図る協定であったが，米国のトランプ政権の下で再交渉が行われ，2018年に合意されたUSMCA が2020年7月に発効したことにより，終了した。USMCA では，メキシコにおける労働環境の改善や，米国乳製品の市場へのアクセス向上などに加え，原産地規則における関税ゼロの条件を厳格化したことによる米国自動車産業への保護が強化された。

中南米地域では，2012年に，中南米諸国の協議組織であったリオ・グループの延長として誕生したラテンアメリカ・カリブ諸国共同体（CELAC）が中南米の地域的統合を掲げて設立され，当該地域の全33カ国が加盟している。2007年に EU のような地域的統合を目指して発足された南米諸国連合（UNASUR：Union of South American Nations）は，2010年以降に主要締約国が相次いで離脱したことにより，機能が実質的に停止されている。その他，経済的統合やビザなし渡航の実現を掲げる，メキシコ，コロンビア，ペルー，チリによる太平洋同盟や，中米での経済社会統合を目指す中米統合機構（SICA：Central American Integration System）などが存在する。

現在，1994年に設立されたメルコスール（Mercosur：南米南部共同市場）が域内での積極的な活動に加え2019年に EU と自由貿易協定を結び，その他の国々とも協定締結に向けた交渉を行うなど，域外関係の強化にも取り組んでいることから注目されている。なお，ベネズエラは，2017年にメルコスールから無期限資格停止が言い渡されている。その他に

も，APEC（アジア太平洋経済協力）に加え，2001年に設立された東アジア・ラテンアメリカ協力フォーラム（FEALAC：Forum for East Asia – Latin America Cooperation）を通じたアジア諸国との連携も促進されている。

③　国際法への貢献・参与

　北アメリカに位置する米国は，特に第二次世界大戦以後，覇権国家として様々な形で国際法秩序の構築に貢献し，また国連本部及び各主要機関，世界銀行，国際通貨基金などの多くの国際機関の拠点とされている一方で，WTOへの反発から紛争解決手続の機能を事実上停止させたり，ICCやWHOなどの国際機関から離脱したりするなど，単独的行動が問題視されてきた。カナダは，**エスタイ号事件**においては公海における漁船拿捕についてICJの管轄権を否定するという立場をとったものの，国際法学の観点からすると**保護する責任**の提唱国として大きく貢献したとして現在は評価されている。

　中南米諸国では，脱植民地などの流れの中で，これまでいくつかの国際法における原則が誕生している。例えば，アルゼンチンの外務大臣であったドラゴーにちなんで名づけられたドラゴー主義とは，自国民が外国政府に対してもっている債権を回収するために武力を行使してはならないという原則であり，1907年の契約上ノ債務回収ノ為ニスル兵力使用ノ制限ニ関スル条約：ドラゴー・ポーター条約によって規定されている。また，領域紛争の国境画定に関する**ウティ・ポシデティス（現状承認）の原則**は，ラテン・アメリカ諸国の間で領土紛争回避のために採用された地域的ルールであったが，1960年以降のアフリカ諸国独立の際にも用いられ，1986年のブルキナファソ・マリ国境紛争事件で国際法における一般性が認められるに至った。この他にも，アルゼンチンの国際法学者カルヴォによって提唱された，企業の外交的保護を規制する**カルヴォ条項**なども，この地域で生まれた国際責任に関する重要な規定となっている。また，当該地域の諸国は域内の領域紛争について積極的に国際司法裁判所を活用し，また多くの場合それらの判決を誠実に履行していることから，国際裁判の利用頻度が低いとされているアジア諸国と対比される。

　地域的裁判所としては，まず1969年の米州人権条約に基づく米州人権裁判所が挙げられる。また1908年に設立された中

＊エスタイ号事件
1998年，公海でのカナダ海軍艦船によるスペイン漁船の取締まりに対する発砲について争われた事件。カナダが，ICJに対して自国の宣言に新たな留保をつけることによって，裁判所は本件について管轄権を有しないと判断した。また，スペインは本件が国連憲章第2条4項の武力行使の禁止に反すると主張したが，ICJは漁船の検査・拿捕は武力の行使ではなく，執行管轄権の範囲内であるとした。

＊保護する責任（R2P：Responsibility to Protect）
カナダ政府を中心にされた，国家主権には人々を保護する責任があり，それが果たされていないあるいは果たすことができない場合には，国際社会が人々を保護する責任をもつという考え方。人道的介入や不干渉原則などに関連して議論される。

＊ウティ・ポシデティス（現状承認）の原則
➡第5章①「陸：領土」

＊カルヴォ条項
➡第3章③「国際責任の履行」

米司法裁判所は期待された役割が果たせなかったとして1917年に撤廃されたが，1992年に中米統合機構の機関の一つとして新しい中米司法裁判所がニカラグアに設置された。

④ オセアニア

［1］ オセアニアとは

オセアニアとは，狭義には太平洋のポリネシア，メラネシア，ミクロネシアの総称であるが，オーストラリア大陸などを含めて用いられることも多い。

オセアニアの国々*は，その発見以降，スペイン，ドイツ，日本，フランス，英国，米国などの支配や国際連盟の委任統治を受けてきた。1994年のパラオ独立をもって国連の信託統治制度はすべて終了したものの，現在も米英仏の海外領土などがあり，これら域外大国の影響力は大きい。オーストラリア・ニュージーランドを除き，オセアニア諸国はすべて小島嶼開発途上国であり，農業・漁業や観光などが主な産業で，オーストラリア・ニュージーランドや米国からの援助に依存しているといった共通点がある。

［2］ 太平洋諸島フォーラム

1947年にオーストラリア・ニュージーランドのイニシアチブにより設立された南太平洋委員会（1997年に太平洋共同体に改称）をはじめ，地域的な国際協力枠組みは存在していたものの，取り扱う事項が限られていたことなどからオセアニア諸国にとって十分な枠組みではなかった。このような背景の下，オセアニア諸国は，「南太平洋フォーラム（South Pacific Forum）」を1971年に設立し，協力を進めていった。2000年には**太平洋諸島フォーラム***（PIF）と改称，地域協力及び統合を目的とする加盟国・地域の首脳対話の場となっている。1989年以降開催している援助国を中心とする**域外国***との対話も活発である。なお，PIF 事務局設立協定（2000年）は事務局の設立とその法人格について規定しているが，PIF 自体の法的地位については不明確であった。2005年に採択された PIF 設立協定は国際機構としての PIF の設立とその法人格について規定している。

PIF は南太平洋における環境保護の問題にこれまで熱心に取り組んできた。特に，南太平洋におけるフランスの核実験や日本の放射性廃棄物の海洋投棄計画などを背景に，核実験

*オセアニアの国々
オーストラリア，キリバス，クック諸島，サモア，ソロモン諸島，ツバル，トンガ，ナウル，ニュージーランド，ニウエ，パプアニューギニア，パラオ，バヌアツ，フィジー，マーシャル諸島，ミクロネシア連邦の合計16の独立国がある。オセアニア諸国全体の人口は約4300万人，領土面積は約850万 km²，GDP は約1.64兆米ドルだが，その大半（人口約3100万人，領土面積約790万 km²，GDP 約1.59兆米ドル）をオーストラリアとニュージーランドが占めている。

*太平洋諸島フォーラム
（Pacific Islands Forum）
上記のオセアニア諸国16カ国に加え，ニューカレドニア及び仏領ポリネシアが加盟。トケラウは準メンバー。本部・事務局はフィジーの首都スバ。〈http://www.forumsec.org〉

*域外国
欧米や東アジア，東南アジアを中心に18の域外国対話パートナーがいる。

禁止や放射性廃棄物の廃棄禁止を定める南太平洋非核地帯条約（ラロトンガ条約，1985年）や，放射性廃棄物の輸入禁止や有害廃棄物の管理に関するワイガニ条約（1995年）を採択してきた。さらに，域内の経済における漁業資源の重要性を反映して，漁業・海洋政策の問題にも積極的に取り組んでいる。また，域内の貿易を含む経済面での協力関係構築にも力を入れており，1980年に締結された域内諸国からオーストラリア・ニュージーランドへの輸出促進を目的とする南太平洋地域貿易・経済協力協定を皮切りに，自由貿易地域の段階的な設立を目指して PIF の枠組みでオセアニアの小島嶼国により締結された貿易協定（2001年）など，数多くの取組みがなされている。

　1990年代以降は，紛争解決を含む安全保障問題にも積極的となり，第31回フォーラム（2000年）では，同年に生じたフィジーとソロモン諸島での紛争への対応を背景に，安全保障分野における地域的な政治的コミットメントである「ビケタワ宣言」が採択された。ソロモン諸島での武力衝突（2003年）では，同宣言に基づき，地域支援団が派遣された。[*4]

3　オセアニア諸国の主な課題

　太平洋の島嶼国の多くは，その領土・人口・経済規模の小ささから，政府の能力が限られており，軍事安全保障に加え，非伝統的な安全保障の観点からも問題を抱えている。例えば，多くの太平洋島嶼国は広大な排他的経済水域を有しているが，法執行活動を行うための船舶が限られているため自力での海域管理は難しく，遠洋漁業国の漁船による違法操業が後を絶たない。オーストラリア・米国との協力で，海域パトロールや違法行為の摘発などを進めているが，限界がある。

　さらに，地球温暖化による海面上昇は，これらの国の存亡自体を危機にさらしている。国自体が水没の危機にあるキリバスやツバルでは，周辺国と協力して，集団移住や土地購入といった対策をとり始めている。2021年の第51回 PIF 総会では，海面上昇の問題に対応するため，海域の保全に関する宣言が採択された。[*5]

　以上のように，太平洋の小島嶼国は多くの政治的・経済的問題を抱えており，域内・域外の大国とどのように協力していくかが喫緊の課題である。オセアニアの大国であるオース

*4　2004年にはナウルへも同様の地域支援団が派遣された。この他に，多くの PIF 加盟国に選挙監視団が派遣されている。

*5　最近では，一部の太平洋島嶼国が主導する形で，国際司法裁判所や国際海洋法裁判所に対して，気候変動の問題に関連して勧告的意見の要請がなされている。

トラリアとニュージーランドは PIF をはじめとする域内の協力枠組みにおいて指導力を発揮している。域内に海外領土を有する米国・英国・フランスは伝統的に太平洋島嶼国に大きな影響を与えてきた[*6]。これに加え，島国としての特徴を共有する日本も太平洋島嶼国との対話に積極的であり，1997年以降，これまで 9 回の太平洋・島サミットを開催している。近年は，域外国対話のパートナーである中国も太平洋の小島嶼国への関与を深めつつある。

　また，オセアニアは，アジア・太平洋地域の一部である。この地域では，オーストラリア・ニュージーランド・パプアニューギニアが参加する APEC をはじめ，地域レベルでの協力枠組みも数多く，オーストラリアとニュージーランドが参加している「環太平洋パートナーシップに関する包括的及び先進的な協定」（CPTTP 協定，2018年署名・発効）も含め，多数国間の協力枠組みがオセアニア諸国に与える影響は大きいだろう。

⑤　ヨーロッパ

1　国際法主体の宝庫

　国家を中心とする国際法体系が誕生した地である欧州は，国以外の**国際法主体**[*]が多く活動する地でもある。19世紀初頭には国際河川委員会が設立され，その後も国際連盟や ILO[*]，UNHCR[*]，国連人権高等弁務官事務所，UNESCO[*] など多くの国際機構の本部が置かれてきた。北大西洋条約機構（NATO），欧州安全保障協力機構（OSCE）などの地域的機構も活発に活動し，欧州評議会（欧州審議会ともいう）は欧州人権条約を作成し，その一機関である閣僚委員会は欧州人権委員会や欧州人権裁判所とともに同条約の実施に関与してきた。1992年に欧州共同体（欧州石炭鉄鋼共同体，欧州経済共同体，欧州原子力共同体の総称で，第二次世界大戦後に組織された）が設立した欧州連合（EU）は拡大と深化を続けてきた（**図序-1**）。域内での人の移動を自由化し，単一通貨「ユーロ」を導入するなど経済面での統合を進めた他，統治の面では欧州理事会など国の枠を超えた仕組みを構築した。また，安全保障や司法の面でも共通政策をとって加盟国から主権を移譲された分野についての政策運営を行ってきた。そのため，従来の国際機構とは異なる「国家連合体」，「超国家的機構」などと称される。他方で，2020年 1 月31日にはイギリスが EU か

*6　しかし，旧宗主国やオーストラリア・ニュージーランドによる干渉を望まない諸国が，太平洋島嶼国主導の国際協力枠組みを目指す動きもみられ，その一環として，太平洋諸島開発フォーラムが設立されている。

*国際法主体
➡第 1 章　intro「主体とは」
* ILO
➡第 9 章❼「ILO（国際労働機関）」
* UNHCR
➡第 9 章❿「UNHCR（国連難民高等弁務官事務所）」
* UNESCO
➡第 9 章❽「UNESCO（国連教育科学文化機関）」

図序-1　EU 加盟国

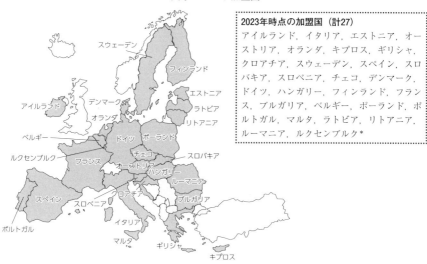

2023年時点の加盟国（計27）

アイルランド，イタリア，エストニア，オーストリア，オランダ，キプロス，ギリシャ，クロアチア，スウェーデン，スペイン，スロバキア，スロベニア，チェコ，デンマーク，ドイツ，ハンガリー，フィンランド，フランス，ブルガリア，ベルギー，ポーランド，ポルトガル，マルタ，ラトビア，リトアニア，ルーマニア，ルクセンブルク*

（注）＊　2022年6月，ウクライナに全会一致で「加盟候補国」の地位が与えられたことで，同候補国は計8カ国（アルバニア，ボスニア・ヘルツェゴビナ，モルドバ，モンテネグロ，北マケドニア，セルビア，トルコ，ウクライナ）となった。

（出所）　駐日欧州連合代表部公式ウェブマガジン（https://eumag.jp/eufacts/member_countries/?msclkid=e253c484beac11ecbdfb69fd3060df39）

ら離脱した。[*7]

2　国際法発展の舞台

　欧州は国際法誕生の地であり，オランダのグロティウスら「国際法の父」が残した著作は国際法の形成と発展に重要な役割を果たしてきた。主に欧州で妥当していた国際法が世界に拡大し，21世紀に入った現在でも，欧州は国際法の発展に繋がる様々な活動を繰り広げている。

　欧州には国際法上の紛争を解決する場として，国際法上のあらゆる問題を扱う国際司法裁判所（オランダ・ハーグ），海洋法に関する問題を扱う国際海洋法裁判所（ドイツ・ハンブルク），国際共同体にとって重大な犯罪を裁く国際刑事裁判所（ハーグ）がある。国際裁判所の判決は裁判当事者間を拘束するもので，それ自体に法源性はない（ただし，国際刑事裁判所では，過去の決定において解釈された法の原則及び規則を適用することができる〔国際刑事裁判所規程21条2項〕）が，裁判で問題となる国際法の解釈適用を行うことで国際慣習法の存在を認定し，その内容を明らかにしたり，条約の解釈を行うなど，国

*7　イギリスは，2016年に実施された国民投票でEU離脱支持票が過半数を超えたことを受け，2017年にEUとの間に離脱協定を締結し，離脱に係る交渉を開始した。イギリスはEUからは離脱したが，NATOなどの枠組みにはとどまっている。

際法の発展に貢献している。

　他にも，欧州地域に適用される条約の問題を扱う国際機構として欧州人権裁判所や欧州司法裁判所，第一審裁判所がある。欧州人権裁判所では人権侵害に関する事件が扱われ，判例が蓄積されているが，そもそも欧州では人権問題への取組みは早くからなされていた。第一次世界大戦後には少数民族や難民の保護，労働者の保護に関する条約の締結や機関の設置が行われていた。今日では欧州評議会や OSCE などでも人権問題は扱われている。

　さらに，戦争責任を初めて個人に追及したニュルンベルク国際軍事裁判所（ドイツ・ニュルンベルク）の裁判所憲章や判決はニュルンベルク原則として扱われ，この分野の国際法の発展に貢献してきた。1993年に国連の安保理決議により設置された旧ユーゴ国際刑事裁判所（ICTY）は1949年ジュネーヴ諸条約などの条約の解釈適用を行った。

　また1873年にベルギーのゲントに創設された国際法学会（Institut de Droit International）や現在ロンドンに本部を置く国際法協会（International Law Association）といった国際法の学術団体も国際法上の様々な問題につき研究や審議を行い，国際法の発展に重要な役割を担っている。

⑥ アジア

[1] アジアとは

　アジアという言葉は，現在トルコが位置する小アジア以東のユーラシア大陸と島々を指すとされている。[*8] 国連では西アジア，中央アジア，南アジア（インド亜大陸とも呼ばれる），東南アジア，東アジアと区分されている。ヨーロッパ地域以外を示すために生まれた語句であり，現在，世界人口の半数以上が居住する広範な地域を表す概念である。2020年に開催された世界経済フォーラムでは，2030年までにアジア諸国が世界経済の60％を担うとの予想が示された。なお，西アジアと中央アジアは**ユーラシア大陸**[*]として説明されているため，ここでは主に南アジア，東南アジア，東アジアにおける地域的連携の現状と国際法との関係性に焦点をあてる。

[2] 主な地域機構や地域的取組み

　東南アジアでは，1967年のバンコク宣言に基づいて設立された東南アジア諸国連合（ASEAN：Association of Southeast

*8　アジアとは，ラテン語・ギリシャ語の言葉であるが，その由来はアッカド語で日が出る場所という意味のアス（*asu*）か，あるいはフェネキア語で東を意味するアサ（*asa*）であると考えられている。

*ユーラシア大陸
➡序章❷「ユーラシア大陸」

Asian Nations）が，域内における経済成長，社会・文化的発展の促進，政治・経済的安定の確保，その他の諸問題に関する協力などを目的として活動している。現在の加盟国は10カ国であり，2015年にはASEAN経済共同体（AEC）を発足し，ASEAN自由貿易地域の次なる段階として，加盟国間の関税撤廃やサービスや投資の自由化による地域的経済統合に向けて動いている。なお，EUのような通貨統一を目指さないという方針が採られている。またASEANは，他の地域を繋ぐ役割も果たしており，日中韓とのASEAN＋3やアジア太平洋諸国を含むASEAN地域フォーラムなどを国際的対話のプラットフォーム構築に貢献している。2022年には，ASEAN主導で作成されていたRCEP（地域的な包括的経済連携協定）が発効した（韓国については2月，マレーシアは3月からの発効）。RCEPの署名国は，ASEAN10カ国と，日本，中国，韓国，オーストラリア，ニュージーランドであり，これらすべての国が批准した場合，世界の人口とGDPの3割を占める世界最大規模の経済協定となる。

　南アジアでは，インド，パキスタン，バングラデシュ，ネパール，スリランカ，アフガニスタン，ブータン，モルディブから構成される南アジア地域協力連合（SAARC：South Asian Association for Regional Cooperation）を通じて，地域的経済発展を目的とする活動がされている他，インド，タイ，バングラデシュ，スリランカ，ミャンマー，ネパール，ブータンの加盟している環ベンガル湾多分野経済技術協力（BIMSTEC：Bay of Bengal Multi-Sectoral Economic and Technical Cooperation）を通じた東南アジアと南アジアの経済的連携が図られている。

　東アジアでは，上記のASEAN＋3やRCEPの他，2009年から始まった日中韓サミットが断続的に開催されている。またこの延長として2011年には日中韓三国の平和と安定及び繁栄を促進する目的とした三国協力事務局（TCS：Trilateral Cooperation Secretariat）が設立されている。さらに，RCEPの署名を受けて，今後，三国間での貿易協定である日中韓自由貿易協定に向けた動きが本格化すると期待されている。この他にも，日中韓三国と，アメリカ，メキシコ，オーストラリアなどを含むアジア太平洋諸国21カ国と地域が参加しているアジア太平洋経済協力（APEC：Asia Pacific Economic Cooperation）を通じた，貿易や投資の自由化・円滑化，地域経済

統合の推進，経済・技術協力等のための活動が実施されている。

3 国際法への懐疑的姿勢

アジア地域において，経済的協力体制の充実化が進む一方，紛争解決手段としての国際法に用いる頻度が依然として少ないことが問題視されている。[*9]特に地域における国際裁判所などの紛争解決手続のための機構の不足や，国際司法裁判所への提起に消極的であること，ICC の批准率が最も低いことなどが指摘されている。[*10]なお，2023年3月現在，ICC において，バングラデシュ／ミャンマーの事態とフィリピンの事態について捜査が行われている状況にある。

他方，**南シナ海事件**[*]やトランプ政権下での孤立主義的政策などをきっかけとして，域内で法の支配を強く訴える諸国が増加しており，今後の展開が注目されている。特にシンガポールは，シンガポール国際仲裁センター（SIAC）にて2020年には1000件を超える国際仲裁を受任し，また，国際海洋法裁判所の欧州外で初の拠点となる協定に署名するなど，アジア太平洋地域における国際紛争の法的解決の実現に貢献している。国際法学の分野においては，2007年にアジア国際法学会が設立され，域内での国際法の研究，教育，実務を促進，国際法のアジア的視点を醸成と奨励，アジアにおける国際法の認識と尊重の促進などが図られている。

*9 1976年に締結された東南アジア友好協力条約は，紛争の平和的解決を義務づけるとともに，紛争解決手続として設置される理事会の機能を果たしている。加盟国は東南アジアに限られておらず，すべての安全保障理事会常任理事国や日本などを含む35カ国が加盟している。
*10 2023年3月現在，ICC と日本政府は，アジアにおける地域事務所を日本に設置することについて交渉中であり，これによりアジアにおける ICC のプレゼンス向上が期待されている。
*南シナ海事件
➡第4章❷「仲裁裁判」

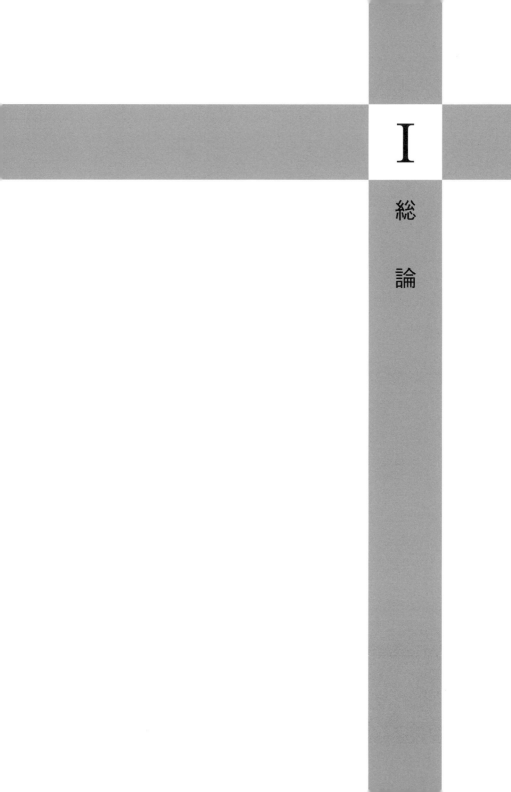

I

総論

第1章

主　体

現代社会における活動が，国境を越えて行われ，あるいは国境を越えた影響をもたらすにつれて，活動する団体は国家から私人まで多岐にわたっている。法の観点からみると，権利・義務の内容をどのように理解するかが重要であるが，同時に，その権利の享有者や義務の名宛人が誰なのかを把握する必要がある。それぞれの主体が有する違いに注目して，国際社会を眺めてほしい。

introduction　主体とは

1　「主体」の意味

国際法において主体とは，国際法上の権利・義務の帰属するものをいう。どのような権利が付与され，義務が課されるかは，条約や慣習法等の規定により定められることになる。国際法の法主体といわれることがあり，また，国の法主体性，国際機構の法主体性，個人の法主体性という形で議論がなされる。

2　主体の種類

主体性を有するものには，国，国際機構，個人（自然人と法人），民族解放団体，NGO 等が含まれ，それぞれに関してその国際法へのかかわりが問題となる。

国が国際法の中心的主体であったことは，国際法の定義が「主として国と国との間の関係を規律する法」とされることがあることからも明らかである。歴史的，地域的に様々な形態の国や国の結合が存在してきており，現在のコモンウェルスや，バチカン市国，アンドラ公国はその一つの例である。[*1]

*1　➡第1章❶「国」

19世紀に登場した国際機構は，現在では，その数が飛躍的に増加し，その機能も多分野にわたっている。国際の平和や安全保障を取り上げる国連は中心的存在であるが，この他にも，各地域に欧州連合（EU），米州機構（OAS），アフリカ連合（AU）などが設立されている。また，他国に手紙を出す際には万国郵便連合（UPU）が関係し，鳥インフルエンザやコロナウイルスで注目されている**世界保健機関**[*]（WHO）があ

＊世界保健機関
➡第９章⓫「WHO（世界保健機関）」

る。航空機で他国へと旅行をする際には国際民間航空機関（ICAO）の規則による飛行がなされている。これらの国際機構を設立するための基本文書が条約として作成されており，それに基づいて活動を行い，規則を生み出してきている。

国や国際機構が他国で活動をする場合に，その活動や財産に対して国内裁判所が裁判をすることができるか，という問題がある。これは**裁判権免除**と呼ばれているが，国際法上の主体に国内法をどこまで適用することができるか，が議論されている。

＊裁判権免除
➡第1章❹「裁判権免除」

個人が国際法の主体として考えられるようになったのはそれほど古いことではない。個人には，自然人と法人とが含まれ，自然人とはいわゆる人間のことであり，法人とは，会社や財団がその例である。自然人については，国際法上の権利として人権が保障されるようになり，義務として，国際犯罪の処罰がなされるようになった。また，法人に関しても国際法がその権利や義務を規定するようになってきている。

＊2　➡第1章❺「個人」

非政府団体・民間団体（NGO）については，すでに国連憲章でも規定されているが，最近になってその活動が注目されている。NGO自体が新しい条約の制定に向けて圧力をかけたり，便宜を図ったりすることがあるが，さらには，国際条約の規定自体の作成過程に参加し，その実施について大きな力をもつ分野も出てきている。

＊3　➡第1章❻「NGO」

③　「主体論」の意義

国際法においてどのような主体にどのような権利・義務を付与するのかは，もっぱら条約や慣習法の内容によると考えられている。それが国の合意に基づかなくてはならないとされる限りでは，国が合意をして，初めて他の主体に国際法上の意味が付与されることになる。

これに対して，個人の法主体性に関連して，そもそも国際法主体という観念は，個別条約に左右されない一般国際法における議論として行われてきたはずであるとして，条約規定に個人の法主体性の存否を依存させるのは説得力に欠けるとする立場もある。

国際社会の法である国際法が，どのような法主体を認めうるかは，一方で個別の条約や慣習法の規定の解釈・適用から導き出されるとともに，社会の要請する新しい法主体の登場を異なる角度から検討することも必要である。

4　主体の多様化と発展

国や国際機構等にとどまらず，新たな主体として，「市民社会」，「認識共同体[*4]」などの存在が重要視され，**アクター論**[*]もまた盛んである。このような状況で，国際法の主体は今後とも変化をしていく可能性を有している。例えば，国際性を有する企業がどのような社会的責任を有するかは，国際法の観点からも検討すべき課題である。

新しい主体にどのような国際法上の権利を与え，義務を課すかは，国の判断によるという考え方自体を批判する前述のようなアプローチもとられている。このことは，国際法が柔軟に国際社会の変化に対応してきたことを考えると，市民社会にどのような法的意義を見出すか，認識共同体の位置づけをいかに行うかは，今後の国際社会のあり方と深く関係していると解される。

これまでの国際法主体を理解するとともに，新しい主体の意義について考えることが必要とされている。これは，国際法の意義自体を考え直すことにも繋がっている。[*5]

国

1　国とは

国とは，①永続的住民，②明確な領域，③政府，④他国と関係を取り結ぶ能力（対外的独立），の四つの要件を満たす国際法主体をいう。[*6]①は，通常，国籍により国家と結びついている。②は，国境が厳密に画定していなくても，実効的かつ継続的に支配権を行使している一定地域があれば十分である。③は，統治機構が事実上確立されているということである。

現時点では国として認められているにもかかわらず，将来これらの要件を満たさなくなった場合，国としての法主体性を失うかは明らかではない。例えば，**気候変動**[*]の影響により，一部の小島嶼国では深刻な影響を受けると予想されているが，[*7]特に，海面上昇により国土の全部又は大部分が水面下に沈んだ場合，国民が当該領域に居住を続けることはできなくなり，政府の機能も失われかねない。このような変化が，国際法の主体としての国にどのような影響を与えるかは，現行の国際法の下では明らかでない。現在，国連国際法委員会などにおいてこの問題についての議論が行われている。[*8]

*4　各国内の研究者が共通の分野で国境を越えてネットワークを形成していくことによりできあがる共同体であり，自然科学から他の分野にも及んでいる。このような共同体を認識共同体（Epistemic Community）と名づけて分析が行われている。

*アクター論　システム（制度）の分析ではなく，アクター（行動主体）の分析を通じて状況の把握を行おうとする考え方で，国際関係の分野にも影響を与えている。

*5　英国の学者ジェレミー・ベンサムの造語である international を日本では「国際」と訳してきたが，国民（nation）の間の（inter）法が国際法（international law）である。国以外の主体を認めていくことは，「国」「際」法を考え直すことでもある。

*6　1933年「国の権利および義務に関する条約」（モンテビデオ条約）1条。一般国際法上もこの四つが国の要件であることは広く認められている。

*気候変動
➡第6章⑤「地球温暖化」
*7　➡序章④「オセアニア」
*8　また，アンティグア・バーブーダとツバルが設立した「気候変動及び国際法に関する小島嶼国委員会」が国際海洋法裁判所に対して勧告的意見を要請している。さらに，その数カ月後には，バヌアツの主導で，国連総会から国際司法裁判所に対して，気候変動

に関する国の義務についての勧告的意見の要請がなされている。

*9　1983年には,「国家財産,公文書及び債務の国家承継に関するウィーン条約（国家財産等承継条約）」が採択された。
*国際慣習法
➡第2章❹「慣習法」
*国際機構
➡第1章❸「国際機構」
*10　他方,旧ユーゴスラヴィアの場合,セルビア・モンテネグロは新ユーゴスラヴィア連邦として,旧ユーゴスラヴィアの地位を継続すると主張したが認められず,新規申請を行い加盟を認められた。
*身上連合
複数の国家が同一の君主の下で結合しつつも,それぞれが独立を保つ場合。
*連邦制
連邦を構成する各州は広範な権限を有しているが,連邦政府が国際的にその国を代表し,他国との外交を行っている。条約中で連邦国家に対して特別の規定を設けたり,国際的義務の国内実施に伴い固有の問題が生じる場合がある。

２　国家承継

分離・独立によりある国の領域の一部が別の主権国家となった場合や,ある国が分裂して二つ以上の国になった場合,さらに二つ以上の国の合併により新たな国が誕生した場合には,それ以前に存在していた国（先行国）と新たに誕生した国（承継国）の関係が問題となる。先行国と第三国の間に存在していた権利義務関係が国家承継によりどのような影響を受けるかは,承継国及び他の関係国の双方にとって重大な問題である。

この問題に対しては,承継国は先行国の権利義務関係を原則的に全部承継するという「包括的承継説」が伝統的に唱えられていた。しかし,脱植民地化の過程で,新独立国である承継国は先行国の権利義務関係には拘束されず,承継するか否かは承継国の意思に左右され,権利義務の承継はその黙示的同意によるという「クリーン・スレート」原則が主張されるようになった。

こうした状況の中,国連の下で国家承継に関する法典化作業が進み,1978年には「条約に関する国家承継に関するウィーン条約」が採択された。同条約は,植民地本国から分離独立した新国家については,クリーン・スレート理論を原則適用するが,**国際慣習法**としての効果をもつ条約や,境界画定など領域制度に関する条約については,承継の影響を受けないとしている。

なお,新国家が誕生した際には,**国際機構**の加盟国としての地位の承継の問題も生じる。結合により生じた国家については,少なくとも先行国のすべてがその機構の加盟国であった場合には,特段の手続なしに加盟国としての地位が認められる。既存の国家からの分離により成立した場合には,既存の加盟国の地位は失われないが,新国家には加盟申請の手続が要求されてきた。旧ソ連の解体の際には,ロシアが加盟国としての地位を保持し,安保理常任理事国としての地位も黙示の同意により承継した。

３　国とそれに準ずる団体の様々な形態

現在,国連加盟国だけで193カ国あり,その形態は様々である。歴史的には,**身上連合**,保護国・被保護国といった多様な形態があった。現在でも,日本のような単一国家に加え,**連邦制**をとっている国も多い。

国連加盟国のように，国際社会において広く認められている国とは対照的に，一部の国のみが承認＊している国もある。例えば，国連のオブザーバー国として認められている国連非加盟国のうち，日本はバチカンの国家承認をしているが，パレスチナについては国家承認をしていない。この他にも，西サハラ地域，アブハジア地域と南オセチア地域，北キプロスなどについては，主権を有するのがいずれの「国」であるかについて争いがある。

　台湾が国際法上どのような地位を有するかは長く争われている。「一つの中国」の原則の下，中華人民共和国は，台湾は不可分の一部であるとしているが，台湾（中華民国）側はこれを認めていない。各国の実行は様々である。例えば，1972年の日中共同声明により日本は政府承認を台湾政府から北京政府に切り替え，台湾との関係は非政府間の実務関係であるとしている＊11。しかし現在でも太平洋や中米・カリブ海などには台湾と外交関係を維持している国も多い。さらに，日本や中国がメンバーである国際機構の中には「チャイニーズ・タイペイ」がメンバーとして参加しているものもある。

　反乱団体や，民族自決原則実現のために武力抗争を展開する民族解放団体など，限定的な国際法主体として国家に準ずる一定の権利能力を認められる場合がある。ただし，事実上の支配の確立により自動的にそのような権利能力を認められるわけではない。イラクとシリアにまたがる地域において一時期広範な領域を支配していた「IS（イスラム国）」と自称する過激派組織は，2014年6月には国家の樹立宣言をしたが，これを承認する国はなく，国連などでもテロ組織として指定されている。

＊承認
第1章❷「国家承認・政府承認」

＊11　なお，国連では中国の代表権は約20年間にわたり争われてきたが，1971年の総会決議により中華人民共和国政府が中国の正統な代表であると認められた。

❷ 国家承認・政府承認

1 国家承認

　国家承認とは，新しく誕生した国に対して，既存の国が国際社会の一員として受け入れ国際法主体として認めることをいう。国家承認の形態には，承認する旨の文書を示すなどする明示の承認と，外交関係の創設や条約の締結などを通して行う黙示の承認がある。また，承認は原則として個別に行われるが，集団的承認という形態もある。

　国際社会には，新しい国が国としての要件を備えた法主体として成立したか否かを判定する機関が存在しない。国家実

＊12　政府がすでに実効的支配を確立しているという客観的要件に加え,「国際法を遵守する意思と能力」という主観的要件を国家承認の要件とする考え方もある。

＊13　朝鮮民主主義人民共和国（北朝鮮）は国連加盟国だが, 日本は国家承認していない。

＊国連安保理
➡第9章❸「安全保障理事会」

＊14　2014年にロシアがクリミア半島の独立を承認（後にロシア領として併合）した際には, このような地位の変更を認めないよう, 国連総会はすべての国などに要請した。また, 2022年には, ロシアによるドネツク人民共和国及びルハンスク人民共和国の承認（後にロシア領として併合）を受け, 国連総会はロシアに対しこの決定を覆すことを求めた。

行によれば, 承認は既存の国の裁量に基づく行為であり, 資格要件を充たした国家を承認すべき国際法上の義務は負わないと考えられている。また, 国の要件を備えていない場合, 他国が国家承認を行うことは「尚早の承認」として国際法違反となると考えられている。

　承認を行うか否かは国家の裁量の範囲だが, 新たな国の誕生が第三国の違法な干渉によって引き起こされており, 独立した国家と考えられない場合（例：1930年代における満州国の建国）や民族自決権の行使を欠く独立の場合（例：1960年代の白人少数派政権による南ローデシア独立）には, 承認を行わないという実行がしばしばみられ, 不承認主義といわれる。さらに, 国際法上合法的な方法で新国家が成立していない場合には, 承認しないことが国際法上の義務であるという考え方もみられる。なお, 欧州共同体は, 1991年に「東欧及びソビエト連邦における新国家の承認に関するガイドライン」を採択し, 承認の要件の明確化を図った。この中で, 民主主義と人権に関する規定の尊重, 少数民族の権利の保障など新たな条件が加えられた。

　国家承認の法的効果については, 二つの説が考えられてきた。①国家承認されて初めて, 被承認国は国際法上の国としての成立が認められるという「創設的効果説」, ②国の要件を備えれば国として成立し, 国家承認は被承認国が国際法上の国であることを確認したにすぎないとする「宣言的効果説」である。宣言的効果説が現在では多数説となっているが, 各国の国内裁判所での具体的な争訟などで, 新国家成立の時点の確定が争点となり, その成立の認定の基準として他国による承認が用いられることもある。ゆえに, いずれの説も国家承認にかかわるすべての側面を説明できるわけではない。

　新国家の誕生に関連して, 国連の果たす役割は大きい。新国家による国連への加盟承認は, 必ずしもすべての加盟国による国家承認を意味しないものの, 国連加盟申請への賛成により, 黙示の承認とする場合もある。さらに, 加盟国は新加盟国との関係において国連憲章上の義務に拘束される。また, **国連安保理**はこれまで, いくつかの新国家の樹立に際し, 各国に不承認を要請してきた（例：南ローデシア, トランスカイ, 北キプロス）。

　現在も国家承認は重要な問題であり, 独立した新国家の承認をめぐって, 国際社会において大きな政治的対立がみられ

る場合がある。例えば，コソボが2008年に独立を宣言した際には，セルビアの提案により，国連総会はコソボ暫定自治政府による一方的独立宣言の国際法上の合法性について**国際司法裁判所**による勧告的意見を要請した（「コソボ独立宣言の国際法上の合法性事件」）。2010年に勧告的意見が出された後も，各国の立場には大きな隔たりがみられる。[*15]

2　政府承認

　一国の政府が変更されても，その国自体は国際法の主体として継続している（国家同一性の原則）。その国がどのような政府により代表されるかは，一般にはその国の内部事項であり，国際法が規律しているわけではない。[*16]しかし，合法的な手段（例：選挙による政権交代）をとらずに，革命やクーデターなどにより政府が変更された場合や，内戦により二つ以上の政府が並存している場合などには，その国の実効的な政府を判断する必要がある。そのような状況で，その国を代表する政府として，（新）政府を明示又は黙示に承認することを政府承認という。承認を与えるか否かは承認国の裁量による。新政府が誕生しても，これを承認する国際法上の義務はない。新政府が当該国家において実効的な政府として認められない段階で承認を与えることは，その国の内政への干渉であり，「尚早の承認」として国際法違反となると考えられる。[*17]

　領域の実効的支配に加え，当該政府による統治への国民の同意（または黙認）及び新政府による国際法上の義務遵守の意思表示を承認の要件とする場合も多い。1907年には，エクアドル外相のトバールが，非合法的な政府交代に対して，自由選挙を経ない限り承認をしないという「トバール主義」を打ち出した。一方，1930年には，メキシコ外相のエストラーダが，国には政府をいかなる体制に基づいて打ち立てるかを決定する自由があるのだから，いかなる手段で政府が作られようとも他国による承認は不要であるとする「エストラーダ主義」を提唱した。1970年代以降，多くの国で，政府承認の完全廃止または適用制限へと転換する国家実行がみられるが，そのような国においても実行が一貫しているとはいえない。[*18]

　政府承認の効果として，承認された政府は承認した国に対して国際法上の権利義務を主張できることになり，また外国にある旧政府の財産が承継される。[*19]

＊国際司法裁判所
➡第4章3「国際司法裁判所（ICJ）」

*15　国際司法裁判所は勧告的意見において，コソボ独立宣言は国際法に違反していないとの見解を示した。なお，日本は，2008年に，コソボ共和国を国家として承認している。

*16　ただし，近年は，軍事クーデターによる政府の変更を認めない傾向が強まっており，ハイチやシエラレオネにおける非民主的な政権交代の際には，国連安保理は憲章39条にいう平和への脅威との認定を行い，追放された政権の復帰を求めた。

*17　ただし，シリア内戦における反体制派組織の地位やベネズエラのマドゥーロ政権をめぐる対立など，いずれの政府がその国を代表する政府であるかについて国際社会の対応が分かれる例は少なくない。

*18　なお，日本は，政府承認制度を維持しており，2012年にはソマリア政府を承認した。

*19　なお，中華民国大使館が所有していた学生寮「光華寮」をめぐる訴訟において，最高裁は2007年に本件訴訟の原告は中国国家であるとした上で，1972年の日中共同声明により日本は政府承認を台湾政府から北京政府に切り替えたため，原告側の有していた中国国家の代表権が消滅し訴訟手続が中断したため，訴訟承継の手続を行うべきであったと判示し，第一審に差し戻した。

＊国際機構
「国際機関」や「国際組織」
といった用語が用いられる
場合もある。
＊20　法人格を有する国際
機構ではないが，環境保護
などの分野では，多数国間
条約の締約国会合を通じて
条約の履行確保を行った
り，条約の規律する事項に
ついての詳細な規則を定め
る議定書などの採択を通じ
て，国際レジームを発展さ
せていくことが多い。

＊21　国連総会により1946
年に承認された「国際連合
の特権及び免除に関する条
約」では，国連及びその職
員の特権・免除について詳
細に規定している。

3　国際機構

1　国際機構とは

国際機構とは，共通の目的の実現のために，複数の国に
よって締結された条約その他の国際法で規律される文書に基
づき構成される，国際法人格を有する組織である。国に加
え，国際機構が他の国際機構のメンバーとなることもある。
設立文書により，国際機構の目的・任務・組織などは決定さ
れるが，自らの機関の実行により，その任務なども変化して
いく。後述のように，国際法主体として，国際法上様々な権
利・義務を有する。

国際機構は，人の活動範囲が広がるに従って発展してき
た。19世紀には，万国郵便連合や国際電気通信連合などの国
際行政連合などが作られ，第一次世界大戦後に登場した国際
連盟は，初の普遍的国際機構として重要な役割を果たした。
第二次世界大戦後に設立された国際連合（国連）は，ほぼす
べての国が加盟する国際機構であり，国際社会においてあら
ゆる分野で重要な役割を担っている。

国際機構には一般的に，全加盟国により構成される総会ま
たは選出された一部の加盟国により構成される理事会といっ
た意思決定機関と事務局（機構の行政部分を担う）が設置さ
れ，任務の遂行にあたっている。これに加え，財政，科学・
技術的側面や関連条約の実施促進などを扱う補助機関が設け
られることも多い。

運営資金は，主に加盟国が拠出する分担金によってまかな
われることが多いが，加盟国などの自発的財政貢献により，
開発途上国の能力向上などのために通常の予算の範囲内では
行うことのできない活動にあてる場合もある。

国際機構で働く職員は国際公務員と呼ばれ，出身母体であ
る加盟国からは独立して，当該国際機構のために業務を遂行
する。国際公務員は，受入国と当該機構の間で締結される協
定に従い，特権・免除（例：受入国における所得税の課税の免
除）を享有する場合が多い。

2　国際機構の種類

国際機構は，組織構成や活動などが多様であり，その特徴
により，様々に分類することができる。必ずしも明確に区分
けできるわけではないが，以下のような基準で分類する場合

がある。

①活動地域による分類

国連のように，世界規模で活動を展開するものを普遍的国際機構という。他に，国連の専門機関や関連機関（例：**世界貿易機関〔WTO〕**[*]）などが挙げられる。一方，ある一定の地域を対象として活動しているものを地域的国際機構という。欧州連合（EU）^{*22}，米州機構（OAS），アフリカ連合（AU）などがある。

②加盟主体による分類

国連などのように，国によって設立され，メンバーが国であるものを，政府間機構という。近年は，政府機関に加え，非政府団体（NGO）がメンバーとして加わっている機関もあり，その構造は多様化している。例として，各国政府の関係省庁や NGO などがメンバーとなっている，国際自然保護連合（IUCN）が挙げられる^{*23}。

③活動分野による分類

普遍的任務をもつ国際機構（例：国連）と，国連の専門機関や国際司法機関など組織の目的及び任務が一定の分野に特化している国際機構がある。

[3]　**国際機構の国際法主体性**

国際機構は，国以外の代表的国際法主体であり，様々な権利・義務を有する。ただし，その国際法主体性は，設立文書に定められる範囲で認められると考えられ，生得的国際法主体とされる国とは異なる。これまで，国際機構がもつとされてきた権利・義務には以下のようなものがある。

①国際機構は，他の国際法主体と条約を締結することができる。

②国際機構は，国際違法行為の結果その機構自身又はその職員が損害を被った場合に，国際請求を行うことができる。

③国際機構自身が国際違法行為を行った場合，国際責任を負う。

④国際機構には特権・**免除**[*]がある。

⑤国際機構は，国や他の国際機構の代表を接受し，国や他の国際機構に代表を派遣する権利を有する。

国際機構は，そもそも各機構の設立文書により，与えられる権利・義務が決まっており，その詳細な内容を一般化する

＊**世界貿易機関（WTO）**
➡第7章❹「国際貿易の秩序」

＊22　統合の深化した EU は，「超国家的」な性格を有する機構であるとして，通常の国際機構と区別する論者もある。

＊23　IUCN は NGO として扱われる場合もある。
➡第1章❻「NGO」

＊**免除**
➡第1章❹「裁判権免除」

ことは難しい。しかしながら、国連国際法委員会（ILC）により、国際機構にかかわる国際法の様々な側面（例：条約、国際機構に派遣されている国の使節団、特権・免除、国際責任）についての法典化作業がなされており、これに基づきいくつかの多数国間条約が採択されている。

　なお、設立文書に明示されていなくても、国際機構は、その任務遂行のために必要な権限を有していると理解されている。黙示的権能と呼ばれる。[*24]

❹　裁判権免除

［１］　裁判権免除とは

　外国の国内裁判所で日本が被告として訴えられうるだろうか。あるいは日本の国内裁判所で外国が被告として訴えられうるだろうか。これが裁判権免除の問題である。国は自発的に免除を放棄して訴訟に応じることはできるが、同意なしに被告として提訴されて外国の裁判管轄権に服することはない。このように、国がその行為や財産について外国の裁判権から免除されることを裁判権免除という。

　19世紀に入ると、以前から慣行として存在していた裁判権免除が国の主権概念と連結し、「独立かつ対等の主権者は、いかなる場合も他の主権者に従うことはない」（スクーナー船エクスチェンジ号対マックファドン事件、1812年米国連邦最高裁判決）と根拠づけられて、国際法の原則とみなされるようになった。[*25]

［２］　絶対免除主義から制限免除主義へ

　当初の裁判権免除は絶対免除主義であり、国のすべての行為や財産に対する免除を認めるものであった。しかし、20世紀に入ると国の活動領域が拡大して本来私人が行っていた経済活動を国が行うようになり、絶対免除主義によると国と取引関係に入る私人がきわめて不利な地位に置かれることとなった。そこで、国の行為や財産の一部についてのみ免除を認める制限免除主義が台頭した。これは国の行為を主権的行為（公法的行為）と業務管理的行為（私法的行為）に分け、前者についてのみ免除を認めるものである。[*26]

　欧州国家免除条約（1972年）、米国の国内法である外国主権免除法（1976年）、英国の国内法である国家免除法（1978年）をはじめとして、今日の国際社会においては制限免除主義が

＊24　「国連損害賠償事件」（国際司法裁判所勧告的意見、1949年）を参照せよ。

＊25　国際司法裁判所も、裁判権免除が国際法の原則であると確認している。イタリアの国内裁判所でドイツが被告として訴えられ、強行規範（➡第2章❸「強行規範」）の違反を理由に、ドイツの裁判権免除を否定する判決が下された。これが問題となった国家の裁判権免除事件（ドイツ対イタリア、2012年2月3日、ICJ➡第4章❸「国際司法裁判所（ICJ）」）において、免除を肯定している。

＊26　区別基準として、行為性質説（当該行為の性質に着目し、本来私人が行いうるものについてはその目的にかかわらず業務管理的とみなして免除を否定する）か、行為目的説（当該行為の目的に着目し、国の重要事項にかかわることであれば、主権的行為とみなして免除を肯定する）かの争いがある。

有力である。「国及びその財産の裁判権からの免除に関する国連条約（**国連裁判権免除条約**）」（2004年，未発効）は制限免除主義を採用し，免除の対象とならない行為を列挙している。

日本では，絶対免除主義を採用した大審院決定（1928年12月28日，松山・佐野対中華民国事件）が長らく先例として存在していたが，2002年4月12日最高裁は，横田基地夜間飛行差止等請求事件において制限免除主義を国際慣習法と認める議論を展開した。さらに，2006年7月21日最高裁は，高性能コンピュータの買主である外国を訴えた貸金請求事件において国の業務管理的行為（私法的行為）について法廷地国の裁判権から免除される旨の国際慣習法はもはや存在しないと判断した。そして，当該外国の主権を侵害するおそれがあるなど特段の事情がない限り裁判権から免除されないとして制限免除主義の採用を表明し，これと抵触する限度において大審院決定を変更するとした。

◆横田基地夜間飛行差止等請求事件

在日米軍横田基地の飛行場において，毎日夜間航空機の離発着がなされたため，基地周辺の住民が米国に対して毎日午後9時から翌日午前7時までの航空機の離発着の差止及び損害賠償請求を行った事件である。米国を被告とする訴訟について，裁判権免除がどのように認められるかが問題となった。判決は，制限免除主義を採用する諸外国の国家実行が積み重ねられてきていることを認めた上で，外国の主権的行為については裁判権が免除される国際慣習法の存在が引き続き肯認されるとした。そして，横田基地における航空機の夜間離発着は，米国軍隊の公的活動そのものであり，主権的行為であることは明らかであって，裁判権が免除されることに疑問の余地はないとした。

３ 国の元首及び外務大臣の裁判権免除

国の元首は対外関係において国を代表する機関であり，外国では外交使節と同じ特権免除を享有するため，外国の裁判権に服さない。元首は，在職中の公務については退任後も引き続き裁判権免除を享有する。しかし，拷問のような国際法違反の行為については必ずしも免除が認められないことが**ピノチェト事件**で示された。なお，国際司法裁判所は**逮捕状事件**において，現職の外務大臣が他国の刑事裁判権から免除さ

＊国連裁判権免除条約
日本は2009年に国会が承認して，2010年に締約国となった。関連国内法として「外国等に対する我が国の民事裁判権に関する法律」（2009年）がある。

＊27 ➡第7章❶「外交官の地位」
＊ピノチェト事件
英国に滞在していたチリのピノチェト元大統領について，ジェノサイド，殺人，拷問，人質行為の犯罪を挙げてスペインが引渡を要請した。国の元首には一般にその在職中の公務について他国の裁判権からの免除が認められるが，拷問は元首の公の行為を構成せず，裁判権免除を主張できない，と判示された（英国貴族院判決1999年3月24日）。
＊28 ➡第8章❶「犯罪人引渡」
＊逮捕状事件
ベルギーがコンゴ民主共和国の外務大臣に対して，ベルギー国内法に基づき，人道に対する罪等で逮捕状を発付した。ベルギーは人道に対する罪等の場合には現職の外務大臣であっても免除は認められないと主張したが，国際司法裁判所は外務大臣の刑事裁判権からの免除を認め，ベルギーの逮捕状発付のみで国際法違反になると判示した（コンゴ民主共和国対ベルギー，2002年2月14日，ICJ）。

れることは国際慣習法であるとした。

4　国際機構の裁判権免除

　国際機構は，その任務を有効に遂行するための裁判権免除が認められている（1946年国連特権免除条約2条2項，1947年専門機関特権免除条約3条4項）。

　日本の裁判所において国際機構が訴えられた事件としては，国連大学事件（東京地決1977年9月21日）及び欧州共同体駐日代表部本採用拒否事件（東京地判1982年5月31日，東京高判1983年12月14日）があり，どちらも職員が地位保全仮処分を申立てた事案である。前者では，国連大学が裁判権免除を享有することを理由に申立てが却下された。後者では，欧州共同体駐日代表部（被申請人）が裁判権免除は放棄しているものの執行についての免除は放棄していないため，申請人の訴えの利益が問題となったが，裁判所はこれを肯認した。その上で，被申請人の就業規則の排他的適用の主張を退け，日本の労働法の適用を肯定して判断した結果，本採用拒否は社会通念上許されるとして，申立てを却下した。

5　個　人

1　個人の法主体性

　かつては，国際法の主体は国家であるとする見解が支配的であったが，第一次，第二次世界大戦を経るにつれ，近年では，国家や国際機構以外にも個人や企業も国際法上の重要な法主体として認められるようになってきている。

　個人の法主体性については，以下のようないくつかの考え方がある。第一の立場は，今日の条約中に個人の権利義務を規定する条文があることを根拠に，制限的に個人の国際法主体性を認めようとするものである。例えば，難民条約2条は「すべての難民は，滞在する国に対し，特に，その国の法令を遵守する義務及び公の秩序を維持するための措置に従う義務を負う」とする個人の義務に関する規定や，同条約20条の「難民は，供給が不足する物資の分配を規制する配給制度であって住民全体に適用されるものが存在する場合には，当該配給制度の適用につき，国民に与えられる待遇と同一の待遇を与えられる」とした，個人の権利に関する規定が挙げられる。また，ジェノサイド条約の「憲法上の責任のある統治者であるか，公務員であるか又は私人であるかを問わず，処罰

する」（4条）とする規定などもこの立場の根拠として援用
される。

　第二の立場は，個人がその権利義務を実現するための国際
的手続（国際裁判所への出訴権や国際機構への申立権）が設定さ
れていたり，国際的手続によって個人の義務違反を処罰する
制度が設定される場合に限定して個人の法主体性を認めよう
とするものである。この立場は，20世紀に入り，**欧州人権裁
判所**[*]，旧ユーゴスラヴィア国際刑事裁判所，ルワンダ国際刑
事裁判所，**国際刑事裁判所**[*]のような，個人を裁くことを目的
とした国際裁判所の出現などを根拠に強く主張されている。

　第三の立場は，国際法が個人の権利義務について明確な規
定を設けているのに加えて，それが国内法を経由することな
く，国内裁判所や国際裁判所で直接適用される場合に，個人
の法主体性を認めようとするものである。今日，人権関係条
約など，国内裁判所が国際法を直接適用するケースは少なく
なく，こうした事実を背景として主張される立場である。

　＊欧州人権裁判所
　➡第4章**⑤**「人権裁判所」
　＊国際刑事裁判所
　➡第4章**⑥**「国際刑事裁判
　所（ICC）」

2　企業の法主体性

　企業の法主体性については，国際司法裁判所で争われた**ア
ングロ・イラニアン石油会社事件**[*]（1951年）が有名である。
本件は，1951年にイランが英国のアングロ・イラニアン石油
会社を国有化したことに端を発するもので，英国は，このイ
ランによる国有化措置がイラン政府と同社との間の石油採掘
に関する協定違反であるとして，事件を提訴した。しかしな
がら，国際司法裁判所は，企業は国際法上の固有の主体性を
一般的にはもたないとして，一企業と外国政府の間の協定の
国際法的性質を認めず，英国の訴えを棄却した。

　この問題は，ラテン・アメリカで外国企業と政府が締結す
る契約において広く行われてきた慣行で，紛争が発生した場
合には，現地の国内裁判所などで解決し，本国の外交的保護
権を求めない旨を約束する，いわゆる**カルヴォ条項**[*]が国際法
上いかなる効果を有するかとの問題とも関連している。一般
的には，カルヴォ条項は国際法上の効果をもたないとするの
が国際法上の理解であり，このことからも企業の国際法上の
地位は未だ明確に確立されていない。他方で，例えば「いず
れの一方の締約国の国民及び会社の財産も，他方の締約国の
領域内において，不断の保護及び補償を受けるものとする」
とする1953年の日米友好通商航海条約6条1項のように，今

　**＊アングロ・イラニアン石
油会社事件**
　➡第7章**⑤**「投資紛争」

　＊カルヴォ条項
　➡第3章**③**「国際責任の履
　行」

日では，企業の多国籍化，国際化に伴って，企業の法的地位
や権利義務を条約で明確に定めるケースも増えている。

3　国　籍

　国籍とは，特定の国と個人とを結びつける絆である。国際
法上，国籍の付与は原則として国の国内管轄事項とされてお
り，自国の国籍を誰に与えるか否かは国の判断に委ねられ
る。例えば，常設国際司法裁判所で争われたチュニスとモ
ロッコの国籍法事件（1923年）において「国籍の問題は，原
則としてもっぱら国の管轄権内に留保された問題領域であ
る」との判決が下されており，これは国際司法裁判所におけ
るノッテボーム事件（1955年）でも確認された。[*29]

　諸国が各々の基準に基づいて国籍を付与するため，国籍の
抵触が生じる。これには2種類あり，血統主義をとる国の国
民が出生地主義の国で子どもを生んだ場合，その子どもは両[*30]
方の国の国籍を取得し重国籍となりうる（積極的抵触）。他
方，出生地主義の国の国民が血統主義の国で子どもを生んだ
場合，いずれの国の国籍も取得せず無国籍となる可能性が生
じる（消極的抵触）。前者の場合には，**外交的保護**や兵役義務[*]
の関係で調整が必要となる。これについて国籍法抵触条約
（1930年）では，重国籍者が属する国同士では，相互に他方に
対してその個人についての外交的保護を行使することができ
ず（4条），第三国は，事実上最も密接な関係にあるいずれ
かの国の国籍を有するものとして扱えばよいことを認めてい
る。また，後者の場合には，その発生を少なくし地位を改善
する動きがみられる。例えば「無国籍者の地位に関する条
約」（1954年）では，難民条約で認められると同等の地位を無
国籍者に保障しようとしており，「無国籍の削減に関する条
約」（1961年）では締約国領域内で生まれた者に対する国籍付
与の義務を定めている。

6　NGO

1　NGO の法主体性

　NGO とは，非政府組織（NGO：Non-Governmental Organiza-
tion）の略称であり，一般的な定義はまだ確立していない。
ただし，その設立方法や機能に着目し，政府間の合意によっ
て設立されたもの以外の団体を指し，人権，環境，経済開
発，軍縮，文化，宗教，教育，学問などの分野での国際的規

*29　日本国憲法10条によ
れば「日本国民たる要件
は，法律でこれを定める」
としており，別途国籍法に
よって詳細な規定を設けて
いる。日本国籍の取得には
3通りあり，出生によるも
の（国籍法2条），準正に
よるもの（3条），帰化に
よるもの（4～10条）があ
る。また，2008年の国籍法
改正により，出生後に日本
人に認知されていれば，父
母が結婚していない場合に
も届出によって日本の国籍
を取得することが可能と
なった。

*30　親が自国籍であれば
自国籍を与える立場を血統
主義といい（日本など），
自国で生まれた子どもに自
国籍を与える立場を出生地
主義という（米国など）。

*外交的保護
➡第3章❸「国際責任の履
行」

模の公益活動に従事する法人ということができる。その起源は，近代以降の欧米社会に見出すことができ，大きく分けて，キリスト教会の社会福祉事業が国境を越えて活動するようになったものと，労働運動，女性解放運動，公民権運動などが国際的な性質を帯びるようになったものとがある。いずれの場合も国内での活動が国際化したもので，国内に強固な組織基盤をもっている場合が多い。事実，財産を所有するなどの機能的必要性から，いずれかの国の国内法で認可され法人格を取得しなければならず，あくまで国内法の規制に服する存在でもある。著名なものとしては，環境 NGO である**国際自然保護連合**[*]，人権 NGO であるアムネスティ・インターナショナル，貧困問題に取り組むオックスファム，**赤十字国際委員会（ICRC）**[*]などが挙げられ，その数は1990年代半ばに入って急増している。

元来，国際法の主体は，国とそれ以外の主体（国際機構，個人，民族解放団体，企業，NGO など）とを区別し，後者についてはそれぞれの国際法主体性やその要件及び範囲などが検討されてきた。NGO に関しては，定義が確立しておらず，またその実態がきわめて多岐多様であることなどから，現時点では，国際法主体性は一般的に認められておらず，国際法上の権利能力を欠く存在といわざるを得ない。

2 NGO の意義

このように，国際法上の NGO の地位は未だ不明確であるが，NGO が国連やその他の国際機関からの要請に対する助言，専門的知識や情報の提供，国際文書の起草など，国際法上の問題に一定の影響を及ぼしていることは間違いない。[*31]また，一国内における人権の重大な侵害，深刻な環境破壊，多国籍企業による違法な資源開発等について国際社会の注意を喚起し，関係国政府を非難したりすることによって国際世論を形成し，問題解決への端緒を提供することがある。さらには，条約採択のための政府間交渉へオブザーバーとして出席し，積極的な情報収集や情報提示によりキャンペーンやロビー外交を繰り広げるなど，いまやその活動は国際的な政策形成に多大な影響を及ぼしている。[*32]

例えば，**対人地雷禁止条約**[*]の採択経緯をみてみると，当初，政府間の話し合いの中で，特定通常兵器使用禁止制限条約に基づく部分的な禁止での対応が試みられていたところ，

＊国際自然保護連合（IUCN）
1948年に設立され，スイスのグランに本部を置く巨大 NGO で，国，政府機関，NGO から成る。日本からは，外務省，環境省及び20の NGO が参加している。IUCN は，国家，政府機関，NGO とが一つの団体を構成するきわめて珍しい形式で，2019年現在，90の国家，130 の政府機関，1131の NGO が会員となっている。六つの委員会（種の保存委員会，世界保護地域委員会，環境法委員会，教育コミュニケーション委員会，環境経済社会政策委員会，生態系管理委員会）で構成される。

＊赤十字国際委員会（ICRC）
1863年にアンリ・デュナンの呼びかけにより，スイス民法に基づいて設立され，ジュネーヴに本部を置く。「国際人道法の番人」として，国際法上は NGO に分類されるが，同委員会は，自身を NGO でも国際機関でもなく，ジュネーヴ諸条約等の国際条約により権限を付与され，中立と公平，独立の活動原則に基づいて行動する独自の組織と説明する。

＊31 国際自然保護連合（IUCN）の環境法委員会（CEL：Comission on Environmental Law）は，実際にラムサール条約，世界遺産条約，ワシントン条約，生物多様性条約など，多くの地球環境条約の条文草案の作成にあたった。

➡第6章❼「絶滅危惧種の保護」，第6章❻「生物多様性」

＊32　国連憲章71条は，経済社会理事会は，その権限内にある事項に関係のある民間団体（NGO）と協議するために，適当な取極を行うことができると定めており，これを受け，国連経済社会理事会（経社理）との協議を通じ国連の活動に広く関与している。NGOが国連の協議資格を得るための資格，権利，手続等は経社理決議1996/31に規定される。

＊対人地雷禁止条約
➡第10章❸「軍縮」

これでは対人地雷問題の抜本的な解決には至らず，使用，貯蔵，生産，移譲の全面禁止が必要であるとする国際世論が高まる。これを踏まえ，NGOである地雷廃絶国際キャンペーン（ICBL：International Campaign to Ban Landmines）をはじめとするNGOと，対人地雷全面禁止に賛同する諸国の協力により，対人地雷禁止条約採択への道が開かれた。結果的に，カナダ政府が1996年10月にオタワで開催した国際会議に始まる，いわゆるオタワ・プロセスを通じて作成された対人地雷禁止条約（オタワ条約，正式名称は「対人地雷の使用，貯蔵，生産及び移譲の禁止並びに廃棄に関する条約」）は，1997年12月に署名のため各国に開放され，1999年3月1日に発効した。

　また，人権保障の分野においては，一国内で重大な人権侵害が行われている場合，複雑な外交事情などから，これを他の国が摘発し積極的に非難し解決へ導こうとするにはしばしば大きな限界がある。このような状況において，人権侵害に特化して恒常的に関心を寄せ，政府の消極的姿勢を非難・告発し，人権侵害の被害者を支援するという役割においてNGOの存在は不可欠である。こうしたNGOには，限定的ながらも，例えば国連人権小委員会への通報資格，経済社会理事会における議案提出権，オブザーバーとしての意見の提出権などが認められている。

３　問題点

　国を中心とした枠組みが公的な性質を帯びるとすれば，NGOとは，共通の利益を軸として自由意思に基づいて結成される私的集団である。例えば「グリーンピース」という名で知られる環境保護NGOなどはきわめて巨大な組織であり，その財政的規模においても小国を上回っているが，時としてその過激なまでの活動姿勢が社会に様々な波紋を呼ぶこともある。こうした場合に，責任問題等に対する制度的枠組みはなく，NGO自体にそうした意識が欠乏している点が指摘される。

　また，国際社会で有力なNGOのほとんどが欧米に偏在しているか，それ以外の地域のNGOも欧米的思想に強い影響を受けるものが多いことから，一つの問題をめぐって文化的，宗教的な衝突を生むことがある。例えば，人権に対する考え方，表現の自由，刑罰のあり方などを挙げることができよう。

7 人 民

1 自決権の意義

人民（peoples）は自決権（right of self-determination）の享受者である。自決権とは，人民が自らその政治的地位を決定し，かつ自らの経済的・社会的・文化的発展を自由に追求することができる権利である。[33]

植民地支配または外国の支配により抑圧された人民は，独立して自らの国をもつ「外的自決権」を有する。それ以外の場合には，「内的自決権」すなわちすでに成立している国の枠組みの中で，人民がその経済的・社会的・文化的発展を自由に追求することのみが認められる。

なお，先住民族については「先住民族の権利に関する国連宣言」（国連総会決議，2007年9月13日採択）が，先住民族は自決権を有する（3条）と記しつつ，自らの自決権を行使する際には自治権（right to autonomy or self-government）を有する（4条）としている。

2 自決権の沿革[34]

1945年に発足した国連にとって植民地独立は大きな課題であった。国連憲章1条（国連の目的）では「人民の同権及び自決の原則の尊重に基礎をおく諸国間の友好関係を発展させること」を挙げ，自決が政治的原則であると確認した。1960年12月14日**植民地独立付与宣言***（国連総会決議）はすべての人民の自決権を記し，1962年12月14日「天然の富と資源に対する恒久主権」（国連総会決議）は，天然の富と資源に対する人民の権利を記した。

1966年国際人権規約が起草当時の植民地独立の高揚を背景に，社会権規約及び自由権規約に共通する冒頭の1条で自決権を規定したことで，実定国際法上の権利となった。[35]

1970年10月24日**友好関係原則宣言***（国連総会決議）は「いずれの国も，人民から自決，自由及び独立を奪ういかなる強制的な行為も慎む義務を負う」とし，自決権行使の過程においてこのような強制的な行為に対して抵抗する場合には国連憲章2条4項が規定する**武力行使禁止原則***の「領土保全または政治的独立」を害さないものと解している。

*33 このように自決権の内容には政治的側面と経済的側面があり，天然資源の国有化となると他国との紛争になりうる。➡第7章 5「投資紛争」

*34 自決の思想には，近代の人民主権と（主に19世紀中東欧における）民族主義という二つの系譜がある。自決の原則は第一次世界大戦中に発表されたレーニン『平和に関する布告』（1917年），米国大統領ウィルソン『14か条』で述べられ，注目を集めた。

*植民地独立付与宣言
「あらゆる形態の植民地主義を速やかにかつ無条件に終わらせる必要があることを厳粛に宣言」し（前文），「外国による人民の征服，支配及び搾取は，基本的人権を否認するものであり，国連憲章に違反し，世界の平和と協力の促進に対する障害となる」としている。

*友好関係原則宣言
国連総会決議として採択されたが，国連憲章の解釈を示すものとして国際慣習法化したとされる。同宣言では，「人民の同権又は自決の原則に従って行動し，人種，信条又は皮膚の色による差別なしにその地域に属する人民全体を代表する政府を有するに至った主権独立国家の領土保全又は政治的統一を全体としてあるいは部分的にも分割又は害するいかなる行動も認め又は奨励するものと解釈してはならない。」とする。

*35 「すべての人民は，自決の権利を有する」（1項），「すべての人民は，互

恵の原則に基づく国際的経済協力から生ずる義務及び国際法上の義務に違反しない限り，自己のためにその天然の富及び資源を自由に処分することができる」（2項）と規定する。なお，地域的人権条約である1981年「人及び人民の権利に関するアフリカ憲章（バンジュール憲章）」は自決権，富及び天然資源の処分権，発展の権利を規定している。

＊武力行使禁止原則
➡第10章❻「自衛権」

＊36　争訟事件としては東ティモール事件（ポルトガル対オーストラリア，1995年6月30日）がある。旧ポルトガル領の東ティモールに対し，1975年にインドネシアが軍事侵攻して翌年自国領に併合した。1989年にオーストラリアが東ティモールにかかわる大陸棚開発協定をインドネシアと締結したため，これをポルトガルが提訴した。ICJは自決権が現代国際法の本質的原則であり，対世的権利であることを認めた。

＊37　2014年スコットランドにおける住民投票では，独立が約10％の票差で否決された。2017年スペインのカタルーニャ自治州における住民投票では独立賛成が多数を占め，同州は独立を宣言したが，同年10月にスペイン政府は憲法に基づき同州の自治権を停止した（同州の新首相選出により2018年6月に自治権を回復した）。2017年イラクのクルド人自治区（クルディスタン地域）における住民投

┃3┃　国際司法裁判所による判断

ICJは一貫して人民の自決権を支持している。[36]

○**ナミビア事件**（勧告的意見，1971年6月21日）

かつて南西アフリカと呼ばれたナミビアについて，国際連盟期に委任統治していた南アフリカが1949年にその併合を一方的に宣言し居座り続けた。ICJはナミビア人民の自決権を確認した（ナミビアは1990年に独立を果たす）。

○**西サハラ事件**（勧告的意見，1975年10月16日）

旧スペイン領西サハラ地帯の領有権を主張するモロッコ，モーリタニア，民族解放団体の間の争いについて，ICJは西サハラ人民の自決権を確認した。

○**パレスチナ分離壁事件**（勧告的意見，2004年7月9日）

イスラエルがパレスチナ占領地域に建設した分離壁について，ICJは分離壁が国際法に違反するとし，上記3事例を引用して人民の自決権を確認した。

○**チャゴス諸島事件**（勧告的意見，2019年2月25日）

チャゴス諸島は英国植民地モーリシャスの附属地である。英国は1965年にチャゴス諸島をモーリシャスから切り離して英領インド洋地域へ編入，モーリシャスは1968年に独立した。ICJは，モーリシャスの脱植民地化が自決権に反する形式で行われたとし，英国はチャゴス諸島の施政を速やかに終了させる義務を負うとした。自決権の尊重は対世的義務であるとも述べている。

┃4┃　現代的問題

外的自決権については植民地支配または外国による支配の場合に限定されるとし，領土保全原則を堅持するのが現代国際法である。しかし，すでに成立している国からの分離独立を目指す動きは世界でみられる。

○**独立を問う住民投票**[37]

1995年カナダ・ケベック州の住民投票では僅差で独立が否決された。これを受けてカナダ連邦最高裁判所は，「ケベック州人民の自決権は内的自決権で満たされる。外的自決権は植民地支配，外国による支配，内的自決権の否定といった抑圧状況でのみ例外的に認められる」と述べた（ケベック分離事件，1998年8月20日諮問意見）。

○**一方的な独立宣言**

コソボ独立宣言の国際法上の合法性事件（ICJ勧告的意見，

2010年7月22日）において，ICJは，アパルトヘイトや違法な武力行使といった形式でない限り，独立宣言を禁止する国際法は存在せず，2008年コソボの一方的独立宣言は国際法に違反しないとした。ICJは，内的自決権が抑圧されている場合の「救済的分離」について判断を示していない。

　2014年にウクライナからの独立を宣言したクリミアについて，独立宣言は禁止されていないとロシアは主張した。しかしロシアの違法な武力行使によるものである点に留意する必要がある。2022年2月にはウクライナの2州を，ロシアが「ドネツク人民共和国」と「ルハンスク人民共和国」として独立を承認する大統領令に署名し，ロシア軍に軍事基地等の建設・使用の権利を与える「友好協力相互支援協定」に署名，さらに両「共和国」との条約の批准，自国領域外での軍隊の使用に関する連邦院決定など一連の措置を進め，ウクライナに軍事侵攻した。ロシアによる侵攻は武力行使禁止原則に違反し，友好関係原則宣言の「いずれの国も，他のいかなる国または領域の国民的統一及び領土保全の部分的または全体的破壊を目的とするいかなる行動も慎むものとする。」にも違反する。[*38]

票では独立賛成が圧倒的多数を占めたが，イラク国内外からの強い反発のため，クルド人の悲願である自らの国をもつ道筋はみえていない。

*38　➡第1章❷「国家承認・政府承認」

第2章

法　源

憲法には日本国憲法や合衆国憲法があり，民法にも民法典があるが，国際法にはそのような法典が存在しない。国際法に従って，という場合に，その国際法がどのような内容の規定であり，いかなる形式で成立しているのかが問題となる。普遍的で一般的な国連の活動を規律する国連憲章は，条約という形式で成立しているが，その一部は慣習法になっている。国際法を理解するために，法源の意味を考えてほしい。

introduction　法源とは

１　「法源」の意味

国際法における法源の語は異なる三つの意味で用いられることがある。第一は，拘束力の基礎，第二は認識手段，第三は成立形式である。拘束力の基礎の意味での法源は，本来の「法の源」，すなわち，国際法がなぜ拘束力を国をはじめとする法主体に対して有するのかを考えるような場合に用いられ，法哲学的なアプローチともいえる。その「源」を合意や慣行，あるいは，国際社会の存在，相互の共存などに求めている。

認識手段としての「法源」は，国際法の規則を認識するためにどのような様式を用いるかを考える際に使われる。条約の内容を知るために，例えば条約集を用いるが，それは，「紙に書かれた黒い文字」にすぎない。その背後にある国際法の規則自体の認識のために，どのような資料によって国際法の規則をいかに知りうるのか。その際には公文書を含め様々な資料が「法源」とされる。

「法源」の語を用いた場合に，より一般的であるのは成立形式としての法源である。国際法がどのような形式で成立をしているか，その形式をあらわす際に用いられる。

２　法源の種類

成立形式としての法源には，条約，国際慣習法，法の一般原則，国際機構の決議，学説・判例，衡平と善，一方的行為

などが含まれうる。

　条約[*]は近年ではその数が増加し，内容も多岐にわたっているが，明文化されている点で理解がされやすい。ただし，国内の憲法や民法，刑法などと異なるのは，条約の当事国のみを拘束することである。また，条約の適用に関連して，**留保**[*]という制度があることにも留意しなければならない。

　一般慣行と法的信念を成立要件とする**国際慣習法**[*]は，どのようにして認識するのかが困難な法源でもある。この国際慣習法は条約と並んで国際法の主要な法源とされている。国内法では，慣習法が成文法の下位に置かれることがあるが，国際法では条約と国際慣習法は同等の地位に置かれている。

　法の一般原則は常設国際司法裁判所（PCIJ）を設立した際[*1]に，付託された事件を処理するのにあたって適用法が存在しないという事態（法の欠缺（けんけつ））から裁判不能とならないように導入された[*2]。その意味では，原則として条約や国際慣習法が存在しない場合に適用されるという性質を有する。

　近年活発な活動を行っている国際機構が，特定の事項について**決議**[*]を行う場合に，それが国際法としての効力を有する場合がある。決議の内容がいずれ条約や国際慣習法となる場合には，独自の法源ではないが，その前の状態を言い表すものとして「ソフト・ロー」という名称が用いられることがある。条約や国際慣習法がハード・ローであるのと比較してこのように呼ばれるが，その国際法的効力を疑う意見もある。

③ 「法源論」の意義

　国際司法裁判所規程38条1項が適用をすべき国際法として，条約，慣習法，法の一般原則等を明示していることから，法源としてこれらのものを挙げることが一般的である。他方，国際司法裁判所の裁判規範が，国際社会の行為規範をも含めた国際法の成立形式を示すものとして適切かどうかの問題がある。例えば国際機構の決議は規程38条には含まれていないが，その重要性は現在では強く認識されている。例えば国際宇宙法の分野では様々なガイドラインがこの形式で作成されている。

　この意味では，それぞれの法源について，単に国際司法裁判所規程に規定されているからという理由のみではなく，その意義を国際社会の現状に照らして検討していく必要がある。

*条約
第2章❶「条約」

*留保
➡第2章❷「留保」
*国際慣習法
➡第2章❹「慣習法」

*1　常設国際司法裁判所規程及び国際司法裁判所規程38条1項で規定された。

*2　ただし，それ以前にも法の一般原則自体は仲裁裁判で適用されていた。

*決議
➡第2章❺「国際機構の決議」

4　法源相互間の関係

法源の相互の関係をどのように捉えるかの問題は，例えば，条約と国際慣習法の関係を考える際に必要となってくる。これはまた，すべての法源の間の関係を考察することにもなりうる。同じ事項について，規定が重複する場合に，いずれの規定を適用するのか，という問題でもある。両者の規定が同じであれば大きな問題はないが，異なる場合には，これを解決しなければならない。

「特別法は一般法を破る」といわれたり，「後法は前法を破る」と主張されたりするが，特定の事態において，「特別法」「一般法」とは何か，また，「後法」「前法」とは何かを考える必要がある。さらに，国際法上の**強行規範**の存在にも注意しなければならない。

国際法の法源間の関係とともに，国際法と国内法の効力関係に関する問題が生じてきている。各国の国内法はそれぞれに固有の歴史と法制度を有しており，国際法が国内法においてどのような効力を有するかは国ごとに異なっている。ただし，国際法の拘束力自体は対外的な関係において国内法の規定で変更されることはない。

伝統的な法源に加えて，国際社会の発展に伴い，また，国際法の規律する分野の拡大に従って，法源の多様化と発展がみられる。それがどのような意義を有しているのかを検討する必要がある。

1　条　約

1　条約とは

条約とは，「国の間において文書の形で締結される，国際法により規律される国際的な合意」をいう。「国際法により規律される国際的な合意」であるので，条約は法的な権利義務関係を創設する国際的な合意でなければならない。そのため，国家間の合意であっても，法的な権利義務関係を創設しない，共通の政策を示すにとどまる文書は条約ではなく，法的拘束力を有しない。国による一方的な宣言は，法的な拘束力が認められることがあるが，国際的な合意ではないため条約ではない。また，条約はその名称のいかんは問われない。「条約」の他，「協定」や「規程」など様々な名称が用いられる。条約の締結手続や解釈方法，効力など条約に関する国際法の規則は1969年に採択された「条約法に関するウィーン条

＊強行規範
➡第2章❸「強行規範」

＊3 ➡第2章❻「国際法の国内的実施」

＊4 条約法条約上の条約は文書の形で締結されることが求められる。この点，いわゆる「日韓慰安婦合意」は，文書による合意ではなく，日韓両外相が共同記者発表の場で口頭で表明したものであり，条約ではない。ただ，口頭の声明であっても，法的拘束力が認められた例も存在する（1933年の「イーレン宣言」など）。

＊5 ある文書が条約であるか否かについて，その文書が条約法条約上の締結手続に則って作成されたかどうか，その文書の文言や文書を交わした際の事情はどうかに基づいて判断される。

＊6 「宣言」は，非拘束的な文書に用いられることが多い（例えば，世界人権宣言）が，日ソ共同宣言（1956年）のように条約に該当するものもある。

約（通称：条約法条約）」に明文化されている。[*7]

［2］　条約の締結手続

　いずれの国も条約締結能力を有する。条約は，各国の条約締結権者（国家元首，政府の長，外務大臣，外交使節団の長，国際会議・国際機関に派遣された代表者，全権委任状をもつ者）の交渉を経て採択される。条約に拘束されることへの同意の表明は，署名条約を構成する文書の交換，批准[*]，受諾，承認，加入又は交渉国が合意した方法によって行われる。条約の発効には署名のみで発効する署名発効条約と批准を必要とする批准発効条約があり，後者の場合，署名後に国会による承認[*]などを経て批准書の交換や寄託をすることが必要である。署名や批准の際に留保[*]を付すこともできる。

［3］　条約の解釈

　条約を履行したり，ある具体的な事柄・事案が条約と整合的であるかを考えるとき，条約の各条文で用いられる語の具体的な意味を明らかにすることが必要な場合がある。[*8] このような，用語の意味を明らかにする作業が解釈である。条約法条約は「条約は，文脈によりかつその趣旨及び目的に照らして与えられる用語の通常の意味に従い，誠実に解釈する」という一般規則を定めた（31条1項）。「文脈」には条約文の他，関係合意，関係文書が含まれる（2項）。文脈とともに考慮するものとして，条約締結後の関係国の合意，後に生じた慣行，国際法の関連規則がある（3項）。これらによっても意味が曖昧な場合には，条約の準備作業や条約締結の際の事情などの補足手段に依拠することができる（32条）。

［4］　条約の効力

　条約は通常，各条約に定められる日又は交渉国が合意する日に効力を生ずる。[*9] 条約の効力が生ずるよりも前に行われた行為には条約は適用されない（条約の不遡及，28条）。効力を有するすべての条約は当事国を拘束し，当事国は「合意は守られなければならない（*pacta sunt servanda*）」の原則に従い，条約を誠実に履行する義務を負う（26条）。また，「合意は第三者を益しも害しもせず（*pacta tertiis nec nocent nec prosunt*）」の原則により，条約は第三国の同意なしに第三国の義務又は権利を創設することはない（34条）。

[*7] 条約には国と国際機構との間で締結されるものもある。1986年に採択された「国と国際機構との間又は国際機構相互の間の条約法に関するウィーン条約」では国際機構が条約を締結する際の規則が定められた。

*批准
批准とは条約に拘束されることについての国の同意を表明する国際的な行為をいう。

*国会による承認
日本で，国会の承認が必要とされる条約は次の通り（大平三原則）。①法律事項を含む国際約束，②財政支出を伴う国際約束，③政治的に重要な条約。

*留保
➡第2章❷「留保」

[*8] 例えば，国連憲章2条4項で定められる「武力」や「武力の行使」という語については，「経済的な力」を含むとか，「サイバー攻撃」を含むという考え方もある。

[*9] 例えば，人種差別撤廃条約（1965年12月採択）は27番目の批准書又は加入書が寄託された日の後30日目の日に効力を生ずる旨を規定しており，ポーランドが27番目に批准書を寄託した30日後，1969年1月4日に発効した。

*10　「終了」：条約がその
効力を失い消滅すること。
「廃棄」：二国間条約の一方
当事国の一方的意思により
条約を終了させること。
「運用停止」：条約自体は消
滅せず，効力を停止するこ
と。「脱退」：多数国間条約
から離脱すること。他の当
事国間では条約は存続す
る。例えば，日本は，2018
年12月26日，国際捕鯨取締
条約11条の規定に基づき，
同条約からの脱退について
の通告を行い，同通告は
2019年6月30日に効力を生
じた。
*強行規範
➡第2章❸「強行規範」
*ロッカビー事件
➡第5章⓭「空Ⅱ：国際民
間航空」
*留保
条約法条約2条1項(d)は次
のように定義する。「『留
保』とは，国が，条約の特
定の規定の自国への適用上
その法的効果を排除し又は
変更することを意図して，
条約への署名，条約の批
准，受諾若しくは承認又は
条約への加入の際に単独に
行う声明（用いられる文言
及び名称のいかんを問わな
い）をいう。」

条約は当事国の間の合意によって改正（条約規定をすべての当事国について変更すること。39条）又は修正（条約規定を一部の当事国間において変更すること）することができる（41条）。また，条約法条約が定める八つの原因（条約締結手続の違反，権限を踰越した締結，錯誤，詐欺，買収，国の代表者への強制，武力による威嚇又は武力の行使による強制，強行規範への抵触）を理由に，国は条約の有効性を否認することができる（条約の無効）。有効に成立して発効した条約であっても当事国は条約を終了，廃棄又は運用停止したり，条約から脱退することができる。*10

さらに，条約法条約は，締結のときに一般国際法の**強行規範**に抵触する条約は無効であると規定し，上位規範の概念を取り入れた。また，国連憲章は，有効に成立して効力を生じた条約であっても，その条約に基づく義務が国連憲章に基づく義務と抵触する場合には，国連憲章に基づく義務が優先すると規定した（103条）。**ロッカビー事件**では，安保理決議748の下での義務について，憲章103条に従い，モントリオール条約を含む他の国際協定に基づく義務に優先すると判示された。

❷　留　保

1　留保とは

多数国間条約を締結しようとするとき，条約全体の趣旨には賛成だが，条約の一部の規定については受け入れることができず，これに拘束されたくないという立場の国がある。そうした国は，「**留保**」を付して条約を締結することがある。留保とは，条約の特定の規定の法的効果を排除又は変更するために行う声明をいう。この制度は，条約の一体性の要請（条約はすべての当事国に一律に適用されることが望ましい）を多少損なっても，条約の普遍性の要請（条約にはなるべく多くの国が参加することが望ましい）に応えようとするものである。

表明された留保に対し，それを認める国は通常特別の受諾をする必要はない。留保表明国と受諾国との間では条約関係が発生し，留保が付された規定は留保の限度において変更され適用される。他方，留保に賛成できない国は，一定期間内に当該留保に対し異議を申し立てなければならない。異議を申し立てなかった場合は，留保は受諾されたものとみなされる。留保には異議を申し立てるが条約自体が効力を生ずるこ

とには反対しないという場合，留保が付された規定は留保の
範囲内で適用されない。

　表明した留保は撤回することも可能である。例えば，日本
は**社会権規約**を批准した際に同規約13条２項(b)及び(c)にいう
「特に，無償教育の漸進的な導入により」に拘束されない権
利を留保していたが，2012年にこれを撤回した。

＊社会権規約
➡第8章❷「社会権の国際
的保障」

２　留保の許容性

　留保を付しつつ条約当事国となることができるのはどのよ
うな場合だろうか。国際連盟では「全締約国同意の原則」が
とられ，留保表明国は他の当事国すべての同意がなければ留
保を付したまま条約の当事国になることはできなかった。一
方，汎米連合では，留保表明国と留保を認めた国との間では
条約関係が生じたが，留保表明国と留保に反対した国との間
では条約関係は生じないとする実行が妥当していた。

　国連は当初，国際連盟の慣行であった「全締約国同意の原
則」を踏襲していた。しかし，国際司法裁判所がジェノサイ
ド条約留保事件において「留保が条約の趣旨及び目的と両立
する場合，留保国は条約の当事国とみなされる」として両立
性の基準を示し，これが1969年の条約法条約で採用されるこ
ととなった（19条(c)）。条約法条約は，①条約が留保を付す
ることを禁止する場合[11]，②条約が問題となる留保を含まない特
定の留保のみを付すことができると定める場合[12]，③上記①と
②の場合以外の場合で留保が条約の趣旨及び目的と両立しな
い場合[13]，を除いて留保を付すことできると定めている。ただ
し，すべての条文がすべての当事国に適用されることが不可
欠の条件である条約には全締約国同意の原則が用いられ，す
べての当事国の同意がない限り，留保は許されない。

◆ジェノサイド条約の留保事件

　　1948年に採択されたジェノサイド条約（集団殺害罪
の防止及び処罰に関する条約）について，旧ソ連をはじ
めとする東欧８カ国が紛争解決条項などに付した合計
18の留保に対して，一部の国が反対して異議を申し立
てた。ジェノサイド条約が効力を発生するためには，20
の国が批准し，批准書を寄託しなければならないが，留
保を付して批准書を寄託した国がこの20カ国の中に数
えられるか否かが問題となり，国際司法裁判所に勧告的
意見が求められた。裁判所は，1951年５月28日，意見

＊11　例えば，国際刑事裁
判所規程（120条），オゾン
層保護条約（18条），気候
変動枠組条約（24条），生
物多様性条約（37条），国
連海洋法条約（309条）な
どがある。

＊12　例えば，大陸棚条約
は「第１条から第３条まで
の規定を除くこの条約の規
定について留保を行うこと
ができる」と定め（12条），
１条から３条までの規定を
除く他の規定への留保を認
める。

＊13　例えば，人種差別撤
廃条約は条約の趣旨及び目
的と両立しない留保が認め
られない旨を明示的に定め
る（20条）。

*14　実行指針は，条約で
はなく，法的な拘束力があ
るわけではない。

を付与し，両立性の基準を示した。

　留保の許容性が他の国による受諾や異議申立てに左右され
るか否かは条約法条約上明らかではない。そこで，国連国際
法委員会（ILC）は，2011年に「実行指針」を採択した。指[*14]
針では，条約の趣旨に必要な基本的要素に影響を及ぼすよう
な留保は条約の目的と両立しないこと，紛争解決条項への留
保は条約の目的と両立しないことがあること，許容されない
留保を他の国が受諾したとしても「許容されない」という性
質に影響は及ぼさないことなどが示された。

［3］　解釈宣言

　多数国間条約の条文の中の文言（用語）などについて，そ
の具体的な意味をめぐり見解に相違が生じることがある。そ
の場合，自国が採用する解釈を表明するために宣言が付され
ることがあり，そうした宣言を「**解釈宣言***」という。例え
ば，日本は**社会権規約***8条2項にいう「警察の構成員」には
消防職員が含まれると解釈する宣言を行った。解釈宣言は，
条約規定の法的効果を排除又は変更するものではない。しか
し，留保が禁止される条約の規定に，あるいは解釈宣言と称
しながら，実質的には留保にあたるような宣言が付され，他
の国から異議が申し立てられるケースもある。

***解釈宣言**
条約法条約にその定義は設
けられていないが，「実行
指針」によれば，国又は国
際機構が，条約又は条約の
特定の規定に対して帰する
意味又は範囲を特定する又
は明確にすることを意図し
て，単独に行う声明をいう
（用いられる文言及び名称
のいかんを問わない）とさ
れている。
***社会権規約**
➡第8章❷「社会権の国際
的保障」
***慣習法**
➡第2章❹「慣習法」

❸　強行規範

［1］　強行規範とは

　国際社会で各国は自由に条約を締結することができるとさ
れてきた。また，**慣習法**を含め，作成された条約には国内法
にみられるような上位規範と下位規範の区分はなされず，法
の段階構造よりは，各国の意思が重要視されてきた。1960年
代になって，条約を作成し，適用し，また終了させることに
関しての「条約法」と呼ばれる国際法の諸規則を定め，条約
として作成されたのが1969年の条約法に関するウィーン条約
（条約法条約）である。[*15]

　この条約法条約の53条，64条及び66条(a)が強行規範につい
ての規定を置いている。条約法条約は条約の無効（条約の有
効性）について，条約の有効性及び条約に拘束されることに
ついての国の同意の有効性は，この条約の適用によってのみ
否認することができるとし，また，条約の終了もしくは廃棄
又は条約からの当事国の脱退は，条約又はこの条約の適用に

*15　国際機構について
は，1986年の国と国際機構
との間又は国際機構相互の
間の条約法に関するウィー
ン条約（国際機構条約法条
約）がある。

よってのみ行うことができるとしている。これは，**無効原因**[*]の網羅主義と呼ばれている。

条約法条約53条は締結のときに，同64条は新たな強行規範が成立した場合に，一般国際法の強行規範に抵触する条約は，無効であるとする。また，この条約の適用上，一般国際法の強行規範とは，いかなる逸脱も許されない規範として，また，後に成立する同一の性質を有する一般国際法の規範によってのみ変更することのできる規範として，国により構成されている国際社会全体が受け入れ，かつ，認める規範をいう，と定められた。

この強行規範の規定が条約中に盛り込まれた背景には，当時の開発途上国と東側諸国が一定の国際法規は他のものに優越する効力を有すると主張した点が指摘される。開発途上国はこの概念により，帝国主義，奴隷制，強制労働そして人間の平等，国家の主権平等に反するすべての行為を非難したとされている。また，東側諸国は異なる政治・経済体制を有する諸国の平和共存を念頭に置いたものとされている。[*16]

　2　　強行規範の具体的内容

このように強行規範を条約の無効・終了原因の一つとすることは合意されたが，その具体的な内容に関しては明らかではなかった。条約草案の審議過程では，人民の自決，侵略の禁止，集団殺害，奴隷取引，人種差別などに言及されたが，明確な合意には達していない。そのため，条約法条約では強行規範に関する解釈又は適用に関して紛争が生じた場合には，国際司法裁判所に紛争を付託することができると定められ，この点を第三者機関に委ねている。

条約の無効・終了についての強行規範の適用が**国際司法裁判所**[*]において問題とされた事件はないが，1970年の**バルセロナ・トラクション事件**[*]判決では各国が国際共同体に対して負っている「**対世的義務**[*]」の概念との関係で侵略，集団殺害，奴隷制，人種差別に言及した。[*17]

国際法委員会が作成した国家責任条文草案において，現在の草案からは削除されているが，国家の国際犯罪についての旧19条の規定で，侵略，武力による植民地支配，奴隷制，集団殺害，アパルトヘイト，大気・海洋の大量汚染に言及されていた。現在の草案は，一般国際法の強行規範に基づく義務の重大な違反に関して規定しているが，具体的な例示はなさ

＊条約の無効原因
➡第2章❶「条約」の条約の無効原因参照。

＊16 同様の規定は国際機構条約法条約53条，64条，及び66条2項にも置かれた。

＊国際司法裁判所
➡第4章❸「国際司法裁判所（ICJ）」
＊バルセロナ・トラクション事件
➡第3章❸「国際責任の履行」
＊対世的義務
➡第3章❸「国際責任の履行」
＊17 2006年のコンゴ対ルワンダの事件で国際司法裁判所は初めて強行規範に言及している。また，2012年のドイツ対イタリアの主権免除事件では強行規範と裁判権免除の関係が検討された。

*18　国連国際法委員会が2014年以降作業を続け，2019年に結論の文書案を作成した。

*19　例えば，強行規範を援用する国は，利用可能な紛争解決手続を用い，強行規範と主張する規定に違反する合意の無効や，その違反から生ずる国際責任を履行するよう求めることになる。

＊承認
➡第1章❷「国家承認・政府承認」
＊裁判権免除
➡第1章❹「裁判権免除」
＊紛争解決
➡第4章「紛争解決」
＊責任
➡第3章「責任」

れていない。*18

　国内裁判や国家実行，憲法には強行規範に言及するものがあるが，強行規範の具体的な内容をどのように確定するかの基準は明らかとなっていない。

［3］　強行規範の限定性

　条約法条約中に強行規範の規定を置いたために，条約当事国以外の国がこの強行規範概念を援用することができるのかの問題がある。締結した条約が強行規範に基づいて無効あるいは終了することは，条約当事国がすべてウィーン条約法条約の当事国であることを必要とする。

　この点に関連して，強行規範概念が国際慣習法として成立しているか否かが問題となるが，裁判所の判例，各国の実行は，これを容認しているものと考えられる。ただし，条約法条約で規定された国際司法裁判所の義務的管轄権を援用することはできないことに留意する必要がある。*19

　条約法条約との関係で強行規範が取り上げられたことは，さらに，無効・終了原因としての一つであるという限定性を本来的に有していることとなる。しかしながら，その後の強行規範をめぐる主張は，条約のみではなく，一方的行為や国際機構の決議への効果についても影響を及ぼすこととなった。

［4］　強行規範の意義

　「有権的立法体制並びに独立の裁定体制を欠く国際社会で，この規定はなお疑いを残している」あるいは「条約目的の適法性の問題は，元来論ずる必要のない国際的良識に委ねることで足る性質の問題であったとも考えられる」と主張されたこともある。強行規範としてどのような具体的な規定を考えるにせよ，この概念の背景にある「国際公序」を各国が容認していることは確かであるということができ，承認＊や裁判権免除＊，紛争解決＊，責任＊などの国際法の他の分野に大きな影響を与えている。

④　慣習法

［1］　国際慣習法とは

　文書による合意である条約は，原則として，第三者に対して権利義務を生み出さない。ところが，条約自体には参加し

ない場合であっても，その条約の特定の規定に拘束されることがある。その規定が慣習法化している場合，あるいは慣習法としてすでに存在していた規則を法典化した場合である。国際慣習法とは「法として認められた一般慣行の証拠としての国際慣習」(国際司法裁判所規程38条1項b) であり，将来誕生する新独立国も含めて，国際社会のすべての国に対して適用される。この点について，**国際司法裁判所**は，**北海大陸棚事件**判決 (1969年) の中で「その性質上，国際社会のすべての構成国に対して等しく効力をもたなければならず，自己の都合のために任意にいずれかの国によって一方的に排除しえないものである」と述べている。慣習法は，国際法の法源として，条約と並んで重要な地位を占めており，国際法における重要な規則は，依然として慣習法の形で存在するものが多い。

2　成立要件

では，慣習法はどのようにして成立するのか，その過程を明らかにしなければならない。慣習法は，以下の二つの要件が満たされた場合に成立すると考えられている。

第一は「一般慣行」であり，国による同一の行動 (実行) が長期間にわたって一貫して反復，継続して行われるという客観的要件である。ただし，一般慣行の形成にあたってどの程度の時間が必要かについては，立場は必ずしも一致していない。特に，近年では国際関係の緊密化や科学技術の発展に伴い，短期間で慣習法が形成されるケースも増加している。例えば，前述の北海大陸棚事件判決では，「短期間の経過であっても，そのこと自体は新しい国際慣習法規の形成を妨げない」としており，一定の期間内にその慣行が「広範かつ実際上の一致」をみることが重要であるとしている。また，**排他的経済水域**の制度についても，1970年代の後半から一部の諸国によってこの水域が設定されるようになったが，1982年には国連海洋法条約においてすでに制度化された。これについて国際司法裁判所は，リビア対マルタ大陸棚事件 (1985年) において「排他的経済水域の制度は，諸国家の慣行によって慣習法の一部となったことが示された」と明言している。

第二は「法的信念」(*opinio juris*) であり，国がある行為を行ったり差し控えたりする場合に，その根拠が法的な権利義務意識に求められなければならないとする主観的要件であ

＊国際司法裁判所
➡第4章❸「国際司法裁判所 (ICJ)」
＊北海大陸棚事件
北海の大陸棚境界画定をめぐって，西ドイツ (当時)，デンマーク，オランダの間で争われた事件。大陸棚に関する初めての国際裁判で，慣習法形成論議に大きな貢献をした判例と位置づけられる。

＊排他的経済水域
➡第5章❻「海Ⅱ：排他的経済水域と大陸棚」

る。これは，第一の要件である一般慣行が偶然繰り返されて
きたものである場合や，単なる習慣である場合とを区別する
ために必要とされる。ただし，この法的信念については，そ
の実体が必ずしも明確とはいえず，学説によっては慣習法の
成立には一般慣行のみで十分であるとする立場もある。この
点について，常設国際司法裁判所は，フランスとトルコの間
で争われたロチュース号事件判決（1927年）において，国が
ある行為を差し控える場合に，そのような抑制行為が「もし
これを差し控えるという義務意識に基づくものであるなら，
この場合にも国際慣習を語ることができる」と述べている。
さらに，北海大陸棚事件判決では，裁判所は法的信念の必要
性を指摘し，「国は法的義務に相当するものに従っていると
の感覚がなければならない」とし，つまりそれは「法的義
務」の感覚に基づかなければならないと示した。

　このように，裁判所は慣習法の成立要件として一般慣行に
加えて法的信念を支持しているが，何をもって法的信念とす
るか，その認定は容易ではなく基準が定まっているとは言い
難い。また，国際社会全体の法意識をどのように捉えるの
か，そこに大国の影響力はいかに働くのか，また「一貫した
反対国」の存在する場合など，慣習法の成立をめぐって議論
されるべき問題は多い。

３　慣習法の法典化

　慣習法は，その内容や成立時期が明確でないため，これを
法典化（codification）する作業が国連を中心に進められてい
る。法典化とは，伝統的な慣習法規則を成文化させることを
いい，多数国間条約の採択を通して行われることが多い。こ
の作業を担うのは，主として1947年に国連に設置された国際
法委員会（ILC：International Law Commission）であり，この
委員会は国連憲章13条１項の国際法の漸進的発達と法典化の
奨励という任務を遂行する。これまでにILCが法典化作業
を行った主な条約には，1958年の海洋法４条約，1961年の外
交関係条約，1963年の領事関係条約，1969年の条約法条約，
1998年の国際刑事裁判所規程，2001年の国家責任条文などが
ある。

　近年では，こうした国連の委員会での準備作業や国連主催
の法典化会議などを通して，既存の慣習法が単に確認される
だけでなく，形成途上の規則が慣習法として結実するという

*20　例えば，ニカラグア
に対する軍事的活動事件
（1986年）では，国際司法
裁判所（ICJ）は「慎重な
注意を要する」との前置き
をした上で，国際機構や国
際会議の決議・宣言等を法
的信念の表明として重視し
た。また，武力不行使原則
の慣習法性については，特
に1970年の友好関係原則宣
言に対する各国の同意が
「この規則に関する法的信
念を表明する」とし，この
原則を強行規範（ユス・
コーゲンス）とした国際法
委員会の報告書などに言及
した。
*21　国際社会における慣
行として成立しているもの
の法的信念を欠くために国
際慣習法と区別されるもの
として，国際礼譲がある。
例えば，国際会議における
各国代表の席次や敬称，他
国軍艦に対する礼砲，外国
元首の就任の際の各国元首
への通知，これに対する外
国政府の祝辞等が挙げられ
る。

慣習法の発展現象が顕著にみられる。こうした具体例は，条約法や海洋法の分野において特に多く見出すことができる。また，国際慣習法の認定方法が国際法上の重要課題であることから，ILC は，2012年より「国際慣習法の認定」に関する作業に取り組んでおり，その成果として，2018年に「国際慣習法の認定に関する報告書草案」が採択されている。

＊22　➡第5章❻「海Ⅱ：排他的経済水域と大陸棚」

❺　国際機構の決議

［1］　国際機構の決議とは

　国際機構の決議とは，設立文書に従って設置されている内部機関において，国際機構がその任務を遂行するために必要な意思の決定を行うこと，また，その意思決定に伴い採択された文書をいう。

［2］　表決制度

　国際機構の意思決定手続は，設立文書や組織の内部規則に規定されており，表決制度にはいくつかの方式がある。

①全会一致制：最も古くから採用されてきた表決制度。1票でも反対があれば決議は成立せず，意思決定ができない。

②多数決制：今日最も多く採用されている表決制度。各機構の内部法に従い，議題に応じて，必要な賛成票の割合は異なりうる（例：手続事項は過半数，その他の事項は3分の2の賛成投票）。一国一票制が採用されている場合が多いが（国連総会など），世界銀行や国際通貨基金などのように，出資額に応じた加重投票制が採用されている場合もある。また，国連安保理における決定には，15の理事国のうちの9理事国による賛成投票が求められるが，これに加え，手続事項以外については，常任理事国の同意投票が必要であり，1カ国でも常任理事国が反対票を投じた場合には決定を行うことができない（拒否権）。

③コンセンサス方式：当事者間で事前に交渉内容を詰め，意見を集約した上で，投票によらずに反対が存在しないことを確認して決議を行う方式。近年増加傾向にある表決方式である。

＊拒否権　➡第9章❸「安全保障理事会」

*23　例えば，国際機構の予算，加盟国の地位（加盟・除名など），内部機関の改編などの事項がそれにあたる。

*世界保健機関
➡第9章❶「WHO（世界保健機関）」
*24　例えば，国際司法裁判所は南極における捕鯨事件において，国際捕鯨委員会の決議が国際捕鯨取締条約の解釈に与える影響を詳細に検討した。
*25　法的拘束力をもたない規範的文書の国際法上の意義を考える際に，「ソフト・ロー」という概念が広く用いられている。

[　3　]　決議の法的拘束力

　国際機構の決議の法的拘束力の有無はその機構の内部法により決定される。決議には，国際機構の内部事項に関するものとそれ以外のものがある。組織内部にかかわる決議は，一般的に法的拘束力を有し，加盟国はそれに従う。[*23]

　国際機構の組織内部にかかわる事項に限定されない場合には，法的拘束力の有無は国際機構により大きく異なる。例えば，国連では，総会決議の効力は勧告にとどまるが，安保理の決定は国連憲章25条の下国連の全加盟国に対して拘束力をもつ。また技術的な事項を中心に，自国が当該決議に拘束されないことを一定期間内に宣言しない限り，すべての加盟国を拘束するという場合もある（例：**世界保健機関**[*]，国際民間航空機関）。また後述するように，当該決議が法的拘束力をもたない場合であっても，条約の解釈における考慮など，様々な形で国際法の形成及び実施に影響を与えうる。[*24] 法的拘束力をもたない国際機構の決議は，法の存在形式という意味での法源（形式的法源）ではないが，国際法を認識・確認する材料という意味での法源（実質的法源）であるといえる。[*25]

[　4　]　国連総会決議

　国際機構の決議の中でも，国連総会決議については，その法的効果や法源としての地位に関する議論が特に多くみられる。国連憲章によれば，総会決議は勧告にとどまるものの，国際法の発展において様々な面で重要な役割を果たしている。例えば，国際慣習法に関連して，国連総会決議は，既存の慣習法規則の確認をしたり，決議採択時に慣習法規則を結晶化させたり，その後の慣習法化を促進したりする場合がある。また，1986年の対ニカラグア軍事活動事件で，国際司法裁判所は，国連総会決議の中には，各国の法的信念の表明とされるものがあるとして，慣習法の存在の証拠となると示した。

　また，国連総会決議は，国連憲章の一般的に認められた解釈を明らかにしている場合がある。さらに，国連総会決議，特に「法原則宣言」と呼ばれる決議の場合，後に作成される条約の基礎をなす場合がある。例えば，1963年の「宇宙空間の探査及び利用における国家活動を律する法的原則の宣言」は，1966年に採択された「宇宙条約」の基礎をなしている。

5　その他の問題

　国際機構の内部機関の行為は，設立文書をはじめとする内
部法上の制限を受け，かかる制限に反した場合は，権限踰越
の行為である。また，国際機構は，人権をはじめとする慣習
法上（または，条約上）の義務に拘束される。そのため，これ
らに反して採択された場合，当該決議は無効となりうる。

　国際機構の決議，特に法的拘束力を有する決議をどのよう
に解釈するかが問題となる。国家間で締結された条約である
国際機構の設立文書と異なり，国際機構の決議の場合，条約
の解釈に関する国際法の諸規則が直接適用されるわけではな
いが，参考にしうる。

6　国際法の国内的実施

1　国際法と国内法の関係

　国際法と国内法は，異なる別個の法秩序を形成しているの
か，あるいは，単一の法秩序の中に両法が位置づけられてい
るのか，という論点について伝統的に以下の理論が提示され
てきた。

　国際法と国内法を異なる別個の法秩序と捉え，両法が相互
に独立した効力を有するとする考えは，二元論（**多元論**＊）と
呼ばれる。二元論は，国内法が一国の単独意思を根拠とする
のに対し，国際法が複数国の共同意思の合致にその根拠を求
めている点など，両法の性質における相違に基づいて主張さ
れてきた。

＊**多元論**
国内法秩序は，日本法や米
国法というように国の数だ
け存在することになるた
め，多元論と称されること
もある。

　国際法と国内法は単一の法秩序の中にあり，したがって両
法の効力はその優劣関係によって決せられるとする考えを，
一元論という。この一元論のうち，国内法が国際法に優位す
ると考える立場は，国際法も国家意思に基づく法である以
上，その効力は国家意思の限度で認められるにすぎず，国家
意思を体現する国内法（憲法）の下に国際法が妥当すると説
明する。しかし，この立場では，国家意思を拘束する国際法
自体の存在が否定されかねないため，現在は支持されていな
い。他方，国際法が国内法に優位すると考える一元論は，国
内法が原則として各国領域内においてのみ効力を有するのは
国際法の規律によるなどとして，国際法の下に国内法が妥当
することを説く。しかし，この立場では，国際法に反する国
内法が当然に無効となってしまうという不都合が生じる。

　以上の二元論と国際法優位の一元論の論争を超克すべく，

調整理論（等位理論）が主張されてきた。これによると，国際法と国内法は，法体系として抵触することはなく，国際的分野・国内的分野においてそれぞれが最高位の法とされるが，現実的に義務の抵触が生じることから両法分野における調整が行われると考える。すなわち，国内法が国際法に反する場合，国際的分野においては，国際法違反として**国際責任法**による問題解決が図られるが，国内的分野においては，各国の国内法が国際法違反の国内法の効力を決めることとされた。

＊国際責任法
➡第3章 intro「国際責任とは」

❷ 国内法秩序における国際法の効力（国際法の国内的効力）

　国際法が国内法秩序の中において法規範としての効力（国内的効力）をもつか否かという問題は，もっぱらそれぞれの国内法が定めることとされている。以下では，国際法の主な**形式的法源**である**条約**と**国際慣習法**について説明する。

＊形式的法源
➡第2章 intro「法源とは」
＊条約
➡第2章❶「条約」
＊国際慣習法
➡第2章❹「慣習法」

　第一に，条約については，大別して，①一般的受容方式と②変型方式の二つの制度が存する。①の一般的受容方式は，条約が批准・公布によってその国について発効すると，当該国の国内法秩序において当該条約の効力が認められるとする制度である。この場合，条約締結過程において立法機関の同意・承認が求められることが通常であるが，当該承認が法律（承認法）として付与されることもある。一般的受容方式を採用する国として，日本，韓国に加え，スイス，フランス，ドイツ，ロシアなどの欧州大陸諸国が挙げられる。②の変型方式は，条約批准後においても国際法としての条約そのものには国内的効力が認められず，当該条約の規範内容を国内法に作り換える（変型する）ことで受容する制度である。変型方式を採用する国としては，イギリス，カナダ，オーストラリア，ニュージーランドといった英連邦諸国が挙げられる。

　第二に，国際慣習法については，その普遍的な性質を理由として，いかなる国内措置を経ることなく自動的に国内的効力が付与されることが多くの国で認められてきた（自動的受容方式）。

　国際法の国内的効力が肯定される場合，次に，国内機関において国際法を適用する段階で，直接適用可能性の問題が生じる。すなわち，国内法秩序に受容された国際法規範を，国内法による具体化等の措置を介在させずに国内機関において直接的に適用することができるかが問題となる。直接適用可

＊主観的基準
条約の直接適用可能性に関する当事国の意思に着目した例として，ポーランド・ダンチッヒ自由市間の鉄道職員協定（国際協定）に基

能性が認められるためには，当該国際法規範の内容の明確性（客観的基準）に加え，条約に関しては当該条約について直接適用可能性を認める当事国の意思（**主観的基準**）を要すると考えられてきた。

3　国内法秩序における国際法の位置（国際法の国内的序列）

　国際法の国内的効力が肯定される場合，国際法が国内法秩序における序列のどこに位置づけられるかという問題についても，各国国内法で決せられる。

　条約については，法律と同列とする国（米国，ドイツ），憲法に劣後するが法律に優越すると考える国（フランス，スペイン），国際人権条約について憲法と同列又は優越する地位を認める国（アルゼンチン，ルーマニア）などがみられる。

　国際慣習法についても，法律と同列とする国（韓国），憲法に劣後するが法律に優越すると考える国（ドイツ，ギリシャ，イタリア）がある一方，法律に劣後するとする国（オランダ，ベルギー）もある。

　なお，日本については，憲法98条2項，96条1項，73条3号等に基づき，国際法の国内的効力を認めた上で，原則として条約は憲法に劣後するが法律に優越すると考え，例外的に，降伏文書，平和条約，領土変更条約等の国家存続に係る条約は憲法に優越すると考える立場が有力である。他方，国際慣習法の国内的序列に関する決定的な解釈はみられない。

づいて職員個人が鉄道局を相手どり金銭請求を行うことができるかが問題となった常設国際司法裁判所「ダンチッヒ裁判所の管轄権事件」勧告的意見（1928年）がある。

*98条2項
「日本国が締結した条約及び確立された国際法規は，これを誠実に遵守することを必要とする。」この条文において，国内における国際法の誠実な遵守が明示されていることにより，日本が一般的受容方式を採用して国際法の国内的効力を認めていると解される。

*96条1項
「この憲法の改正は，各議院の総議員の3分の2以上の賛成で，国会が，これを発議し，国民に提案してその承認を経なければならない。この承認には，特別の国民投票又は国会の定める選挙の際行はれる投票において，その過半数の賛成を必要とする。」この条文に基づき，条約締結手続と比較して憲法改正手続がより厳格であることが明らかであるため，原則として憲法が条約に優越すると解される。

*73条3号
「条約を締結すること。但し，事前に，時宜によつては事後に，国会の承認を経ることを必要とする。」この条文において，内閣が条約を締結するにあたって国会の承認が必要であるとされていることから，条約が法律に優越すると解される。

第3章

責　任

　条約や慣習法により，国際法主体の権利・義務が規定された場合に，その権利の侵害や義務の違反が起きたときに，どのような法的関係が生ずるのかを考えるのが国際責任の分野である。長らく法典化の対象とされてきたが，今もって条約としては成立していない。しかしながら，各国の実行では，条約草案が慣習法を反映しているとして言及したり，長期の放置の「反法典化」効果を懸念して条約化を進めるべきとの声もある。

introduction　国際責任とは

1　「国際責任」の意味

　「責任」という言葉は，一般的な語としても用いられ，また，法的にも様々な意味合いを有しているが，国際法においては，国際責任（international responsibility）とは国際違法行為により引き起こされる新たな法的状態である。例えば，国が国際義務に違反した場合に，違反国は，被害国との関係で責任を負い，生じた損害を賠償することとなる。

　領土問題や海洋法，航空法，宇宙法など，また，環境や人権，戦争などの多くの分野が国際法の対象となっている。これらの国際法の様々な分野を通じて，そのような規則が違反された場合にどのように法的な関係を捉えるべきかを考える必要がある。このことから，国際責任法といわれる法規範が分野横断的に成立しているとの考え方もある。

2　法典化の作業

　この国際責任の対象は，かつては自国の領域内にいる外国人の取扱いの問題，いいかえると，他国に滞在する自国民の被った損害について国籍国等がどのような請求を行うのか，という点に焦点があてられていた。特に19世紀から20世紀初頭に自国民が商業上あるいは宗教的な目的で国境を越えて他国で活動をすることが増えてきた。このため，国際連盟における法典編纂作業では，「外国人の取扱い[*1]」や「自国領域内において外国人の受けた損害より生ずる国の国際責任[*2]」がそ

*1　1929年にパリで開催された外交会議の主題である。
*2　1930年にハーグで開催された国際法典編纂会議の対象の一つとされた。

の対象とされた。

　国際法の法典化を任務とする国連の国際法委員会における作業においても当初は「外国人の身体・財産が自国領域内で受けた損害に対する国の国際責任」がその主題とされていたが，その後に，国際法全般にわたる「国際違法行為により生ずる国の国際責任」を対象とすることとされ，2001年に草案が作成された。[*3]これはあくまでも草案であり，条約ではないが，このような条約がこれまで一度も採択されていないことを考えてみると，重要な意義を有している。

　なお，違法行為からのみ責任が発生するわけではなく，例えば国際的には禁止されていない行為からも責任の発生することが認められている。[*4]このため，「国際法上禁止されない行為より生ずる賠償責任（liability）」もまた国際法委員会の作業対象とされ，これは事前の防止と事後の賠償責任に分けられて草案が作成された。

③ 　第二次規範としての国際責任法

　国際法のすべての分野を通じて適用可能な規範を作成する試みは，**第二次規範**[*]（secondary rules）としての国際責任法の法典化と呼ばれている。外国人の取扱いと結びつけられていた国際責任の規定が，それとは切り離されたのは，一つには，外国人の取扱いについての水準に関して，国際標準主義と国内標準主義の対立があり，各国が合意をすることができなかった点にある。

　国際違法行為を行ったことから国際責任が発生する場合についての一般規則を明確化したことから，外国人の取扱いという分野に限定されず，様々な国際法の分野において責任の問題が考えられるようになったことは大きな意義がある。なかでも，これまで責任についての規定を置いていない条約に

*3　2001年の国連総会決議 A/RES/56/83の付属文書。その後3年ごとに議題とされ，最新の国連総会決議は A/RES/77/197（2022）。

*4　例えば，原子力の利用や宇宙活動が含まれる。

＊第二次規範
第一次規範とは，国際法上の権利・義務を具体的に設定する規範であり，第二次規範とは，責任の分野において，第一次規範により設定された義務の違反から生ずる問題を規律する規範である。

表3-1　国際法委員会2001年草案構成

第1部　国の国際違法行為	第1章　一般原則　第2章　行為の国への帰属　第3章　国際義務の履行　第4章　他国の行為に関連する国の責任　第5章　違法性阻却事由
第2部　国の国際責任の内容	第1章　一般原則　第2章　損害の賠償　第3章　一般国際法の強行規範に基づく義務の重大な違反
第3部　国の国際責任の履行	第1章　国の責任の追及　第2章　対抗措置
第4部　一般規定	

関しては，違反に伴う法的な状態を考える上で一定の指針を
与えるものと解される。

4　第一次規範中の国際責任条項

　国際法委員会の草案は，条約に国際違法行為の存在，国際
責任の内容，履行の方式等について特別の規定がない場合に
適用される。これは，これまでに作成された条約において
も，国の権利・義務を規定するのと同時に，その義務違反の
際の責任に関する規定を置いている条約が存在することを前
提とした考え方である。

　1907年の陸戦の法規慣例に関する条約3条は，規則に違反
した場合の賠償を規定している。**コスモス954号事件**[*]のよう
な宇宙活動に伴う損害に関して規定した1972年の宇宙損害責
任条約では，特定の場合についての無過失責任・過失責任を
規定している。最近では環境関連の条約での規定が注目され
る。

　これらの点を考慮すると，国際責任に関する国際法規則の
検討には，第二次規範とともに，第一次規範中の責任条項に
も注意を払うべきことが求められていると解される。国の責
任についての草案が作成されたことを受けて，国際機構の国
際責任に関する法典化作業が進められ，2011年に国際機構責
任条文が採択されている[*5]。また，法主体の拡大は，自然人，
法人等の国際責任の検討を必要としている。

1　国際責任の発生要件

1　発生要件とは

　国際責任が発生するためにどのような要件が満たされなけ
ればならないのかについては，歴史的にも理論的にも多くの
立場が存在してきた。「過失なければ責任なし」という考え
から過失を要件とし，あるいは，損害の発生を必要とするも
のもある。その中で，2001年の**国連国際法委員会**[*]草案では，
ある行為が国際法の主体とされる国に帰属することと，その
行為が国際義務違反となることにより，国際違法行為が存在
し，これが国の国際責任を伴うとの立場をとっている。

　帰属の問題は，ある行為が国や国際機構に帰属するかどう
かということであり，どのような行為が抽象的な主体である
国や国際機構の行為とされるか否かである。主体的要件と呼
ばれることもある。国際義務違反とは，国際法によって定め

＊**コスモス954号事件**
➡第5章⓮「国際宇宙法と
は」

＊5　2011年の国連総会決
議A/RES/66/100の付属文
書。最新の国連総会決議は
A/RES/78/114（2023）。

＊**国連国際法委員会**
1947年に設立された機関
で，国際法の法典化をその
任務としている。これまで
に多くの条約草案を作成し
てきている。

られた義務に違反する行為を行ったか否かの問題である。これは，客観的要件とも呼ばれている。

２　行為の帰属と国際義務の違反

　国や国際機構が行為をするのは自然人の行為を通じてであることから，どのような行為（作為・不作為）が国や国際機構の行為となるかが問題となる。国会や行政庁，裁判所などの行為，都道府県，市町村のような地方公共団体などの行為，中央銀行などの特定の行為は国の行為とされる。[6]国際機構の場合には，その機関（organ or agent）の行為が国際機構の行為となる。

　従来から，行為者が与えられた権限を越えたり，指示・命令に違反したりする場合にこれらの行為が帰属するかという問題が議論されてきた。国際法委員会の草案では，人や団体がその資格で行動する場合には，たとえ権限を越える場合でも，指示に違反したとしても帰属するものと規定された。

　国や国際機構の行為が国際義務により要求されていることに合致しない場合には国際義務違反が存在することとなる。この義務が条約によるものか，あるいは慣習法に基づくものか，は義務違反に影響をもたらさない。

　国際法委員会の草案作成過程において，国の国際犯罪が問題とされたことがある。これは，国際違法行為を国際犯罪と国際不法行為に区分し，国際犯罪の例としては，侵略，植民地支配，奴隷制度・ジェノサイド・アパルトヘイト，環境汚染を挙げていた。

```
                        国際犯罪（ex. 侵略，植民地支配，奴隷制度・ジェ
                         　　　　ノサイド・アパルトヘイト，環境汚染）
国際違法行為
                        国際不法行為
```

　現在の草案においても，**強行規範**[*]に基づく義務の重大な違反に関する規定が置かれており，具体的な効果を定めているが，国が侵略のような国際犯罪を行った場合の国の責任に関する規定は削除された。

３　違法性阻却事由

　国際違法行為が国際責任を伴うとしているが，特定の場合には違法性が阻却され，責任が発生しない場合を認めている。これが違法性阻却事由であり，2001年草案では，事前の

＊6　国際司法裁判所は私人の行為の国への帰属に関して在テヘラン米国大使館員等人質事件（1980年）において私人である武装集団の行為のイランへの帰属を認めている。なお，国際法委員会責任草案12条参照。

＊強行規範
➡第2章❸「強行規範」

同意，自衛，国際違法行為に対する対抗措置，不可抗力，遭難，緊急状態が規定されている。

　遭難については，ニュージーランドとフランスとの間のレインボー・ウォーリア号事件の仲裁裁判で援用が認められたことがある。ニュージーランドで同船がフランスの公務員2名により爆破され沈められたことから，国連事務総長が2名を仏領ポリネシアのアオ島に3年間隔離することを決定した。しかし，3年が経過する前に病気や父親の危篤などの理由により2名はフランス本国へ帰国したが，これらの理由が遭難にあたるかの議論がなされた。国際司法裁判所も**ガブチコヴォ・ナジュマロシュ事件**[*]で緊急状態，対抗措置について検討している。

＊ガブチコヴォ・ナジュマ
ロシュ事件
ハンガリーとスロバキアが
国際司法裁判所に付託した
事件で，ダニューブ河の水
利用計画をめぐって争われ
た。1997年に判決がなされ
たが，交渉によっては解決
に至らず，1998年にスロバ
キアが追加判決を請求し
た。その後2017年に事件を
取り下げた。

4　要件としての過失・損害

　国際法における過失責任主義の立場は，過失を責任の要件とするが，過失をどのように捉えるのかにより様々な主張がなされている。

　イタリアの国際法学者であるアンチロッティは過失の語を用いることで説明できる状況があるものの，混乱を招きやすいということで客観責任主義に立ったとされる。同じイタリアのアゴも国際法委員会の特別報告者としては，この立場を採用した。ただし，注意すべきことは，国際法委員会は**第二次規範**[*]の責任の発生要件としては過失を要件としていないが，個別の義務違反の際に**第一次規範**が過失を求めることは容認している点である。その意味では，個別具体的な国際法上の権利・義務を定める規範の中で，過失責任を採用する場合も，また，無過失責任，絶対責任，厳格責任を採用することも認めており，ただ，一般的な責任の要件としては，過失を求めていないということになる。

　損害の発生についても同様に，これを責任発生の要件とすべきとする考え方があるが，この点についてもそれぞれの第一次規範に委ねられている。この損害としては，物質的損害，精神的損害，法的損害が含まれる。

＊第一次規範・第二次規範
➡第3章　intro「国際責任
とは」

② 国際責任の法的結果（賠償）

1　国際責任の法的結果（賠償）とは

　なされた行為が国に帰属し，それが国際違法行為であるとされた場合には，国に国際責任が生ずるというのが国際責任

の発生とされる。この責任を負った場合にどのような法的な
結果が生ずるのか，が次に問題となる。

　まず問題となるのが違法行為の停止・再発の防止である。
違法行為が引き続き行われているような継続的性質を備えて
いる場合には，その違法行為の停止が求められることになる
（国際法委員会草案30条(a)）。このような停止の義務が違法行為
から生じた国際責任の結果であるのか，そのような行為を違
法とする第一次規範から生じているのかについては争いのあ
るところである。また，違法行為が再び起きないようにする
ための再発の防止が求められることがある。

　次に，生じた被害に対して，いわゆる賠償（reparation[*]）が
行われるが，これには，原状回復，金銭賠償，サティスファ
クションが含まれる。

2　原状回復

　違法行為が行われる前に存在した状態を回復することを原
状回復という。これは**ホルジョウ工場事件**[*]で常設国際司法裁
判所が国際法上の違法行為に伴うとする判断をしている。こ
の原状回復に付される条件としては，違法行為の前の状況に
戻すことが物理的に不可能ではないこと，また，金銭賠償に
代えて原状回復をすることにより，利益のバランスを欠くこ
とのないようにすることが必要とされている。

3　金銭賠償

　原状回復によっては発生した損害が十分には賠償されない
ときには金銭賠償の方式がとられることとなる。この賠償の
範囲に関しては，直接損害と間接損害とを区別するという考
え方も存在したが，現在では，因果関係の立証の問題とされ
ており，必要な場合には逸失利益もそれに含まれるとされて
いる。また，利息についても十分な賠償をするために必要な
場合にはこれを支払うことが求められている[*7]。

　これまで国際的な関係で金銭の支払がなされた場合で，国
際法上の違法性を認めずに行われるものに，恩恵による金銭
の支払（*ex gratia* payment）がある。日本が関係した事例と
しては**第五福龍丸事件**[*]がある。日本は国際法上違法な行為と
主張したが米国はこれを認めなかった。ただし，両国の関係
を勘案して米国は日本に対して金銭の支払をなした。

　また，国際法上認められるか否かが議論されているものに

* reparation
訳語としては，「賠償」の
他に，「損害賠償」「回復」
の語が用いられることもあ
る。

＊ホルジョウ工場事件
ドイツの会社がドイツと
ポーランドの協定により
ポーランドに編入された上
部シレジアのホルジョウに
あった。この工場のポーラ
ンドへの帰属を定めた国内
裁判所の1922年の決定に対
して，ドイツが常設国際司
法裁判所に訴えを提起し
た。

＊7　国際司法裁判所の
2012年ディアロ氏事件金銭
賠償判決及び2018年コスタ
リカ・ニカラグア国境地域
活動事件金銭賠償判決が利
息に言及している。

＊第五福龍丸事件
1954年3月1日ビキニ環礁
で行われた米国の水爆実験
の結果，静岡県焼津のマグ
ロ漁船である第五福龍丸の
乗組員及び船体が被害を受
けた。1955年1月4日「ビ
キニ被災事件の補償問題に
関する日米交換公文」が取
り交わされ，200万ドルが
支払われた。

懲罰的損害賠償がある。生じた被害額以上の金銭賠償を認めるものであるが，国際関係の特質より，強大国が小国に対して強要をしたことがあることから慎重な意見も存在する。ただし，各国の国内法での発展をみる限りでは，公正な手続によるものである場合には，国際法における適用が求められる可能性はある。

[4]　サティスファクション

生じた被害が原状回復及び金銭賠償によっても十分に賠償されない場合には，サティスファクション（satisfaction[*]）が用いられることとなる。これまでの実行では，個人が被った物質的，精神的損害及び国の被った物質的損害については原状回復及び金銭賠償が，国の被った精神的損害に関してはサティスファクションが用いられてきた。

サティスファクションとしてなされる具体的な方式としては，自国が違法行為を行ったことを認める違反の自認，違法行為国による遺憾の意の表明，正式の陳謝などがある。この他に責任者の処罰，裁判所による宣言判決などがサティスファクションの形式として主張されてきた。これまでなされた宣言判決の例としては，1949年になされた**コルフ海峡事件**[*]についての国際司法裁判所判決が挙げられるが，これは本来のサティスファクションではないとの意見もある。2007年の**ジェノサイド条約適用事件**[*]判決でも用いられている。

サティスファクションの要件としては，生じた被害との均衡性及びとられる形式が侮辱的なものとなってはならないこと，が求められている。この要件は，かつてこのような方式が求められてきたことからの注意規定と考えられる。

なお，サティスファクションは基本的に金銭によるものではないが，これまでの実行には金銭の支払によるサティスファクションとされたものもある。

[5]　賠償の意義

国際違法行為に対してなされる賠償は，基本的には生じた損害に関して，違法行為が行われなかった以前の状態に戻すことがその目的とされている。この意味では被害の回復がその中心にあると考えられる。他方，このような賠償を通じて，国際法秩序の維持を目指すものであるとの位置づけをされることもある。個々の損害の賠償は，被害者と違法行為者

＊ satisfaction
訳語としては，「満足」「謝罪」「外形的行為による救済」などが用いられている。

＊コルフ海峡事件
➡第5章❺「海I：内水と領海」

＊ジェノサイド条約適用事件
ボスニア・ヘルツェゴヴィナとセルビア・モンテネグロの間でジェノサイド条約の適用をめぐって争われた事件である。セルビア・モンテネグロがジェノサイドを防止する義務及び暫定措置命令に違反するとした。

との関係を主に規律しているが，そのことが国際法秩序の維持にとっても少なからぬ意味を有することになる。このような観点からは国際法の行為主体の多様化に基づく責任の多様化が，賠償を通じて国際法秩序の形成に重要な意義をもつことになる。

③　国際責任の履行

1　国際責任の履行とは

国際違法行為を行った国は国際責任を負うが，それにより生ずる賠償義務に対して被害国を中心に賠償義務の履行を求めることができる。国内では問題が起きた場合には，裁判に訴える可能性があるが，国際社会では裁判の利用は一般的ではない。基本的には関係当事者による交渉により合意に達するための努力がなされている。その意味では，被害国の位置づけが重要となる。

2　被害国による追及

被害国の決定は，違法行為の基礎となる義務がどのような国に対して負われているものであるかに基づくことになる。国際法の関係が二国間の権利・義務関係となる場合には，義務に違反した国に違法行為国の責任が発生することとなり，相手国は被害国としてこの責任の履行を求めることができる。また，義務が国の集団あるいは国際共同体に対するものである場合には，一定の要件を満たす場合には複数の国が被害国と認められることとされている。後者との関係では，被害国以外の国による責任の追及の問題としては，バルセロナ・トラクション事件の1970年国際司法裁判所判決において言及された**対世的義務**[*]（obligations *erga omnes*）との関係が注目されている。

3　外交的保護

被害国が責任を追及する場合には国際請求手続が用いられる。この手続としては，例えば国際裁判，国際請求委員会，国内請求委員会があり，二国間の関係では，外交的保護が用いられる。国連国際法委員会の外交的保護に関する条約草案[*8]では，外交的保護とは，外交活動又は他の平和的解決手段を通じて，他国が自国の自然人又は法人に対してなした国際違法行為より生じた損害についての責任を援用することとさ

＊対世的義務
国際法上の義務は，例えば国と国との間で生ずる二国間の関係で考えられてきたが，現在では，国際共同体全体に対して負っているような義務があるとされる。このような義務は「対世的義務」と呼ばれている。

＊8　2007年の国連総会決議 A/RES/62/67の付属文書。最新の国連総会決議は A/RES/77/105（2022）。

れる。国際司法裁判所においては受諾宣言により義務的管轄権が設定されるが，この対象として，国際義務の違反に対する賠償の性質または範囲が挙げられており，ここで外交的保護がなされることもある（国際司法裁判所規程36条2項(d)）。

　外交的保護を行使することは国の権利であると考えられてきた。この行使の要件としては，国籍継続と国内的救済の完了が求められている。国籍継続とは，自国民に関して外交的保護を行う国との関係で，当該個人が一定期間，当該国の国籍を保持することが必要とされることである。国籍の決定に関しては各国の国内法の規定によることとなるが，国際的に主張をするためには個人と国の真正結合を求められることがある。なお，外交的保護に関しては重国籍者または無国籍者の取扱いが問題とされてきた。

　国内的救済完了の原則は，国の違法行為が行われた場合に，その救済はまず各国の国内手続によることを求めるものである。このことにより国内問題が安易に国際問題に転化することを防ぐために課された要件とされる。これが国際責任を発生させるための実質的要件であるのか，国際責任を追及する際に満たすことが必要な手続的要件であるのかについて議論がなされてきた。なお，**カルヴォ条項***と呼ばれる規定が国と企業との間で締結される契約に挿入されることがある。これは当該企業が母国に外交的保護を求めないことを約束することを内容としている。この条項の有効性が争われた**テキサス北米浚渫会社事件***では，この条項は国の権利である外交的保護権を私人である企業が放棄することを容認するものではなく，国内的救済完了の原則を再確認したものであると解された。各国の実行では国内法で外交的保護に関して規定をする場合があり，外交的保護の引き金を引くのが保護される私人である場合には，カルヴォ条項には大きな意味が与えられることになる。なお，現在では私人と国との間の紛争を仲裁裁判により解決することも行われている。

［4］　対抗措置

　国際責任の追及との関係で最近注目されるようになったのは，対抗措置である。被害国が例えば違法行為国に賠償責任を履行するよう求める場合に，その履行を促すために行われる措置のことである。また，この措置が本来的には国際法上の違法行為となることから，特定の義務に違反する措置はと

*カルヴォ条項
ラテン・アメリカ諸国が外国企業との間の契約に挿入した条項で，企業本国の外交的保護の行使を規制することを目的としていた。アルゼンチンの国際法学者カルヴォに由来する名称である。

*テキサス北米浚渫会社事件
米国の私企業が1912年にメキシコ政府と港の浚渫工事の契約を締結し，その中にカルヴォ条項が入れられた。米国企業がメキシコ政府の契約違反を主張し，アメリカ・メキシコ一般請求委員会に付された事件であり，1926年3月31日に判断がなされている。

ることができないとされている。まず，国際法では武力行使は違法化されていることから，この対抗措置は武力を伴うものであってはならない。次に，基本的人権の保護に関する国際法の規定に反するような場合，また，復仇を禁止する**国際人道法**[＊]上の規定に違反する措置^{＊9}，さらに，一般国際法上の**強行規範**[＊]に違反するような措置はとることができない。

　対抗措置は原則として被害国により行われるものであるが，被害国以外の国による措置が認められることがある。これは，被害国以外の国が責任を追及する権利を有する場合に，違反の中止及び被害国等に賠償がなされることを確保するために，合法的な措置をとることを認めるものである。

＊**国際人道法**
➡第10章❽「国際人道法」
＊9　相手国が自国の捕虜を虐待した場合に，自国にいる相手国の捕虜を虐待するような場合であり，これは禁止されている。
＊**強行規範**
➡第2章❸「強行規範」

第**4**章

紛争解決

　　国際社会で生ずる様々な紛争をどのように解決すべきかに多大の
努力が払われてきた。現在でも多くの紛争は直接の交渉で解決され
ているといわれているが，この交渉を含め平和的解決手続を義務と
し，定式化することに力が注がれてきた。国際社会における法の支
配を確立し，実効性をもたせるためには必要不可欠な制度であるも
のの，実現することが依然として難しい分野であることも理解して
ほしい。

introduction　紛争の平和的解決手続とは

1　紛争の平和的解決義務

　　国際社会において発生する国際紛争には，様々な種類の紛
争があり，大規模な武力紛争から小規模なものまで，また，
その性質も，政治的，宗教的，あるいは，経済的な要因を含
むことがある。国際法の父といわれるグロティウス以来，国
際法の最大の課題の一つは「戦争」への対処にある。国際社
会において政策遂行の手段として用いられてきた戦争は，国
際法上，国連憲章2条4項により，禁止されることとなっ
た。

　　紛争解決の手段としての戦争や武力行使を禁止するのと同
時に，それまで戦争や武力行使の原因となっていた国際紛争
自体を平和的手続により解決することが各国に求められた。
これが紛争の平和的解決義務であり，このことは国連憲章2
条3項に「すべての加盟国は，その国際紛争を平和的手段に
よつて国際の平和及び安全並びに正義を危うくしないように
解決しなければならない。」と規定されている。この紛争の
平和的解決の義務は，国連憲章以降の様々な文書により言及
されている。

2　紛争の平和的解決手続の種類

　　紛争の平和的な解決のために，国際法は様々な手続を発展
させてきたが，これには**友誼的解決手続**である交渉，審査，
仲介，調停，と国際裁判手続である仲裁裁判，司法的解決と

＊1　➡第10章❶「戦争の禁止」

＊2　国連総会決議2625（XXV），1982年のマニラ宣言，などがある。また，地域的なものとして，1975年のヘルシンキ最終議定書などがある。1978年の日中平和友好条約においても確認されている。
＊友誼的解決手続
非裁判手続ともいわれる。
➡第4章❶「非裁判手続」

がある。国連憲章33条1項は「いかなる紛争でもその継続が
国際の平和及び安全の維持を危うくする虞のあるものについ
ては，その当事者は，まず第一に，交渉，審査，仲介，調
停，仲裁裁判，司法的解決，地域的機関又は地域的取極の利
用その他当事者が選ぶ平和的手段による解決を求めなければ
ならない。」と規定している。

　それぞれの紛争の平和的解決手続をどのように分類するか
には多くの意見が存在する。非裁判手続・裁判手続，政治的
解決系・法律的解決系，などに分類する立場がある。具体的
な事例では，内容的に裁判に近い手続をとる友誼的解決手続
も存在する。

　常設の司法裁判所としては，オランダのハーグにある**国際
司法裁判所**及び**国際刑事裁判所**，ドイツのハンブルクに設立
された**国際海洋法裁判所**，欧州，米州，アフリカの**人権裁判
所**，などが設立されている。また，近年では国際機構による
紛争の解決も試みられており，地域的な紛争解決に関連する
取極や各地域に設立された国際機構の働きも注目されてい
る。

　国連においても，**安全保障理事会**，**国連総会**が一定の紛争
解決機能をもつことが認められている。また，**国連事務総
長**も国連憲章上の権限行使の他に，紛争の解決に関与してき
ている。

＊国際司法裁判所
➡第4章❸「国際司法裁判
所（ICJ）」
＊国際刑事裁判所
➡第4章❻「国際刑事裁判
所（ICC）」
＊国際海洋法裁判所
➡第4章❹「国際海洋法裁
判所（ITLOS）」
＊人権裁判所
➡第4章❺「人権裁判所」
＊安全保障理事会
➡第9章❸「安全保障理事
会」
＊国連総会
➡第9章❷「総会」
＊国連事務総長
➡第9章❹「事務総長」
＊3　レインボー・ウォー
リア号事件における1986年
の事務総長裁定参照。

3　紛争の平和的解決における国際法の意義と限界

　国際法の観点から重要なことは，紛争が国際法に基づいて
解決されたか否かである。その意味では，友誼的解決手続で
あっても国際法を適用して解決をする場合には，国際法の適
用の先例としての評価を与えられる。ただし，情報開示とい
う点からは，手続の秘密性が紛争自体の解決には役立つ場合
がある。紛争当事者の妥協を求めるような状況では特にこれ
が顕著であり，その場合には，解決自体が国際法の規則によ
るものか否かが明確にならないことがある。

　最終的には司法的解決によることが最も望ましいとする
か，国際社会の現状では，友誼的解決手続が適当であると解
するか，は見解が分かれる。しかし，一つの平和的解決手続
により解決のできなかった紛争は，継続的に他の平和的解決
手続に付されなければならない義務のあることは認められて
いる。

国際社会に起きるすべての紛争が国際法により解決される
ものではないことには留意する必要がある。様々な紛争の,
特に法的な争点が明らかとされる場合に,紛争当事者は国際
法による解決に同意をすることを求められている。

4 解決手続の相互関係

解決手続の相互関係もまた,近年になって条約の中で規定
されるようになり,まずどのような手続を用いて解決を求
め,また,その後にいかなる手続によるかを定めている。基
本的には手続の選択は紛争当事者の合意によるが,それを予
め定式化しようとする試みである。

1928年の国際紛争平和的処理一般議定書では,外交手続に
より処理されなかった紛争を調停に付すこととし,権利を争
うものについては司法的解決に,それ以外は**仲裁裁判***を用い
ることとされている。*4 1982年の国連海洋法条約では,調停が
まず用いられ,その後に,国際海洋法裁判所,国際司法裁判
所,仲裁裁判,特別仲裁裁判のうちで各国が選択した手続が
用いられるとされている。*5

紛争解決手続の多様化に伴い,例えば,ある司法裁判所で
の国際法の解釈・適用が他の裁判所において,どのように取
り扱われるべきかの問題が生じてきている。このことは紛争
解決手続のみでなく,国際法全般に係わることでもある。こ
のような状況を裁判所間で解決することが必要となるが,国
内裁判所のような上級審・下級審の区別がなされてはいな
い。その意味では各裁判所間における相互の情報共有が重要
な問題となりうる。

1 非裁判手続

1 非裁判手続とは

国は,国際紛争を平和的に解決する義務を有しているが,
そのためにとるべき手段については,原則として,各国の裁
量に委ねられている。平和的解決手段は,様々な方法で分類
が可能であるが,その一つは,裁判を伴うか否かを基準とす
る方法である。仲裁裁判と司法的解決の二つを除いたすべて
の平和的解決手段の総称として,非裁判手続の語がしばしば
用いられる。これらは,国連憲章33条に列挙されている,交
渉,審査,仲介,調停といった手続に加え,**国連***憲章採択以
前から用いられてきた周旋も含まれる。また,紛争当事国が

***仲裁裁判**
➡第4章❷「仲裁裁判」

*4 ただし,各国は条約
への加入に際して,①調
停・仲裁・司法的解決,②
調停・司法的解決,③調停
の三つの類型のいずれかを
選択することとなってお
り,同一の義務を受け入れ
る限りでそれぞれの手続が
適用されることとなる。

*5 紛争の当事国が手続
を選択していない場合,あ
るいは,選択している手続
が異なる場合には仲裁手続
が用いられる。

***国連**
➡第9章❶「国連の歴史と
機能」

自ら選択する手続のみでは解決に至らない場合に，**国際機構**[*]が紛争解決に関与する場合も多い。

＊国際機構
➡第1章❸「国際機構」

２　交　渉

　これらのうち最も基本的かつ一般的なのが，交渉である。交渉は通常，外務省その他の権限ある当局が担当する。交渉は，審査や裁判など，他の国際紛争の解決手段と並行して進められる場合や，それらの解決手段がとられた後に，その結果を踏まえて行われることもある。また，どのように交渉を進めるかは，原則として紛争当事者の裁量の範囲内であるが，例外もある。例えば，北海大陸棚事件やアイスランド漁業管轄権事件において，**国際司法裁判所**[*]は交渉義務命令を出し，交渉にあたって考慮すべき原則を示した。

＊国際司法裁判所
➡第4章❸「国際司法裁判所（ICJ）」

　これとは別に，紛争の事前防止のために行われる交渉もある。環境などの分野では，他国に損害を与えるおそれのある活動に着手する場合に，関係国間で協議を行うことも多い。これらの制度は，すでに生じた紛争の解決を目指す交渉とは区別されるが，どの時点で紛争が発生したかを決めるのは難しく，区別は必ずしも容易ではない。

３　周旋及び仲介

　周旋及び仲介は，紛争当事国の交渉に第三者が介在する制度である。その相違は，周旋が，場所や施設の設定などを通じて交渉の席を設けるのにとどまるのに対し，仲介（居中調停ともいう）は，具体的な解決案の提示などを通じ交渉の内容に関与する点にある。仲介の例としてビーグル海峡紛争におけるローマ法王による仲介が挙げられる。ただし，周旋の形をとっていても，第三者が交渉に実質的に関与する場合もあり，区別は難しい。

４　審　査

　紛争はしばしば事実関係に関する見解の相違から生じることから，事実認定を行うことにより，紛争解決に資する制度として（事実）審査がある。国際審査委員会による審理により，事実問題を明らかにし，紛争解決を容易にするための制度として，国際紛争平和的処理条約（1899年）で初めて制度化された。この制度が活用された例としてドッガー・バンク事件が挙げられる。

＊安保理
「安全保障理事会は，いか
なる紛争についても，国際
的摩擦に導き又は紛争を発
生させる虞のあるいかなる
事態についても，その紛争
又は事態の継続が国際の平
和及び安全の維持を危くす
る虞があるかどうかを決定
するために調査することが
できる」（国連憲章34条）

＊6　例えば，国連海洋法
条約には，任意的な調停
（284条）や義務的調停
（297条・298条）の規定が
あり，附属書Ⅴは調停手続
の詳細を定めている。

＊不遵守手続
➡第6章❽「オゾン層保
護」
＊通報制度
➡第8章❶「自由権規約」
＊GATT/WTO
➡第7章❹「国際貿易の秩
序」
＊地域漁業管理機関
➡第5章❾「国際漁業」

しかし，このような紛争当事国によって設置される国際審査委員会による審査という紛争解決手段は，近年ほとんど用いられていない。他方，**安保理**＊，総会，事務総長や人権理事会といった国連の機関が事実認定のための使節団（例：調査委員会）を設立することは多い。

［5］　調　停

調停は，紛争当事者により設立された委員会が，紛争を中立的な立場から検討し，解決案を提示する制度である。その解決案に拘束力はないが，領事関係条約の紛争の義務的解決に関する選択議定書（1963年）のように，調停委員会の勧告への対応と国際司法裁判所への一方的付託可能性を関連づける場合もある。

調停委員会の勧告は，紛争の友誼的な解決を実現することを目的とするもので，解決案は必ずしも国際法に基づく必要はない。しかし，多数国間条約の解釈・適用に関する紛争の解決手続として調停手続に関する規定が含まれることがある＊6。

［6］　その他の手段

また，最近では，厳密にはこれらの伝統的な「紛争」の「解決」手段には分類しえない，条約の目的達成のための新たな種類の手続が，国際法の各分野で発展してきている点に注意が必要である。例として，以下のような手続がある。

- ・条約規定の遵守監視手段としての検証手続
- ・環境法の分野での**不遵守手続**＊
- ・人権条約における**通報制度**＊
- ・**GATT/WTO**＊体制におけるパネル及び上級委員会を通じた紛争解決制度
- ・**地域漁業管理機関**＊が設置する，法学，漁業生物学や海洋学の専門家などによる保存管理措置の適用除外手続の濫用を防ぐためのパネル

②　仲裁裁判

［1］　仲裁裁判とは

仲裁裁判について，1907年の国際紛争平和的処理条約37条では，「国際仲裁裁判は，国家間の紛争を其の選定したる裁判官をして法の尊重を基礎とし処理せしむることを目的と

す」としている。これは仲裁裁判の性質として二つの要素に言及している。一つは，裁判官を選ぶことを含めて，国の同意であり，もう一つは，裁判の準拠法として「法の尊重を基礎として」としていることである。

歴史的には，仲裁裁判は君主による仲裁，混合委員会による仲裁などから生まれてきた。米国の南北戦争の際に起きた**アラバマ号事件***（米国対イギリス）を解決したのは1872年の5名の裁判官で構成される仲裁裁判判決であった。

仲裁裁判所は事件ごとに設立されていたが，その後，常設仲裁裁判所が1899年及び1907年のハーグ条約で設けられた。ただし，この場合の「常設」とは，運営管理事会及び国際事務局が設置され，裁判官を選択するための名簿が準備されていたことを指し，現在の**国際司法裁判所***のような形式の常設性をもつものではなかった。

1928年の国際紛争平和的処理に関する一般議定書（1949年改正）においても仲裁裁判についての規定が置かれたが，裁判の際に適用する規則としては，国際司法裁判所規程に言及をしている。

国連の国際法委員会が1958年に作成した「仲裁手続に関するモデル規則」は，各国が条約を結ぶ際に紛争解決手続として仲裁裁判を選択する場合に，これを参照することを意図して作られた規則である。なお，1992年には常設仲裁裁判所が「二国間の紛争を仲裁するための選択規則」を，2001年には「天然資源・環境紛争に関する仲裁のための選択規則」を作成している。

2 仲裁裁判の構成

仲裁裁判は原則として，紛争当事国の合意により設立されるが，予めこれを紛争解決条約の中で規定しておくことにより，事件が起きた場合に仲裁裁判所の設立をスムーズに行うことが可能となる。前出の1907年ハーグ条約や1928年の国際紛争平和的処理に関する一般議定書などがこの例である。

条約中の紛争解決条項に仲裁裁判を規定することもある。1982年の国連海洋法条約はその一例であり，**南シナ海事件***がある。また，事前に条約の規定がなくても，事件を合意により設立した仲裁裁判所に付託することも行われる。

それぞれの場合に必要なのは，裁判所の構成（裁判官の選定），紛争当事者の代理人の指名，審理される問題（紛争の主

***アラバマ号事件**
米国の南北戦争の際に，英国は中立国とされたが，中立義務に違反して南部連合のためにアラバマ号を造船した。米国はこの中立義務違反を主張し賠償を求めた。
***国際司法裁判所**
➡第4章❸「国際司法裁判所（ICJ）」

***南シナ海事件**
フィリピンと中国との間の紛争で2016年に仲裁判決が出された。

題）の明確化，手続規則及び作業方法，裁判所での適用法，裁判所の場所と事務的事項，費用分担，なされた判決の拘束的性質と紛争当事者の権利・義務などが合意されることである。

3 仲裁裁判と日本の事例

　これまでに日本が当事者となった仲裁裁判としては，マリア・ルース号事件（1875年，日本対ペルー），家屋税事件（1905年，日本対イギリス・フランス・ドイツ），みなみまぐろ事件（2000年，オーストラリア・ニュージーランド対日本）がある。

　マリア・ルース号事件はロシア皇帝を仲裁者とする仲裁裁判であり，国の元首が1名で行っている。判決では，日本の措置は一般国際法にも条約にも反しないとされた。

　家屋税事件[*]では，3名の仲裁裁判官が選定され，みなみまぐろ事件では，5名の裁判官から成る仲裁裁判所が設けられた。

4 仲裁裁判の評価

　仲裁裁判については，司法的解決手続との違いが注目される。特に仲裁裁判において適用される法をみると，国際司法裁判所と異なっているのは，その柔軟性である。「法の尊重を基礎として」という文言はこのことを表している。また，**衡平と善**[*]をどのように用いることができるかも大きな違いである。適用法を紛争当事者が合意により定めることができるために，このような特徴を備えることとなる。ただし，このことは仲裁裁判が司法的解決と比較して劣っていることを意味するものではない。

　国際司法裁判所の前身である常設国際司法裁判所が国際連盟の下で設立されるまでは，国際社会において最も法的な紛争解決手続は仲裁裁判であった。その意味では，仲裁裁判の意義は，他の紛争解決手続の発達により相対的にはその地位が変化してきていると考えられる。他方，現在でも仲裁裁判が用いられていることは，一定の紛争の解決のためにこの手続が有用であることを意味している[*7]。

　なお，仲裁裁判が利用される他の分野としては，国以外のものが紛争当事者となる場合が挙げられる。国際機構が関係する場合や，個人の関係する状況があり，後者の例としては，イラン・米国請求権裁判所，**国際投資紛争解決セン**

＊マリア・ルース号事件
1872年にペルーのマリア・ルース号がマカオから中国人労働者を乗せて帰国途上で横浜に寄港した際に，虐待に耐えかねた中国人1名が船から逃れ英国軍艦に救いを求め，英国はこれを日本に引き渡した。日本国政府はマリア・ルース号を公序良俗に反する奴隷船とし，出航を禁じ，船長を訴追し，中国人全員を解放した。ペルー政府は日本の措置を国際法違反として賠償を求めた。日本とペルーの間でロシア皇帝を裁判官とする仲裁裁判に事件を付託することが合意された。

＊家屋税事件
日本は永代借地権が認められた土地に建てられた建築物に対して条約改正により家屋税を課そうとした。各国はこれに抗議をしたため，日本は仲裁裁判に付託することを提案した。

＊衡平と善
1928年の一般議定書28条，規程38条2，国連海洋法条約83条等で規定されているが，その内容が異なることに注意する必要がある。

＊7　最近の仲裁判決には，アイルランド対英国のオスパー条約事件，オランダ対フランスのライン河事件，ベルギー対オランダの鉄道事件，バルバドス対トリニダード・トバゴ及びガイアナ対スリナムの海洋境界事件などがある。

ター[*]，国際商事仲裁などがある。

＊国際投資紛争解決セン
ター
➡第7章❺「投資紛争」

③ 国際司法裁判所（ICJ）

1 裁判所の概要と構成

　国際司法裁判所（ICJ[*]）は，国際連盟時代（1921年）に設置された常設国際司法裁判所（PCIJ）を引き継ぐものであり，国連の主要な司法機関として，国際司法裁判所規程[*8]に基づいて任務を遂行する。ICJ の下す判決や勧告的意見は，最も権威ある司法的見解として尊重されている。ICJ への事件の付託は，冷戦期の東西対立や南北対立の激しかった1960年代から70年代に一時的に激減したものの，1947年の設置以来，これまでに190件（2023年7月時点）が付託されている。

　ICJ は，オランダのハーグに設置されており，国連総会と安全保障理事会によって選出される，異なる国籍の15名の独立した裁判官で組織される[*9]（ICJ規程3条）。裁判官は，その独立性を確保するため，本国政府からの指示を受けてはならず，裁判所の職務に従事する間は特権免除を享受し（19条），また政治的，行政的な性質を有する業務に携わることは制限される（16条）。裁判官の任期は9年で，3年ごとに5名ずつ改選され，再任が可能である（13条1項）。また，裁判官の間の選挙により，3年の任期で裁判所長と裁判所次長が選出される（21条1項）[*10]。

2 裁判の当事者と裁判所の管轄権

　ICJ における裁判の当事者は，国に限定され，国際機関や個人には認められていない。ICJ の管轄権は，あくまで紛争当事国の合意に基づいて与えられ，これは三つの場合に分けられる。第一は，紛争発生後に，紛争当事国が付託合意（コンプロミー）によって裁判所に紛争を付託する場合であり，北海大陸棚事件，チュニジア対リビア大陸棚事件などがこれにあたる。第二に，予め紛争処理条約を締結し，紛争が発生した場合に裁判所に一方的に紛争を付託することを認める場合である。例えば，エーゲ海大陸棚事件では，1928年の国際紛争平和的処理一般議定書が管轄権の根拠とされた。第三は，各条約に予め紛争解決条項や選択議定書等を設け，その条約の解釈及び適用をめぐる紛争については，裁判所へ一方的な付託を認める場合である。**在テヘラン米国大使館員等人質事件**[*]を例に挙げられ，ここでは，ウィーン外交関係条約及

＊ ICJ
International Court of Justice

＊8　38条によれば，国際司法裁判所の適用すべき裁判準則として，条約，国際慣習法，法の一般原則が挙げられる。また，法則決定の補助手段として，判例，学説も用いられる。

＊9　裁判官の選出にあたっては，世界の主要な文明体系と法体系が反映されるよう配慮すべきものとされ（9条），実際には，政治的及び地理的配分の見地によって西ヨーロッパ他5名，東ヨーロッパ2名，中南米2名，アジア3名，アフリカ3名の割合が保たれている。

＊10　これらの裁判官の他に，裁判の際に，紛争当事国の国籍を有する裁判官のいない場合に，その事件に限り特別の裁判官を選任する特別選任裁判官（judge ad hoc）と呼ばれる制度がある（31条2，3項）。

＊在テヘラン米国大使館員等人質事件
➡第7章❷「公館の不可侵」

図 4 - 1　国際司法裁判所

びウィーン領事関係条約の選択議定書によって ICJ の管轄権が認められた。

　この他にも，特に裁判付託の義務が存在しない場合であっても，一方の当事国が提訴した場合に，相手国が裁判所の管轄権を明示的または黙示的に認める場合もある。これは応訴管轄（*forum proro-gatum*）と呼ばれ，これを認めた代表的な事例としては，コルフ海峡事件（1948年）が挙げられる。

　さらに，ICJ 規程には，法律的紛争については裁判所の管轄権を義務的なものとして認める内容の選択条項（optional clause）と呼ばれる条項があり，ICJ 規程の当事国は，これをいつでも任意で受諾する旨を宣言することができる（選択条項受諾宣言）。この宣言を行った国の間では，当事国の一方の提訴により事件が付託され，相手国にも応訴する義務が生じる。ただし，この選択条項には，国内問題に関する紛争や国の安全保障に関する事項などについて重要な**留保**が付されており，実質的な裁判所の義務的管轄権の範囲は大幅に狭められている。事件が一方的に付託された場合には，本案判決を阻止するため，相手国から先決的抗弁（preliminary objection）が提起されることが多い。また，裁判所は，当事国の権利侵害が急迫している場合，それを暫定的に排除するための暫定措置（provisional measures）を命ずることができる。例えば，ラグラン事件では，ドイツ領事への通報なくドイツ国民が米国で死刑を執行されそうになった際，ICJ は暫定措置を命じている。[11]

＊留保
➡第 2 章❷「留保」

＊11　➡第 7 章❸「領事」

　③　判決の効力と執行

　ICJ の判決は，紛争当事国の間でその事件についてのみ拘束力を有する（59条）。また，先例拘束性は認められていないものの，ここで下される判決は，それらが集積されることによって国際法の漸進的発達にきわめて大きな影響を与える。判決は終結であり上訴は許されないが，判決の意義または範囲について争いが生じる場合には，当事国は「判決の解釈」を裁判所に要請することができる（60条）。判決は履行

されるのが常であるが，判決を履行しない国連加盟国については，相手の当事国の訴えに基づいて安全保障理事会が判決履行のための勧告を行い，一定の措置を決定することができる（国連憲章94条）。[*12]

4　勧告的意見

ICJ は，係争事件とは別に，国際機関からの要請があれば，法律問題についてのみ勧告的意見（advisory opinion）を与えることが認められている。意見の要請は，国連総会，安全保障理事会の他，国連総会の許可を得た国連のその他の機関や専門機関に認められるが（国連憲章98条），これまでは国連総会による要請が最も多い。勧告的意見は，通常拘束力をもたないが，権威ある法的意見として関係機関によって尊重される。[*13]

4　国際海洋法裁判所（ITLOS）

1　国際海洋法裁判所とは

国際海洋法裁判所（ITLOS）とは，国連海洋法条約附属書 VI の下で1996年に設立された独立の司法機関である。21名の裁判官で構成される常設の国際裁判所で，所在地はドイツの自由ハンザ都市ハンブルクである。[*14]

裁判所の権限は，国連海洋法条約附属書 VI（国際海洋法裁判所規程）に規定されている。裁判所が取り扱うのは，国連海洋法条約の解釈又は適用に関する紛争及び同条約の目的に関係のある国際協定の解釈又は適用に関する紛争である。これまでに 3 件の勧告的意見の要請を含め，約30件の事案が付託されている。

2　海洋法をめぐる紛争の解決における ITLOS の役割

国連海洋法条約では，紛争解決のための包括的な制度が設けられた。同条約では，拘束力を有する義務的紛争解決手続として，① ITLOS，②**国際司法裁判所**[*]，③附属書 VII に基づく**仲裁裁判所**[*]，④附属書 VIII に基づく特別仲裁裁判所の四つの手続を規定しており（287条 1 項），締約国はこの中から自国が受け入れる手段を選択することができる。締約国がこの四つの中から敢えて選択を行わない場合や紛争当事者が異なる手続を選択していた場合，附属書 VII に基づく仲裁を受け入れたものとみなされる。ITLOS を287条の下で選択し

*12　ただし，これについても安全保障理事会は当然拒否権を有するため，例えば，対ニカラグア軍事活動事件（1986年）では，実際に拒否権の行使を通じて判決の履行が妨げられた。この他，過去に ICJ の判決が履行されなかった事例としては，在テヘラン米国大使館員等人質事件（1980年）が挙げられる。

*13　「国連の特権及び免除に関する条約」（1946年）や，「専門機関の特権及び免除に関する条約」（1947年）などは，勧告的意見に拘束力を認める旨を規定している。

*14　日本から輩出した裁判官は，山本草二（1996〜2005年），柳井俊二（2005〜2023年）。2023年 6 月には，堀之内秀久大使が裁判官に選出された（任期は2023年10月から）。

*国際司法裁判所
➡第4章❸「国際司法裁判所（ICJ）」
*仲裁裁判所
➡第4章❷「仲裁裁判」

＊速やかな釈放（promt release）
2007年の第88豊進丸事件及び第53富丸事件（日本対ロシア）では，「第88豊進丸」については，合理的な保証金の額として1000万ルーブルを認定し，ロシアに対し，その支払いにより船体を早期に釈放すること及び船長及び乗組員の無条件での帰国を認めることを命じる判決を下した。また，「第53富丸」については，口頭弁論後にロシアの国内裁判手続が終了し船体没収が確定したため，もはや日本側の請求の目的が失われたと判示した。

＊15 国際海底機構によって勧告的意見が要請された際には，事案についての公式な提出書類の一部ではないとの注意書付きではあるものの，国及び政府間機構によって提出されたステートメントと並んで，非政府組織（NGO）によって提出されたステートメントもウェブサイト上に掲載された。

＊16 国連海洋法条約は，第15部第2節で拘束力を有する決定を伴う義務的手続について規定しているが，漁業と海洋科学調査については297条でかかる規定の適用が制限されている。また，298条に基づき，海洋境界画定・歴史的湾・歴史的権限に関する紛争，軍事的活動や漁業・海洋科学調査についての法執行活動に関する紛争，国連安保理が任務遂行中の紛争について，締約国は第2節に定める手続を受け入れないこと

ているのは約40の締約国にとどまっており，紛争当事者間で特別に合意をしない限り，国連海洋法条約の解釈・適用をめぐる紛争がITLOSに付託される可能性は高くないといえる。

しかしながら，紛争当事者が特段の合意をしない限りITLOSに付託される事項や，ITLOSのみが管轄権を有している事項もある。船舶及び乗組員の**速やかな釈放（prompt release＊）**（292条）については，紛争当事者の間で合意のない場合，抑留国に対する釈放不履行の申し立てにつき，抑留国が受諾する裁判所又はITLOSに付託できる。暫定措置については，ITLOS自体が管轄権を有すると推定する場合だけでなく，紛争当事国が仲裁裁判を選択した場合であっても，仲裁裁判所が構成されるまでの間にITLOS又は海底紛争裁判部が暫定措置を下すことができる。さらに，深海底をめぐる事件に関しては，ITLOSの海底紛争裁判部のみが管轄権を有している場合も多い（187条，188条，191条）。

3 当事者能力及び管轄権の範囲

裁判所の訴訟手続の当事者となりうる主体の範囲は非常に広い。第一に，国連海洋法条約の締約国だけでなく，特別協定か一般条約かを問わず，管轄権を付与する協定に従い，かつ管轄権を有することを事件の全当事者が受け入れている事件においては，国連海洋法条約締約国以外の主体にも裁判所の管轄権は及ぶ。第二に，深海底における紛争については，締約国，国際海底機構，事業体（Enterprise）及び深海底活動に従事する国営企業もしくは締約国によって保証された自然人又は法人がITLOSの訴訟手続の当事者となることができる。第三に，船舶と乗組員の速やかな釈放につき訴えが提起された場合，抑留している締約国及び抑留されている船舶の旗国である締約国が当事者となるが，旗国に「代わるもの」が，釈放に係る申し立てを行うこともできる。

裁判所は，主に国連海洋法条約の解釈と適用に関する締約国間の紛争を扱う。そのような紛争の例として，船舶の航行，海底ケーブル・パイプラインの敷設，海洋環境の保護・保全，漁業，海洋科学調査などがある。また，裁判所は，海底紛争裁判部を通じ，国際海底機構の理事会又は総会の要請を受け，これら機関の活動範囲内の法律問題に関する勧告的意見を与える管轄権も有する。さらに，国連海洋法条約の目

的に関係ある国際協定の解釈と適用に関する紛争も扱うことができる。例として、**国連公海漁業協定**[*]（1995年）がある。

4　近年の動向

　設立当初は、海洋法にかかわる紛争の解決におけるITLOS の貢献は特筆すべきものではなかった。例えば、最初の11年間は、付託された15件の事件のうち、9件が速やかな釈放に関する事件であり、残り6件のうち4件は、ITLOS は暫定措置のみを扱い、その後、仲裁裁判所で訴訟手続が行われた事件、1件は紛争当事者が合意して取り下げた事件であった。

　だが、近年は、ITLOS に係属する事件が多様化してきており、2008年以降に付託された事案で議論された問題は、海洋境界画定、深海底活動、海洋科学調査、軍艦の主権免除、漁業における旗国及び沿岸国の義務など多岐にわたる。海洋境界画定の問題は、国際司法裁判所や仲裁裁判で数多く取り扱われてきており、それらの事件の中で集積してきた判例との整合性が求められる。実際、ITLOS は、これまでの海洋境界画定事件判決において、随所で他の国際裁判所の判例に言及しており、整合性をとるべく意識したといえ、国際裁判所の増加による国際法の「断片化」の懸念は、現在のところ海洋法については深刻な問題とはなっていないといえよう。さらに、国家間の紛争に加え、勧告的意見も要請されるようになってきた点も注目される。[*17]

5　人権裁判所

1　地域的人権条約

　人権の保障は、国際的な条約や主体別の条約に定められる他、世界の各地域で締結される地域的人権条約にも定められる。[*18] 地域的人権条約はその遵守を確保し人権保護を促進するため、それぞれ人権裁判所を設けている。いずれの裁判所も、条約や議定書の解釈や適用に関する争訟事件（例えば、条約に違反して拷問を受けたと主張する**個人**[*]が拷問を行った国を人権裁判所に訴える）について判決を下す他、条約や議定書の解釈又は適用に関する法的問題について勧告的意見を付与することができる。

を宣言することができる。

＊国連公海漁業協定
➡第5章❾「国際漁業」

＊17　2022年には、気候変動と海洋環境・海洋汚染の問題に関して国連海洋法条約締約国の義務についての勧告的意見の要請がなされた。

＊18　国際的な条約として自由権規約や社会権規約、主体別の条約として女性を対象とした女性差別撤廃条約や子どもを対象とした児童の権利に関する条約などがある。

＊個人
➡第1章❺「個人」

2　欧州人権裁判所

　欧州では，1950年に欧州人権条約，同条約諸議定書，1961年に欧州社会憲章，1987年に「拷問及び非人道的もしくは品位を傷つける取扱い又は刑罰を防止する欧州条約」などが採択されてきた。

　主に自由権について規定した欧州人権条約は，条約の実施のため欧州人権委員会（1999年に廃止）と**欧州人権裁判所***を創設した。裁判所は欧州人権条約締約国数と同数の裁判官から構成され，同条約の解釈や適用に関する事件を扱う。裁判所に訴訟を提起できるのは，同条約締約国又は条約違反の被害を受けたと主張する個人である。違反が締約国の領域内で締約国によって行われたものであれば，いずれの国の個人でも訴訟提起できる。訴訟提起後その受理可能性が判断される。このとき，関係国において利用できるすべての**救済手段***が尽くされていなければならない（国内的救済の完了）。判決には拘束力があり，その履行状況は欧州評議会閣僚委員会が監視する。

3　米州人権裁判所

　米州では，1948年に人間の権利及び義務に関する米州宣言，1969年に米州人権条約，1985年に拷問の防止及び処罰に関する米州条約，1988年に米州人権条約追加議定書が採択された。

　自由権と社会権の保障を規定した米州人権条約は，条約の遵守と人権保護を促進するために，米州人権委員会と**米州人権裁判所***を創設した。裁判所は米州機構（OAS）加盟国の異なる国籍を有する7名の裁判官から構成され，米州人権条約の解釈や適用に関する事件を扱う。ただし，事件の当事国の管轄権受諾宣言（すべての事項について裁判所に管轄権があることを認める宣言）が必要である。裁判所に訴訟提起できるのは，米州人権条約締約国及び米州人権委員会である。判決は終結で，上訴は許されていない。判決の履行状況は裁判所により米州機構総会へ報告される。2001年には，裁判所手続の改正により，争訟手続への個人の参加が一部可能となった。

4　アフリカ人権裁判所

　アフリカでは，1981年に「人及び人民の権利に関するアフリカ憲章」（バンジュール憲章），1988年に「人及び人民の権利

＊欧州人権裁判所
裁判所は2020年までに23,000件を超える判決を下してきた。例えば，表現の自由について争われたサンデー・タイムス事件（1979年），緊急状態下の拷問行為について争われたアクソイ対トルコ事件（1996年）などがある。

＊救済手段
国内裁判所への訴訟提起をいい，上級裁判所への上訴や最高裁判所への上告も含まれる。

＊米州人権裁判所
裁判所は2020年までに400件を超える判決を下してきた。例えば，1980年代以降のペルーでの拷問行為などについて争われたバリオス・アルトス事件（2001年）などがある。

に関するアフリカ裁判所の設立についての人及び人民の権利
に関するアフリカ憲章議定書」が作成された。

バンジュール憲章が条約の実施機関として設けたのはアフ
リカ人権委員会のみである。**アフリカ人権裁判所**[*]の設立は、
議定書の発効（2004年）により実現し、2006年7月に発足し
た。裁判官はアフリカ連合（AU）加盟国の異なる国籍を有
する11名で構成される。

裁判所はバンジュール憲章の解釈や適用に関して生じた事
件を扱う。裁判所に訴訟を提起できるのは、アフリカ人権委
員会、締約国、アフリカ政府間機構である。人権委員会にお
いてオブザーバーの資格を有する**NGO**[*]と個人も訴訟提起で
きる場合（裁判所が有する NGO と個人に直接訴訟提起する権利を
付与する権限を認める宣言を行った締約国が関係する訴訟の場合）
がある。

⑤ アジアと人権裁判所

アジアには上記のような地域的な人権条約、人権裁判所は
存在しない。1967年に東南アジアの地域協力機構として設立
された東南アジア諸国連合（ASEAN）が2012年に ASEAN
人権宣言を採択したものの、同宣言に法的拘束力はなく、ま
た、ASEAN 加盟国は東南アジアの10カ国のみであり、条約
の作成や裁判所の創設には遠い。

⑥ 国際刑事裁判所（ICC）

① 国際刑事裁判所とは

国際刑事裁判所（ICC）[*]は、2002年に発効した**国際刑事裁
判所（ICC）規程**によって設立された「国際的な関心事であ
る最も重大な犯罪を行った者に対して管轄権を行使する」国
際裁判所である（1条）。

第二次世界大戦後、国際法上の犯罪を裁くため、ニュルン
ベルク国際軍事裁判所（IMT）、極東国際軍事裁判所（IMT-
FE）、旧ユーゴ国際刑事裁判所（ICTY）、ルワンダ国際刑事
裁判所（ICTR）が設置されたが、これらは地域的・時間的に
限定されたアド・ホック国際刑事法廷であった。他方、ICC
は、被害者に留意しつつ、最も重大な犯罪の不処罰を終わら
せ、そうした犯罪の防止に貢献することを決意して設立され
た「独立した常設の」国際裁判所である（前文）。

ICC は、裁判所長会議、**裁判部（上訴、第一審、予審）**[*]、検

***アフリカ人権裁判所**
裁判所には2021年1月まで
に310件の訴えが提起され
ている（そのうち、288件
が個人による提起）。例え
ば、チャドの元大統領によ
るジェノサイド行為が争わ
れ た Michelot Yogogom-
baye 対セネガル共和国な
どがある。
***NGO**
➡第1章❻「NGO」

***国際刑事裁判所（ICC）**
2023年1月現在、17の事態
について捜査を行い、31の
事件を取り扱っている。職
員数は、約900人。2023年
の予算額は、約245億円に
上る。
***国際刑事裁判所（ICC）
規程**
2023年1月現在の加盟国数
は、123カ国。
***裁判部（上訴、第一審、
予審）**
ICC においては、二審制が
採用されている。
***集団殺害（ジェノサイ
ド）犯罪、人道に対する犯
罪**
➡第10章❸「人道に対する
罪」
***戦争犯罪**
➡第10章❹「戦争犯罪」
***侵略犯罪**
➡第10章❷「平和に対する
罪」
***19** なお、ICC 規程非締

約国は，ICC が管轄権を行使することを受諾する宣言を裁判所書記に対して行うことができる（12条3項）。

＊国連安全保障理事会
➡第9章❸「安全保障理事会」

＊20　ウガンダ（2003年12月），コンゴ民主共和国（2004年4月），中央アフリカ共和国（2004年12月及び2014年5月），マリ（2012年7月）の事態が付託されている。2021年2月，パレスチナが2015年に付託していたイスラエルによる武力行使等の事態について，予審裁判部が ICC の管轄権が及ぶことを確認し，捜査が開始された。2021年11月，アルゼンチン，カナダ，コロンビア，チリ，パラグアイ，ペルーが2018年に付託していたベネズエラにおける反体制派への拷問等が行われた事態について，捜査の開始が決定された。さらに，2022年3月には，フランス，ドイツ，イギリスを含む39カ国からの付託を受け，2013年11月以降にウクライナにおいて生じた戦争犯罪や人道に対する罪に関する事態についての捜査開始が発表された。

＊21　これまで，スーダン・ダルフール（2005年3月），リビア（2011年2月）の事態が付託されている。

＊22　ケニア（2010年3月），コートジボワール（2011年10月），ジョージア（2016年1月），ブルンジ（2017年10月）の事態が扱われてきた。2019年11月，ロヒンギャに対する追放，迫害，その他の犯罪が行わ

察局，書記局によって構成されている。

② 管轄権

　ICC の事項的管轄権は，国際社会全体の関心事であり最も重大な犯罪である**集団殺害（ジェノサイド）犯罪**[＊]，**人道に対する犯罪**[＊]，**戦争犯罪**[＊]，**侵略犯罪**[＊]のみについて及ぶ（ICC 規程5条）。

　ICC は，原則として，ICC 規程の締約国の領域又は締約国の国民について場所的・人的管轄権を有する。すなわち，ICC 規程の締約国は，自動的に ICC の管轄権を受諾したこととなり（12条1項），犯罪行為が発生した国又は船舶・航空機の登録国若しくは被疑者の国籍国が締約国である場合，ICC は管轄権を行使することができる（12条2項(a)(b)）[＊19]。もっとも，**国連安全保障理事会**[＊]が事態を ICC に付託する場合には，犯罪行為地国又は被疑者国籍国が締約国でなくても管轄権が行使されうる（12条2項）。2010年の ICC 規程検討会議による規程改正は，侵略犯罪について，締約国が管轄権を受諾しない旨を予め宣言した場合や非締約国の領域内又はその国民によって同犯罪が行われた場合には，管轄権が行使されないとした（15条の2第4・5項）。

　時間的管轄権に関し，ICC は，ICC 規程が効力を生じた後に行われる犯罪についてのみ管轄権を有する（11条1項）。これと関連して，ICC 規程は，罪刑法定主義（22条，23条）及び遡及処罰の禁止（24条）を明示している。

③ 手続の開始方法（トリガーメカニズム）

　ICC がその管轄権を行使して手続を開始する場合は三つある。①締約国が，犯罪が行われたと考えられる事態を検察官に付託する場合[＊20]（13条(a)，14条），②国連安全保障理事会が，犯罪が行われたと考えられる事態を検察官に付託する場合[＊21]（13条(b)），③検察官が自己の発意により予審裁判部の許可を得て犯罪に関する捜査に着手する場合[＊22]（13条(c)，15条）である。

　2010年の ICC 規程検討会議において，侵略犯罪に関する検察官の職権捜査の場合（上記③），検察官は，安全保障理事会が侵略行為を認定したか否かを確認し（15条の2第6項），この認定がなされたときに捜査を進めることができる（同7項）と定める規程改正案が採択された。

なお，いかなる捜査又は訴追についても，安全保障理事会はこれらの開始・続行を12カ月以上の間延期させることができる（16条）。

４　受理許容性

ICC は，①当該事件が管轄権を有する国によって現に捜査され，又は訴追されている場合[*23]，②当該事件が管轄権を有する国によってすでに捜査され，かつ，当該国が被疑者を訴追しないことを決定している場合[*24]，③被疑者がすでに裁判を受けており，かつ，**一事不再理原則**[*]に基づき裁判が認められない場合，④事件が十分な重大性を有しない場合には，当該事件を受理しないことを決定する（17条）。これは，ICC があくまでも国家の刑事裁判権を補完するものである（前文，1条）ことの帰結である。

５　被疑者・被告人

被疑者・被告人となりうるのは18歳以上の自然人に限られる（25条，26条）。被疑者・被告人に対しては，自己負罪拒否権，黙秘権，弁護人選任権を含む国際的に認められる人権が保障され（55条，67条，21条3項），一事不再理原則の適用もある（20条）。

有罪の判決を受けた者に適用される刑罰は，最長30年を超えない特定の年数の拘禁刑，終身の拘禁刑，罰金，犯罪によって生じた収益等の没収のいずれか又はいくつかであり（77条），死刑は認められていない。

６　被害者

ICC は，有罪の判決を受けた者に対し，**被害者に対する賠償**[*]を命令することができる（75条2項）。また，被害者及びその家族のために信託基金が設置されている（79条）。

れたと考えられるバングラデシュ／ミャンマーの事態につき，ICC 予審裁判部が検察官による捜査開始の許可を与えた。2020年3月，米兵らによる人道に対する罪及び拷問などの戦争犯罪が行われたと考えられるアフガニスタンの事態について，ICC 上訴裁判部が，検察官からの捜査開始請求を退けた予審裁判部の決定（2019年）を覆し，捜査の開始を認めた。これに対し，米国は，ICC の主任検察官等の関係者への制裁措置を行うなど激しく反発する姿勢を見せた（制裁措置は2021年に解除された）。2021年9月，フィリピンにおいて違法薬物の取締りに伴い人道に対する罪にあたる殺人が行われた疑いがあるとして，予審裁判部が捜査開始の許可を発出した。

*23　ただし，当該国にその捜査又は訴追を真に行う意思又は能力がない場合は，この限りでない（17条1項(a)但書）。

*24　ただし，その決定が当該国に訴追を真に行う意思又は能力がないことに起因する場合は，この限りでない（17条1項(b)但書）。

*一事不再理原則
いかなる者も，自己が裁判所によってすでに有罪又は無罪の判決を受けた犯罪の基礎を構成する行為について，再び裁判所によって裁判されることはないという原則（20条1項）。

*被害者に対する賠償
原状回復，補償，リハビリテーションの提供を含む（75条1項）。

II

各論

第5章

空間と国際法

　地球上には約200の国が存在し，それぞれの国は領土を有し主権を及ぼしている。領海と領空もまた同様であるが，その外側には公海，公空，宇宙空間が存在している。海洋空間を律する国際法として海洋法が，空の空間には航空法が，そして宇宙空間には宇宙法がある。空間ごとの特徴を反映して，そこで行われる活動に関する規範が作られてきたが，固有のものであるのか，一般性をもっているのかにも注目してほしい。

① 陸：領　土

1 領域とは

　領域とは，特定の国の主権の及ぶ場所的範囲を示し，領土・領空*・領水（**内水と領海***）から構成される。なお，領水のない国はあるが，領土のない国は存在せず，領空は20世紀初頭以降に領土と領水に付随する存在として概念化されたものであるため，領域とは領土を基本とするといえる。国は，他国領域の一体性が維持されることを相互に尊重する義務を負う。これは領土保全原則と呼ばれ，国連憲章2条4項においても確認されている国際法の中核的概念である。また，国は，自国領域を使用する上で，他国の権利を侵害しないようにしなければならないという**領域使用の管理責任***を負うが，今日，この原則は他国の環境への損害を防止する義務，すなわち損害防止原則として発展し，国際環境法において重要な意義を有している。領域に対して，どの国にも帰属しない空間のことを**国際公域**といい，**公海***，**深海底***，**宇宙空間**などがこれに含まれる。

　モンテビデオ条約では，国の要件として明確な領域を有することが含まれているが，各国の領域を当事国同士が合意できる形で明確化することは容易ではなく，日本を含む大多数の国々が何らかの**領域紛争**あるいは未確定領域を有するとされている。したがって，国の要件として求められる明確な領域とは，あくまでも国の主要な地域のみを示すと解釈されなくてはならない。もっとも，存在する領域紛争のうち，すべ

*領空
➡第5章⓬「空Ⅰ：領空制度」
*内水と領海
➡第5章❺「海Ⅰ：内水と領海」
*領域使用の管理責任
➡第6章❸「大気汚染」
*国際広域
なお，南極については1959年南極条約によって，領土主権又は領土についての請求権が凍結されている。
➡第5章❿「極地」
*公海
➡第5章❼「海Ⅲ：公海」
*深海底
➡第5章❺「海Ⅰ：内水と領海」
*宇宙空間
➡第5章⓮「国際宇宙法とは」
*日本の領域紛争
➡第5章❷「北方領土」，第5章❸「竹島」
*1　先占と添付は，原初的権原あるいは原始的取得と呼ばれる。これに対し，その他の権原による他国領土の取得は，承継取得として分類される。

てが国際裁判，深刻な政治的対立，武力衝突などに発展するとは限らず，問題とされている場所の歴史的・文化的意義，安全保障上の重要性，資源の有無などの経済的利益との関連性，関連当事国の関係性などによって，紛争の展開は大きく左右される。

2　領土の取得

　それぞれの領域に対する各国の主権（領域主権）の根拠となる事実は，国際法上，領域権原（title）と呼ばれ，先占，添付，割譲，併合，征服，時効の六つがある[*1]。先占とは，無主地と呼ばれるいずれの国にも属さない土地について，領有の意思をもって実効的な支配を及ぼすによる領土の取得を意味し，添付とは自然現象によって土地が増加したことによる領土の取得を指す（なお，近年では，埋立て等の人工的添付も認められるようになっている）。割譲とは，他国の領域の一部を合意に基づき譲り受けることである。征服とは，武力を用いて他国の領域を編入することであり，**武力不行使原則**[*]が確立した現行国際法の下では有効な権原として認められていない。併合とは，条約の形をとって他国の領域を編入することだが，強制的である場合が多く，実質的には征服に近いとされる。時効とは，他国の領域を長期間，他国からの主権が争われることなどなく平穏に支配することにより領土を取得することである。

　これまでの国際裁判では，領土紛争を解決するにあたり，特に先占と時効について実効的支配の有無が中心的争点として扱われてきた。判例によれば，「領域主権の継続的かつ平穏な行使」があったかどうか（**1928年パルマス島事件**），当事国が黙認していたかどうか（**1933年東部グリーンランド事件**[*]），その土地に対して立法・行政などの行為を行っていたかどうか（**2002年リギタン・ジパタン島事件**[*]）などが，実効的支配について判断する上で考慮されている。

3　領土画定の方法・原則

○ウティ・ポシデティス（現状承認）原則

　ラテン・アメリカ諸国は，植民地支配から脱し，新しく独立国として成立する過程で，植民地時代の行政区画線を維持し，それを各国の国境線とした。このような画定方法は，ウティ・ポシデティス（*uti possidetis*）原則と呼ばれ，アフリカ

＊武力行使禁止原則
➡第10章❶「戦争の禁止」

＊1928年パルマス島事件
1928年，米国とオランダが孤島パルマス島の領有権をめぐって争った事件であり，常設仲裁裁判所はオランダ領の一部であるという判断を下した。本件により，領域主権の継続的かつ平和的行使による実効的支配の存在を重視する見解が有力なものとなった。

＊1933年東部グリーンランド事件
1931年にノルウェーが東部グリーンランド島の主権を宣言したことを受け，東部を含むグリーンランド島全土の主権を有すると主張するデンマークが提訴した事件。1933年，常設国際司法裁判所は，ノルウェーはこれまでデンマークの主権を承認していたと考えられることから，ノルウェーによる先占の宣言及び関連する措置について違法かつ無効であると判決した。

＊2002年リギタン・ジパタン島事件
マレーシアとインドネシアがリギタン島とジパタン島の領有権について争った事件。国際司法裁判所は，マレーシアによる条例の制定や保護地区の指定などの立法・行政措置などを鑑み，マレーシアの実効的支配が認められるという判断を示した。

諸国の独立時にも踏襲された。**1986年ブルキナファソ・マリ国境紛争事件**[*]において当該原則の適用は新独立国の安定・発展に寄与するとして，国際法において一般性を有すると判示されている。

○時際法の適用

時際法とは，取得したと主張される時点で有効とされていた国際法のことを意味する。領域取得の権原は，現在の国際法を遡及して適用するのではなく，時際法に基づき判断される。例えば，征服による領域取得は，今日では認められない取得方法であるが，問題とされる領域取得が，そのような原則確立以前，すなわち，征服が正当な領域取得方法として国際法上認められていた時代に行われたとされる場合には，征服による領土の取得が認められうる。

○クリティカル・デート（決定的期日）

クリティカル・デートとは，領域紛争において紛争発生日などのある時点を基準日として設定し，それ以降に起きた事柄を領域画定の判断材料としないという原則である。この原則により，各国が紛争発生後に実効的支配を示すなどの目的で行われた行為（新法の制定や移住の促進など）に法的評価を加える必要がなくなることから，秩序の安定性を担保する上で重要な役割を果たしているといえる。

② 北方領土

[1] 北方領土問題

北方領土とは，択捉島，国後島，歯舞群島，色丹島の北方四島を指し，日本政府は，日本固有の領土である北方領土をロシアが不法占拠していると主張している[*2]。北方領土問題は，第二次世界大戦の終戦から75年経った現在でも日露間で平和条約が結ばれていないことの主たる要因となっている。

[2] 歴史的経緯

1855年**日露修好条約**[*]は，択捉島とウップル島の間を日本とロシアの国境として定めていた。1875年樺太千島交換条約では，樺太の領有権がロシア認められ，千島列島が日本の領土となり，国境線が千島列島最北のシュムシュ島の北に設定された。そして，1905年，日露戦争の講和条約であるポーツマス条約では南樺太が日本に割譲された。このように第二次世界大戦以前の日露国境線は常に択捉島よりも北に引かれてい

＊1986年ブルキナファソ・マリ国境紛争事件
ブルキナファソとマリの国境画定について争われた事例であり，当判決は，「ウティ・ポシデティス（現状承認）原則」が多くのアフリカ諸国で採用されていることに鑑み，これが単なる実行ではなく，脱植民地化における一般的なルールとして認められているという見解を示した。

＊2　1947年から1949年にかけ，北方四島に居住していた日本人の多くは移住を余儀なくされたため，現在はロシア人が居住している。1996年ウタリ共同事件では，北方領土の周囲海域における日本漁船に関する法令適用について争われたが，裁判所は属人主義に基づく適用を認めた。

＊日露修好条約
日露修好条約が締結された2月7日は，1981年閣議決定で「北方領土の日」として指定された。

図5-1　北方領土の地図

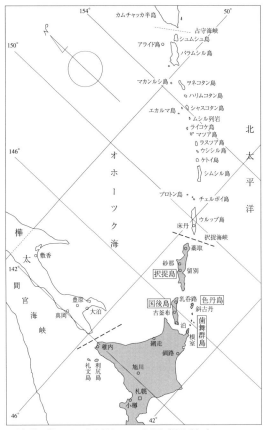

(出所)　『われらの北方領土　2022年版』(外務省)〈https://www.
mofa.go.jp/mofaj/files/100494220.pdf〉より。

た。

　第二次世界大戦中の米国，英国，中国，旧ソ連間による1943年11月カイロ宣言では，日本が「暴力及び強慾により日本国が略取した他のすべての地域から駆逐される」とされ，この「他のすべての地域」に南樺太と千島列島が含まれることが了解されていた。また，1945年2月のヤルタ協定（日本は非当事国）で米国，英国，旧ソ連は，「1904年の日本国の背信的攻撃により侵害されたロシア国の旧権利」の回復にあたって，樺太の南部及びこれに隣接するすべての島の返還と，千島列島の引渡しについて協定した。

　1945年8月，旧ソ連は日ソ中立条約を破棄し，南樺太及び千島列島を攻撃して占領，9月には北方四島まで勢力をのばし，1946年2月にソ連に北方四島を編入した。1945年8月に日本が受託したポツダム宣言では，カイロ宣言の履行と，日本の主権の限界は本州，北海道，九州，及び四国と諸小島に制限されることが定められている。なお，1951年のサンフランシスコ平和条約2条(c)において，日本がポーツマス条約の結果として，「樺太の一部とそれに近接する諸島に対するすべての権利，権原及び請求権を放棄する」と定められたが，旧ソ連はサンフランシスコ平和条約への署名を拒否している。

　3　各国の主張

　日本政府は，北方領土が一度も外国の領土となったことのない日本の領土であり，そのことは1855年に択捉島とウルップ島の間を国境とした日露修好条約でも確認されているとい

う姿勢をとっている。また，サンフランシスコ平和条約で放
棄した「千島列島」に北方四島は含まれないと主張してい
る。

　他方，ロシア政府は，ヤルタ協定を根拠として，北方領土
がロシアは領土となったという主張している。これに対して
日本政府は，ヤルタ協定が日本不在で行われた密約であり，
法的拘束力をもたないとしている。また，サンフランシスコ
平和条約における「千島列島」に北方四島も含まれるという
ロシア側の主張に対し，日本側は，仮に「千島列島」に北方
四島が含まれたとしても，条約が放棄後の帰属を明らかにし
ていないこと，旧ソ連が条約当事国でないことなどから，ロ
シアへの帰属を示す根拠にはならないと主張している。

［4］　平和条約締結に向けた交渉

　1956年，日本と旧ソ連は日ソ共同宣言によって，戦争状態
が正式に終了し，外交関係が再開されるとともに，同宣言 9
項にて「平和条約の締結に関する交渉を継続することに同
意」と，旧ソ連が「日本国の要望にこたえかつ日本国の利益
を考慮して，歯舞群島及び色丹島を日本に引き渡すことに同
意」が規定された。1993年，日本とロシアは東京宣言におい
て，帰属に関する領土問題が存在することを認め，歴史的，
法的事実に立脚し，両国の間で合意の上作成された諸文書及
び法と正義の原則を基礎として解決するという方針が示され
た。

　これまで北方墓参，四島交流，元島民の訪問，人道支援な
どの交流の他，2016年から日露首脳会談を通して，海産物の
共同増養殖や風力発電の導入などを含む共同経済活動が推進
されてきた。しかし，2020年 7 月ロシアが，憲法改正によっ
て，北方領土を念頭に置いた領土割譲の禁止条項を定めたこ
とにより，今後の交渉への影響が懸念されている。また，
2022年版外交青書に北方領土のロシアによる「不法占拠」と
いう文言が03年版以来19年ぶりに復活するなど，両国の緊張
が高まっている。^{*3}

③　竹　島

［1］　竹島問題とは

　竹島（韓国名，独島）は，島根県隠岐島の北西約158km，
韓国鬱陵島の南東約88kmにあり，東島（女島），西島（男島）

*3　北方領土四島の返還
ではなく，歯舞群島と色丹
島の二島を日本に返還する
という案もあり，これは二
島返還論と呼ばれる。ま
た，最終的には四島の返還
を求めるが，先に歯舞群島
と色丹島の返還を実現する
という二島先行返還論も存
在する。

（出所）　海上保安庁提供。

と呼ばれる二つの小島と周辺の岩礁から成る。竹島に対する
領有権をめぐる日本・韓国間の争いが「竹島問題」である。[*4]

[2]　1904年以前の竹島

　日本は16世紀末から鬱陵島（当時は竹島と呼称）でアワビや
アシカの漁猟を行うための寄港地として竹島を利用してい
た。1696年には徳川幕府の下，漁業問題の調整のため日本人
の鬱陵島渡航が禁止されたものの，竹島への渡航は禁止され
なかった。現在，日本はこれらの歴史的事実から竹島の領有
権を主張するのに対し，韓国は竹島がもともと韓国領土で
あったと主張している。

[3]　日本による実効的支配

　1905年1月，日本は閣議決定により竹島を島根県に編入し
た。[*5]閣議決定と編入措置は日本政府が近代国家として竹島を
領有する意思を再確認したものである。こうして日本は竹島
を官有地台帳に登録，竹島でのアシカ猟を許可制とするなど
実効的支配を開始した。[*6]1945年に敗戦を迎えると，連合国総
司令部は「若干の外郭地域の日本からの政治上及び行政上の
分離に関する連合国総司令部覚書」により鬱陵島，済州島，
竹島に対する日本政府の政治的及び行政的権力の停止を命じ
た。これにより日本の竹島に対する実効的支配は中断される
こととなったが，覚書にはこれが日本の領土の最終的処分を
示さないことが明記された。1951年に署名された「**日本国と
の平和条約**[*]」2条は「……済洲島，巨文島及び鬱陵島を含む
朝鮮に対するすべての権利，権原及び請求権を放棄する」と
規定するのみで，竹島の領土権放棄は行っていない。

　日本による竹島の実効的支配について，韓国は1905年当時

＊4　韓国は日本海を「東
海（East Sea）」と呼称す
べしとの主張も展開してい
る。これらの問題に日本
は，内閣官房領土・主権対
策企画調整室や外務省など
関係府省庁で，その所掌に
応じて対処している。

＊5　島根県は，同年2月
に竹島の帰属を告示し，告
示から100年になるのを記
念し，2005年には「2月22
日」を竹島の日とすること
を条例で定めた。同日に開
催される記念式典には，政
府から内閣府大臣政務官が
出席しているが，韓国側は
強く抗議している。

＊6　1939（昭和14）年に
は「りん鉱」採掘権が設定
され，採掘権に対して鉱区
税を賦課，採掘権者から鉱
区税の徴収を開始した。ま
た，住民登録を行った者も
いる。

＊日本国との平和条約
➡第11章❶「対日平和条
約」

の韓国は事実上日本の支配下にあったため日本に対する抗議
は不可能であり，竹島は植民地政策の一環として「暴力及び
強慾により日本国が略取した」ものであって，国際法上無効
であると強く反発する。日本は1905年までに竹島が韓国領土
であったことを立証できていないと反論している。

<h3>[4]　李承晩ラインの設定と韓国による実効的支配</h3>

　1952年 1 月18日，韓国の李承晩大統領（当時）は竹島を含
む水域を自国の主権の下に置くことを宣言し，李承晩ライン
を設定した。韓国は韓国漁民の不法上陸を取り締まる日本の
海上保安庁巡視船に対して発砲，竹島周辺から日本漁船を締
め出し，竹島に灯台や無線施設を設置，1954年 6 月には警備
隊を常駐させるなどして竹島をその実効的支配の下に置い
た。[7]日本は韓国の措置が国際法に違反することを主張し，問
題を法的に解決すべく1954年と1962年に国際司法裁判所への
付託を提案したが，韓国は「領土問題は存在しない」ことを
理由にこれを拒否した。現在，竹島には韓国政府によって電
話線や郵便ポストなどの設備が配備され，漁師夫婦や警備隊
が居住する。日本政府は海上保安庁の巡視船を定期的に派遣
して竹島の状況を監視，外務省から韓国の実効支配に抗議す
る文書を送付するなどして対抗し，歴史的事実に照らしても
国際法上も竹島は明らかにわが国固有の領土であるとする立
場をとっている。[8]

<h3>[5]　漁業協定と現在の問題</h3>

　1965年に締結された日韓基本関係条約は竹島問題に触れ
ず，両国の交換公文によって外交経路で解決不可能な問題を
調停により解決することが合意されたが，韓国は竹島問題を
調停に付すことも拒否している。こうした中，両国が1996
年に国連海洋法条約に加入したことから，1998年に新日韓漁
業協定が締結された。協定は両国の**排他的経済水域**を画定す
るとともに，竹島周辺を暫定水域とした。暫定水域は日韓両
国が共同管理し，同水域ではそれぞれ自国の漁船のみを取り
締まるという**旗国主義**が採用されている。実際には韓国漁船
による漁場の独占や韓国警備艇による日本漁船への並走行為
等により，同水域で操業する日本の漁船は多くない。

　両国間にたびたび生じていた緊張は，2012年 8 月に当時の
李明博大統領が行った竹島上陸を機にきわめて高まった。日

＊7　このように竹島が韓
国に占拠され上陸できなく
なったため，りん鉱採掘を
実施できずにいた業者が竹
島のりん鉱採掘権につき鉱
区税の納付義務がないこと
の確認を求める訴訟を提起
した。裁判所は竹島に対す
る統治権の行使は事実上不
可能になったにすぎず統治
権が失われたものではない
と判断し，原告の請求を棄
却した。（東京地判昭和36
年11月 9 日）

＊8　1959（昭和34）年に
竹島に住民登録した日本人
が「竹島に上陸及び居住で
きないのは日本国土である
竹島に駐屯する韓国武装兵
を日本政府が自衛隊をもって
駆逐する義務を怠ってい
るためだ」と訴えた事件に
おいて，裁判所も「竹島に
ついて日本の領土たること
に疑義はない」と竹島が日
本の領土であるとの判断を
示した。（東京地判昭和35
年10月18日）

＊排他的経済水域
➡第 5 章❻「海Ⅱ：排他的
経済水域と大陸棚」
＊旗国主義
➡第 5 章❼「海Ⅲ：公海」

＊9　「海事法（maritime law）」は，「国際海洋法」を含む意味で用いられることもあるが，一般には，海事問題に関する国内法及び国際私法が中心であり，国際法の一分野である国際海洋法は含まれない。

＊10　例えば，17世紀にオランダのグロティウスは，スペインとポルトガルによる海洋支配に対抗し，海洋の利用はすべての国にとって自由であると説き（海洋自由論），これに対抗する形で，英国のセルデンは，諸国は自国の周辺海域に実効的な支配を及ぼすことにより占有を行うことができると主張した（閉鎖海論）。

＊11　これに先立ち1930年に国際連盟により開催されたハーグ国際法典編纂会議では，領水（territorial waters）について議論が行われた。

＊海洋法に関する四つの条約
「領海及び接続水域に関する条約」，「公海に関する条約」，「大陸棚に関する条約」，「漁業及び公海の生物資源の保存に関する条約」。また，これらの条約に加え，紛争の義務的解決に関する選択署名議定書も採択された。

＊第三次国連海洋法会議
1973年から82年まで開催された。

＊12　コンセンサスによる合意に到達するため最大限の努力をし，そのような努力が尽くされたにもかかわらず合意が得られなかった場合に投票に付するという方式が手続規則に盛り込ま

本は問題を国際司法裁判所に付託することを提案したが，韓国はこれに応じていない。

4 国際海洋法とは

1 「狭い領海」と「広い公海」

　国際海洋法とは，海洋をめぐる国際法秩序の総体をいう。[*9]古くより，国際海洋法は，海洋の自由と国による海洋の支配との緊張関係を基軸として発展してきた。[*10]こうした中，徐々に形成されてきた海洋秩序は「狭い領海」とその外の「広い公海」という二元構成で確立されていった。19世紀までには，多くの国が領海3海里を受け入れていったが，その後，領海をより沖合へ拡げようとする国が増えるにつれ，各国の実行も一定ではなくなってきた。これにより，狭い領海に固執する国との間で争いが起きた。

2 領海幅員の合意の難しさ

　第二次世界大戦後，国連国際法委員会（ILC）が，海洋法の法典化作業を行い，[*11]1956年には条約草案が作成された。1958年に開催された第一次国連海洋法会議では，この条約草案をもとに議論が行われ，**海洋法に関する四つの条約**が採択された。しかし，領海幅員についての合意は得られず，議論は1960年の第二次国連海洋法会議にもち越された。領海幅員にテーマを絞ったこの会議でも合意は得られず，沿岸国の管轄権拡大の動きと海洋先進国の海洋技術発達もあって，従来の二元的海洋秩序は再考を迫られるようになった。

　新たな海洋法秩序形成の契機になったのが，1967年のマルタ代表のパルド大使の国連総会での演説である。この演説では，いずれの国の管轄下にもない海底の資源は，全人類の利益のために利用されるべきという趣旨の提案がなされた。これを契機に，海底平和利用委員会が設置され，そこから派生する種々の課題に鑑み任務を拡大し，国際会議で海洋法秩序の再検討を行うことになった。

3 第三次国連海洋法会議

　第三次国連海洋法会議は，[*]第一次国連海洋法会議のようにILC草案を基礎にするのではなく，各国代表が草案及び修正案を出し合うという形で進み，また交渉の多くは非公式会合で進められた。コンセンサス方式を原則とした上で，[*12]関連条

文を一括して交渉し，条約全体における利害関係のバランスを考慮するという，いわゆる「一括取引（package deal）方式」がとられた。

こうして1982年に採択された国連海洋法条約は，伝統的な海洋法秩序の枠組みを残しつつ，新たな海洋区分を設定した。[13]すなわち，大陸棚に加え，領海の外側につき，**基線**[*]から200海里までの範囲で「特別な（sui generis）」性格をもった排他的経済水域を設定することが認められ，この海域においては，沿岸国の主権は認められないものの，特定の事項についての権利及び管轄権のみが認められるようになった。また，大陸棚の外の海底及びその下については，第11部「深海底」で詳細な規定を設けている。

国連海洋法条約の特徴として，第一に，海域の区分と各海域内での権利・義務の規定に加え，海洋環境の保護・保全，海洋科学調査，技術移転といった問題に対処するため個別の章を設け，詳細な規定を置いている点が挙げられる。第二に，同条約は国際機構などによる将来的な規範の発展を前提としており，例えば，海洋環境の保護や船舶の安全といったような，科学技術の発展に伴って常に新しい詳細な技術的規定を作成する必要のある分野では，そのような詳細な規則の発展は権限ある国際機関に委ねられている。第三に，国連海洋法条約は，拘束力ある義務的紛争解決手続を含む包括的な**紛争解決制度**[*]を導入した。第四に，同条約への留保は禁止されている。

深海底に関する規定への反対により，先進国による批准は進まなかったものの，1994年の条約発効の直前には第11部の内容を実質的に修正する**第11部実施協定**[*]が国連総会で採択されたことにより，国連海洋法条約体制は先進国・途上国の双方に受け入れられうるものとなり，2023年4月現在では168の国等が同条約を締結している。米国など依然として未締結の国もあるが，その規定の多くは慣習法を形成していると考えられる。

[4]　海洋法秩序の重層性と今後の課題・展望

国連海洋法条約は「海の憲法」とも称され，海洋法秩序の根幹を成している。しかし，国際海洋法は同条約のみで成り立っているわけではなく，関連する条約その他の規範的文書，さらには慣習法規則をも含む。特に，第三次国連海洋法

れた。国連海洋法条約の採択に際しては，米国が投票を行うことを求め，賛成130，反対4，棄権17により採択された。

*13　排他的経済水域・大陸棚・深海底に加え，群島国については「群島水域」の制度が導入された（国連海洋法条約第4部）。

*基線
➡第5章❺「海Ⅰ：内水と領海」

*紛争解決制度
➡第4章❹「国際海洋法裁判所（ITLOS）」

*第11部実施協定
第11部実施協定と国連海洋法条約第11部の規定は，「単一の文書として一括して解釈され」，両者が抵触する場合には同協定が優先する。

＊関連する国際機構

同条約によって国際海洋法裁判所，国際海底機構，大陸棚限界委員会という三つの機関が設立された他，国連（総会，事務総長，国際司法裁判所など），専門機関（国際海事機関〔IMO〕や国連食糧農業機関〔FAO〕など），特定の事項を扱う地域機関（地域漁業管理機関など）も国際海洋法の発展に重要な役割を有している。

＊基線

領海などの海域を測定する基準となる線で，通常基線と直線基線に分けられる。通常基線は，沿岸国公認の大縮尺海図に記載されている海岸の低潮線である（国連海洋法条約5条）。直線基線は，海岸が著しく曲折しているか海岸に沿って至近距離に一連の島がある場所において海岸の全般的な方向から著しく離れないことを条件として適当な点を結ぶ形で用いることができる（国連海洋法条約7条）方法である。

＊国連海洋法条約

2023年5月の時点で168の国とEUが締結している。

＊14　ただし，直線基線の適用以前に内水とはされていなかった水域を内水とする場合には，当該水域においてすべての国は無害通航権を有することが国連海洋法条約に規定されている。

＊12海里

領海の幅は，主要海運国が3海里を主張していたものの国際的な合意は長く存在しなかった。第三次国連海洋法会議（1973～82年）に

会議では，条約採択を優先するために棚上げとされた問題も残されたことから，後に公海漁業や水中文化遺産といった分野では，新たに多数国間条約が作成され，海洋法秩序の発展に貢献した。

　国や**関連する国際機構**[＊]の実行の集積により海洋法秩序は随時，発展を遂げている。深海底における海洋遺伝子資源の法制度など新たに生起した問題に対処するため，国連において国の管轄権外の海域における海洋生物多様性の保全及び持続可能な利用の問題について，国連海洋法条約の下で法的拘束力を有する新たな国際文書の作成のための交渉が長年行われていたが，2023年にはこの交渉が妥結した。今後も国際海洋法に関連する任務を有する国際機構が各自の活動の調整を行い，既存の法秩序の不安定化を招くことなく，どのようにして新たに生起する問題に対処していくのかが課題となろう。

⑤　海Ⅰ：内水と領海

［1］　内水とは

　内水とは領海の**基線**[＊]の陸地側の水域（**国連海洋法条約**[＊]8条1項）で，具体的には湾，港，内海などをいう。内水には沿岸国の主権が及び（国連海洋法条約2条1項），基本的に陸地と同様の領域主権に服し，外国船舶は無害通航権を有さない[＊14]。ただし，内水にある外国船舶上の船内秩序に係る犯罪で沿岸国の平和を害さないものについては，英米主義（沿岸国が刑事裁判権を有するが，国際礼譲としてこれを行使しないという考え方）とフランス主義（旗国に刑事裁判権が認められ，船長や領事が援助を求めるような場合に沿岸国が刑事裁判権を行使するという考え方）に基づく実行が対立してきた。近年では，二国間条約の締結により沿岸国と旗国が刑事裁判権を行使できる犯罪を特定するなどし，調整が図られている。なお，軍艦及び非商業目的の政府船舶は，国際法上の免除を有するため，沿岸国の執行管轄権から免れる。

○内水と日本

　日本も内水を有する（図中の濃色部分）。このうち，瀬戸内海については，公海であると主張されたことがある（1966年に紀伊水道で日本のタンカーと衝突し，業務上過失傷害罪などで起訴されたリベリア船籍船舶の乗組員（被告）による主張）が，日本の裁判所は瀬戸内海が歴史的水域であることなどを根拠に内水と判断し，以降，日本は瀬戸内海を内水として扱っている。

日本の基線[1)	伊豆半島付近の基線[2)	津軽海峡の基線[3)

（注）　1）線は基線，矢印部は直線基線，濃色は内水を表す。
　　　　2）線は直線基線を表す。
　　　　3）最濃色は内水，濃色は領海を表す。
（出所）　海上保安庁海洋情報部ウェブサイト
　　　　左：https://www1.kaiho.mlit.go.jp/JODC/ryokai/kakudai/itiran.html
　　　　中：https://www1.kaiho.mlit.go.jp/JODC/ryokai/kakudai/izu_idx.html
　　　　右：https://www1.kaiho.mlit.go.jp/JODC/ryokai/tokutei/tokutei.html

2　領海とは

　領海とは基線から**12海里**[*]を超えない範囲で沿岸国が設定する海域をいう（国連海洋法条約3条）。沿岸国の主権は領海に及ぶが，領土上の主権よりも制限されており，領海に対する主権は国連海洋法条約の規定などに従って行使される。沿岸国は，外国船舶の無害通航を妨害しない義務や領海内の航行上の危険を公表する義務を負う。また，領海を通航中の外国船舶内で生じた行為について，沿岸国の刑事裁判権と民事裁判権は制限されている（国連海洋法条約27条，28条。例えば，外国船舶内の犯罪については，犯罪の結果が沿岸国に及ぶなど一定の場合にのみ沿岸国は刑事裁判権を行使する）。一方，沿岸国は，外国船舶の無害通航権を害さない範囲で国内法令を制定し，その実施を確保するために必要な措置をとることができる。

○無害通航権

　領海において，すべての国の船舶は無害通航権を有する。無害通航権とは，沿岸国の平和や秩序，安全を害さない通航を行う外国船舶の権利をいう（国連海洋法条約17条）。通航は継続的かつ迅速でなければならず，停止や投錨は許されない。潜水船は浮上して海上を航行し，その国旗を掲げなければならない。

　どのような通航が「無害」であるのか。その判断基準とし

おいて「12海里を超えない範囲で領海を設定しうる」とようやく決着をみることとなった。1海里＝1852m，12海里＝約22km。➡第5章❹「国際海洋法とは」

*15　国連海洋法条約で領海が12海里までと定められたことで国際航行に使用されてきた海峡の多くは各国の領海に位置することとなったため，そうした海峡については同条約第3部の諸規定の下に置かれることとなった。同時に，特別の国際条約によって通航が規制されてきた海峡については当該特別条約が引き続き適用されるとされた（国連海洋法条約35条(c)）。特別条約が適用される海峡として，例えばトルコ海峡がある。なお，日本は津軽海峡など五つの海峡（特定海峡）については領海の幅を3海里に凍結している（図参照）。

て，船舶の通航の仕方を基準とする行為態様別基準と，船舶の種類や積荷等を基準とする船種別基準が存在する。国連海洋法条約19条は2項で無害とみなされない行為（例えば，武力の行使，兵器の演習，漁業，調査活動など）を列挙して行為態様別基準をとるが，1項がどちらの基準をとるのかは見解が分かれ，国家間の関係に委ねられているのが実状である。こうした背景から，軍艦の通航が無害通航に含まれるかについて議論がなされてきた。米国と旧ソ連は1989年の共同声明で軍艦が領海における無害通航権を有することを明らかにし，英国や日本など多くの国は軍艦も無害通航権を有するとの立場だが，軍艦の通航に，事前の許可を求める国，事前の通告を求める国も存在する。[*16]

○領海と日本

日本は1870年以降一貫して領海3海里の立場をとっていたが，第三次国連海洋法会議開催中の1977年に領海法を制定し，津軽海峡など五つの「特定海域」を除き領海を12海里とした（当分の間3海里とするとされた5海域は現在も3海里を維持している。）。国連海洋法条約を締結した1996年には同法を改正した「領海及び接続水域に関する法律」において，新たに直線基線を採用し，新たな領海の範囲を確定した。

⑥　海II：排他的経済水域と大陸棚

1　EEZ（排他的経済水域）とは

EEZ（Exclusive Economic Zone）とは，領海の外側に基線から200海里までの範囲で沿岸国が設定する水域をいう。沿岸国は，EEZにおいて，天然資源の探査や開発などに対する主権的権利と人工島などの設置，海洋の科学的調査，海洋環境の保護・保全に関する管轄権を有する（国連海洋法条約56条）。一方，他の国は，沿岸国の権利義務を害さない限り，航行の自由，上空飛行の自由，海底電線・海底パイプライン敷設の自由などを有する（同58条）。沿岸国はこれらの自由を害さぬよう，国連海洋法条約の規定と整合的に資源の開発などに関する国内法令を制定することができる。国内法令の遵守を確保するため検査や拿捕など必要な措置をとることができるが，拿捕された船舶は合理的な保証金などの提供により速やかに釈放されなければならない（同73条）。こうした規定ぶりはEEZがかつて公海であったことに由来する。

EEZの概念は，海洋法の長い歴史の中で比較的新しく，

＊16　海峡における無害通航権の存否が問題となったコルフ海峡事件では海峡以外の領海で軍艦が通航する権利を有するかについて明らかにされず，また，国連海洋法条約は軍艦の無害通航権の有無につき明示する規定を置かなかった。

＊17　中南米では，1970年に資源に対する沿岸国の管轄権に関してモンテビデオ宣言とリマ宣言が採択され，1972年に200海里水域の資源に対する沿岸国の権利を定める「世襲海域，父

図 5 - 2　日本の延長大陸棚

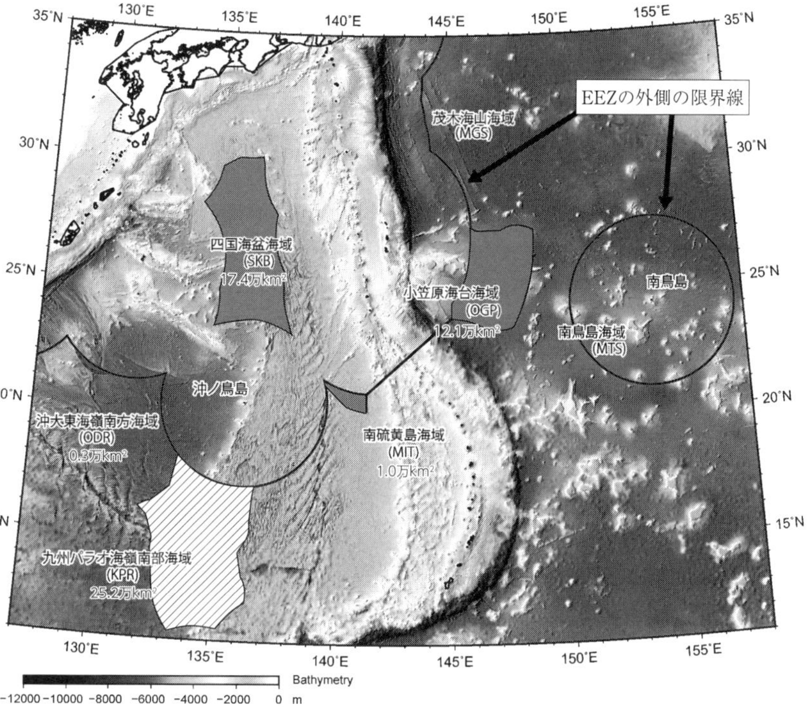

（出所）　首相官邸 HP 掲載図（https://www.kantei.go.jp/jp/singi/kaiyou/dai11/siryou1-2.pdf）に筆者加筆。

1970年代の中南米諸国とアフリカ諸国による主張に始まっ
た。[*17] この概念は第三次国連海洋法会議で多くの支持を集め，
沿岸国の権利義務と他の国のそれとの調整が議論された結
果，国連海洋法条約の第 5 部に定められることとなったので
ある。EEZ の制度について，国際司法裁判所は，「国家慣行
によってすでに国際慣習法の一部となった」と判断しており
（リビア対マルタ大陸棚事件，1985年），現在，同条約を締結して
いない国も EEZ を設定している。

2　大陸棚とは

大陸棚[*]とは，領海の外側の海底で，①領海基線から200海
里までの海底とその下（距離基準），又は②領土の自然の延長
を辿って大陸縁辺部の外側の限界までの海底とその下（自然
延長基準，地形学・地質学的基準）をいう（国連海洋法条約76条）。
縁辺部の外縁が基線から200海里を超える場合，その限界は

祖伝来の海（patrimonial
sea）」を提唱したサント・
ドミンゴ宣言が採択され
た。アフリカでは，1971年
のアジア・アフリカ法律諮
問委員会でケニアが EEZ
の概念を提唱した。

＊大陸棚
1945年の「トルーマン宣
言」（領海外の海底の資源
は沿岸国の管轄と管理に服
するとしたもの）によって
注目を浴び，1958年に大陸
棚条約に創設された。同条
約で定められた大陸棚にお
ける沿岸国の主権的権利に
関する規定は国連海洋法条
約に引き継がれた。

＊大陸棚限界委員会
国連海洋法条約附属書IIに基づき設置された機関で，沿岸国から提出された大陸棚の延長申請について検討し勧告を行う（2023年2月の時点で，93の申請〔改訂申請含む〕が提出され，35の勧告が出されている）。委員会は，21名の委員（地質学，地球物理学又は水路学の専門家）で構成され，日本は第1期から継続して委員を輩出している（委員就任順に，葉室和親博士，玉木賢策東大教授，浦辺徹郎東大教授，山崎俊嗣東大教授）。

＊18　日本の延長申請に関連し，中国及び韓国は沖ノ鳥島が大陸棚を有さない岩であるとする口上書を提出したが，日本はこれに反論してきている。

＊19　4海域は約31万 km² に及び，日本の国土面積の8割強に相当する。

＊排他的経済水域
➡第5章❻「海II：排他的経済水域と大陸棚」

＊領海
➡第5章❺「海I：内水と領海」

＊大陸棚
国連海洋法条約76条の規定に従って大陸棚が200海里を超えて存在する場合，第6部の規定に基づき沿岸国は一定の事項についての主権的権利・管轄権を有する。ただし，沿岸国の大陸棚に対する権利は上部水域の公海としての法的地位に影響を及ぼすものではない（国連海洋法条約78条）。

基線から350海里又は2500m 等深線から100海里を超えてはならない。200海里を超える大陸棚については，沿岸国がその情報を**大陸棚限界委員会**に提出し（延長申請），同委員会から勧告を得る必要がある。沿岸国が勧告に基づき設定した大陸棚の限界は最終的で，拘束力を有する。

　沿岸国は，大陸棚の探査とその天然資源の開発のため主権的権利を有する。これは沿岸国であれば当然に有する固有の権利で，他の国は沿岸国の明示の同意がなければ探査と開発ができないという意味で排他的である（同77条）。

　○日本と大陸棚

　日本は，2008年に200海里を超える大陸棚に関する情報を大陸棚限界委員会に提出し[18]，2012年に4海域につき延長を認める勧告を受領した[19]。このうち，2海域（四国海盆海域，沖大東海嶺南方海域）については延長大陸棚の範囲を定める政令（排他的経済水域及び大陸棚に関する法律2条2号の海域を定める政令）が制定され，その他の2海域（小笠原海台海域，南硫黄島海域）については関係国との調整に着手することとなった。なお，残る1海域（九州・パラオ海嶺南部海域）は勧告が先送りされた。

⑦　海III：公　海

１　公海とは

　公海（high seas）とは，**排他的経済水域**の外側（又は，排他的経済水域を設定していない場合は，**領海**の外側）のどの国の管轄権も及ばない海域である。伝統的には，いずれの国の領海又は内水にも含まれない海洋のすべての部分であったが，現在では，多くの沿岸国が領海の外に自国の権利・管轄権の及ぶ排他的経済水域を設定しており，領海自体の12海里への拡大とあいまって，公海の範囲は大幅に狭まっている。公海に関する法制度は，内水，群島水域，領海，排他的経済水域を除く海域に適用される。公海に関する法制度のうち，航行の自由などについては，国連海洋法条約58条の規定により排他的経済水域でも適用される。なお，海底とその下については，**大陸棚**又は深海底に関する法制度も適用される点に注意が必要である。

２　公海の自由

　公海ではいずれの国の主権の主張も認められず（国連海洋

法条約89条），公海はすべての国に開放されており，その使用
は自由である（同87条）。ここでいうすべての国には，内陸国
や地理的に不利な国々も含まれる。使用の自由には，①航行
の自由，②上空飛行の自由，③海底ケーブル及び海底パイプ
ラインを敷設する自由，④国際法によって認められる人工島
その他の施設を建設する自由，⑤漁獲の自由，⑥科学的調査
を行う自由が挙げられているが，これら以外の自由も認めら
れうる。

［3］　旗国主義

　いずれの国の排他的な管轄権も及ばない公海では，船舶は
原則として**旗国**のみの管轄権に服する。これを旗国主義とい
う。

　しかし，登録税，固定資産税などの軽減や，賃金の安い外
国人船員を雇用して運航費用を下げられるなどの理由から，
実質的な連関をもたない便宜置籍国（例：パナマ，リベリア）
の国籍を得ている船舶が多数存在しており，このような船舶
は便宜置籍船と呼ばれている。便宜置籍船は，旗国による不
十分な規制などの理由により，海洋環境の汚染や国際的な海
上労働基準の違反などの問題を引き起こしており，これに対
処するため，様々な取組みが行われてきた。例えば1986年に
国連貿易開発会議（UNCTAD）の下で採択された国連船舶登
録要件条約は真正な連関の要素を具体的に特定することによ
り，真正な連関の要件を具体化した。しかし，約40年が経過
した現在も批准状況は芳しくなく，未発効である。この間，
多くの海洋先進国では，第二船籍制度を作り，配乗要件を緩
めたり（例：船員について国籍要件を廃止），賃金水準を低くし
たりすることにより便宜置籍国に対抗するといった動きがみ
られた。便宜置籍船は，公海生物資源の規制から逃れるため
に使用されることもあり，これに対応するため，国連食糧農
業機関の下で，いわゆる**フラッギング協定**を採択するに至っ
た。

［4］　旗国主義の例外

　旗国主義の例外として，公海の秩序維持のため，旗国以外
の国による海上警察権行使が認められる場合もある。①**海
賊**行為を行っている，②奴隷取引に従事している，③公海か
らの許可を得ていない放送（いわゆる海賊放送）を行ってい

＊旗国
公海における海上交通など
秩序維持のため，船舶に
は，その旗を掲げる権利を
有する国（旗国）の国籍が
付与される（国連海洋法条
約91条1項）。各国は，独
自に船舶への国籍の付与条
件を定めるが，船舶と旗国
との間には真正な関係
（genuine link）が求めら
れる。

＊20　なお，船籍国は自国
籍船舶に対して管轄権を行
使しうるという一般的な意
味で用いられる場合もあ
る。

＊国連貿易開発会議（UN-CTAD）
➡第9章❾「UNCTAD（国
連貿易開発会議）」

＊フラッギング協定
正式名称は，「保存及び管
理のための国際的な措置の
公海上の漁船による遵守を
促進するための協定」。

＊海賊
➡第8章❽「海賊」

る，④国籍を有していない，又は⑤国旗の濫用を行っている
といった疑いがある場合である。これらの事項についての海
上警察権行使は，義務ではなく権利である。これらの行為に
ついては，かかる行為に関与しているとの疑いに十分な根拠
がある場合，乗船・検査（臨検）を行うことが認められる
（国連海洋法条約110条１項）。これを行う資格は，従来は軍艦
のみに認められていたが，軍用航空機又は政府の公務に使用
されている権限を有する船舶もしくは航空機にも与えられる
ようになった（同110条４項・５項）。麻薬又は向精神薬の不正
取引については，不正取引防止のための協力を求めている
（同108条）ものの，110条の規定には含まれていない。この
点，「麻薬及び向精神薬の不正取引の防止に関する国際連合
条約」（1988年）は，締約国間では他の締約国の船舶への乗船
許可を要請できるとしており，個別のケースごとの許可又は
二国間協定における事前の許可により，旗国以外の国による
乗船・捜索が可能になっている。この他にも，国連海洋法条
約の枠外で，個別の条約規定により旗国以外の国による公海
上での法執行活動を許容する場合があり，**国連公海漁業協
定**や大量破壊兵器の拡散防止に関する二国間協定においてこ
のような規定が盛り込まれている。

　また沿岸国は，自国の法令に違反した外国船舶を公海上ま
で追跡して拿捕することができる（継続追跡権，国連海洋法条
約111条）。

＊国連公海漁業協定
➡第5章❾「国際漁業」

5 　最近の動向
　第三次国連海洋法会議の時点では解決することのできな
かった公海漁業の問題は，国連公海漁業協定の採択とその後
の世界的・地域的な実行の集積により，一定の解決をみてい
る。しかし，公海上における海洋保護区の設定など国の管轄
権外の海域の海洋**生物多様性**の保全・持続可能な利用の問題
への関心が高まり，これに対処するため法的拘束力を有する
新たな国際文書が作成されるにいたった。

＊生物多様性
➡第6章❻「生物多様性」

8　海Ⅳ：深海底

1 　深海底とは
　深海底とは，国の管轄権の及ぶ区域の境界の外の海底及び
その下をいう（国連海洋法条約1条）。100年以上前の探検で，
（地形学上の）**大陸棚**の外の海底の広大な区域にマンガン団塊

＊大陸棚
➡第5章❻「海Ⅱ：排他的
経済水域と大陸棚」

が発見された。しかし、当時は深海におけるマンガン団塊な
どの海洋資源の回収には現実性がなく、国際法の規制が及ぶ
ことはなかった。国連国際法委員会の海洋法に関する条約草
案（1956年）や「公海に関する条約」（1958年）も、大陸棚の
外の**公海**海底の探査・開発につき特別な規定を設けなかっ
た。

＊公海
➡第5章❼「海Ⅲ：公海」

2　パルド提案と新国際経済秩序

　先進国による海底資源の独占や海底の軍事的利用について
の懸念を背景に、マルタ代表のパルド大使は、1967年の国連
総会での演説において、国家管轄権の範囲外の海底及びその
下を、平和目的のために留保し、人類の共同財産（Common
Heritage of Mankind）として利用することを提案した。これ
を受け、海底平和利用委員会が設立され、かかる区域の管理
をめぐる議論がなされた。1969年には、当該区域におけるす
べての資源開発活動を控え、その区域又は資源につきいかな
る主張も認めないという「モラトリアム決議」（総会決議
2574D、賛成62、反対28、棄権28）が採択され、さらに1970年に
は、当該区域が①人類の共同財産であること、②専有の禁
止、主権又は主権的権利の行使の禁止、③資源の探査・開発
その他の活動は、設立される国際レジームにより規律される
ことなどを明記した「深海底原則宣言」（決議2749、賛成108、
反対０、棄権14）が採択された。ここに至って深海底制度を
確立するためには全海洋秩序の再検討が要されるとして、第
三次国連海洋法会議を開催することが決定された。会議で
は、当初、国際機構による深海底資源の一元的な開発を主張
する途上国側と、ライセンス方式による自由な開発を求める
先進国側が対立していたが、後述の「パラレル方式」を採択
することで妥協が図られた。1970年代の新国際経済秩序に向
けた流れの下、深海底に関する規定は途上国の主張を多分に
反映する形で作成された。

3　国連海洋法条約と第11部実施協定

　国連海洋法条約第11部は、深海底とその資源[21]が「人類の共
同の財産」であると規定し、適用される諸原則を定めている
（例：主権の主張の禁止と専有の禁止、深海底での活動は人類全体の
利益のために行う、平和的目的のために利用）。これに加え、深
海底の鉱物資源の管理を目的とする国際海底機構（ISA）の

＊21　ここでいう「資源」
は深海底の「鉱物資源」で
ある（国連海洋法条約133
条）。

＊22　なお、ISA の任務
は、深海底の鉱物資源に限
定されず、200海里を超え
る大陸棚の開発から発生す
る利益の配分に際しても役
割を負っている（国連海洋
法条約82条）。

＊23　後述のように、ISA
は深海底開発規則の作成を
進めているが、多金属性団
塊とは異なり、多金属性硫
化物とコバルトリッチ・ク
ラストについては、申請者
がバンキング方式でなく合

設立とその任務などについて詳細に規定している。[*22] 主要機関の一つである理事会は，総会によって選出される36カ国から構成され，業務計画の承認や深海底における活動の管理などを行う。

　国連海洋法条約における深海底の資源開発制度の核となっているのは，「パラレル方式」の採用である。これは，ISAの機関である事業体による直接開発と個別国家・企業による開発を組み合わせるという方式であり，ISAに対して探査申請が行われた際には，申請者が同等の商業的価値を有する鉱区として指定した二つの鉱区のうち，ISAがその一つを留保鉱区として事業体や開発途上国のために選び，その残りを非留保鉱区として申請者に割り当てるという方式（バンキング方式）がとられる。[*23]

　第11部の規定に反対した先進国は，条約の枠外で別途合意を形成した。主要先進国の参加を得られないまま条約が発効してしまうと，その実効性が問題となることから，国連における非公式交渉を経て，1994年に実質的に第11部の内容を修正した**第11部実施協定**[*]が採択された。

4　国際海底機構の近年の活動

　1994年の設立以来，ISAは深海底開発に関する規則の作成を進め，多金属性団塊，多金属性硫化物，コバルトリッチ・クラストについてそれぞれ概要調査・探査規則を採択し，現在は開発についての規則を作成中である。[*24] このような中，2021年6月には太平洋の島嶼国のナウルが第11部実施協定附属書の規定に基づき，業務計画の承認のための申請を行う意図があるとして，開発規則の早期作成完了を要請した。同規定の実施をめぐっては，ISAにおいて現在議論が行われている。

　この他に，開発途上国が深海底開発の保証国になる場合の義務及び責任に関して，理事会は2010年に国際海洋法裁判所の海底紛争裁判部に対して勧告的意見を要請した。2011年には**勧告的意見**が出され，この分野における条約の解釈・適用に大いに貢献した。

9　国際漁業

　国際海洋法の発展はしばしば漁業をめぐる争いをきっかけとして起きており，世界各地で乱獲が指摘される中，漁業資

弁事業の取決めにおける持分の付与の方式を選ぶこともできるとされた。

＊第11部実施協定
実施協定では，総会の権限が縮小し，理事会の権限が大幅に拡大された。さらに財政委員会が理事会の下に新たに設立された。また，経済計画委員会の任務は，当面の間，法律・技術委員会が遂行することとなった。さらに，知的財産権としての技術の保護のため，商業的操業者から事業体への強制的技術移転の規定の不適用，事業体の権限の縮小，商業生産開始15年後の再検討会議に関する規定の不適用といった変更が決められた。

＊24　2023年4月現在，22のコントラクターとの間に，これらの鉱物資源の探査のための31のコントラクトが結ばれている。また，概要調査・探査規則に加え，環境影響評価についてのガイドラインや環境管理計画も採択されている。

＊勧告的意見
①自国が保証した企業が契約及び国連海洋法条約並びに関連文書を遵守するよう確保する相当の注意義務を負うだけでなく，予防的アプローチや最良の環境プラクティスの適用といった直接の義務（direct obligations）を負うこと，②保証企業の行為によって引き起こされた損害自体についてではなく，自国の国連海洋法条約及び関連文書の違反についてのみ責任を負う，といった見解が示された。

源管理は現在も重要な問題である。本節では，沿岸国の主権
の及ばない海域における漁業の問題を取り上げる。

［1］　国連海洋法条約

　沿岸国は，自国の**排他的経済水域**[*]（EEZ）において，生物
資源の保存・管理のための主権的権利を有している。この権
利の行使にあたって，沿岸国は，①自国の EEZ における漁
獲可能量と自国の漁獲能力を決めなければならない，②自国
の漁獲能力ではすべての漁獲可能量をとることができない場
合には，他国による余剰分の漁獲を認めなければならない，
③自国が入手することのできる最良の科学的証拠を考慮し
て，最大持続生産量を実現することのできる水準の達成を基
本としつつ，環境上・経済上の関連要因も勘案して海洋生物
資源の保存・管理のための措置をとらなければならない，と
いった制約を受ける[*25]。

　自国と他国の EEZ の双方に分布する魚種資源，自国 EEZ
と隣接する公海上の双方に分布する魚種資源（ストラドリン
グ魚種資源），高度回遊性魚種（例：マグロ），溯河性資源
（例：サケ，マス），降河性の種（例：ウナギ）の場合には，特
別の規定が適用され，他国との国際協力の必要性が強調され
ている。海産哺乳動物については，国連海洋法条約の規定よ
りも厳しい規制を行うことが認められている。また，海産哺
乳動物の保存のための協力に関し，特に鯨類については，適
当な国際機関を通じた活動が求められている[*26]。

　大陸棚の天然資源の開発についても沿岸国は主権的権利を
有しており，**定着性種族**[*]に属する生物を排他的に採捕するこ
とができる。

　公海には公海自由の原則が適用され，すべての国は自国民
のために公海上で漁獲を行う権利を有する。しかし，この権
利は無制限ではなく，①すべての国は保存管理措置をとらな
ければならず，②他国と協力する義務を有し，③適当な場合
には，関係国は地域漁業機関を設立しなければならない。

［2］　国連海洋法条約採択後の展開

　第三次国連海洋法会議の時点では，解決しえなかった問題
や，新たに発生した問題をめぐり，世界各地で様々な紛争が
生じた。これらの問題への対処を通じ公海漁業に関する国際
法は大いに発展してきた。

[*]**排他的経済水域**
→第5章**❻**「海Ⅱ：排他的
経済水域と大陸棚」

[*25]　このような決定を行
うに際して，沿岸国は広範
な裁量を有しており，さら
に，そのような決定につい
ては，国連海洋法条約の下
の拘束力を有する強制的紛
争解決手続の適用が制限さ
れている点には，注意が必
要である。

[*26]　1946年の国際捕鯨取
締条約の下，国際捕鯨委員
会（IWC）が設立されて
いる。1982年に，IWC に
おいて商業捕鯨モラトリア
ムが導入され，後に日本も
これに従うこととなった。
モラトリアム導入から30年
間以上経っても，商業捕鯨
再開には至らず，国際司法
裁判所の「南極海における
捕鯨事件」判決後，日本は
2019年に国際捕鯨取締条約
から脱退した。

[*]**定着性種族**
国連海洋法条約77条4項で
定義されているが，例とし
て，カキやサンゴが挙げら
れる。このような種族に属
するか否かというのは必ず
しも常に明確に認定できる
わけではなく，カニ・ロブ
スター・ホタテがこのよう
な種族に属するかについて
過去に紛争が起こってい
る。

*27　同規範の下で，違法・無報告・無規制漁業（IUU漁業）に関する国際行動計画など，計四つの国際行動計画が作成された。

*国際紛争
例として，カナダ・スペイン間のエスタイ号事件，チリと欧州共同体の間のめかじき事件などが挙げられる。

*国連公海漁業協定
この協定では，該当する魚種資源の保存・管理の一般原則，EEZの保存管理措置と公海での保存管理措置との間の一貫性，地域漁業管理機関（RFMO）の加盟国やその保存管理措置に合意する国のみが魚種資源の利用機会を有すること，自国漁船による保存管理措置の遵守確保と違反漁船に対する取締り，他の締約国の漁船に対する乗船検査，開発途上国の要請，紛争解決手続などについて定めている。

*28　例えば，みなみまぐろ保存委員会における日本とオーストラリア・ニュージーランドの争いを契機に，みなみまぐろの保存・管理に関する問題は国際裁判に持ち込まれた。

太平洋や地中海では広範囲で流し網漁業が行われており，開発途上国EEZ内での遠洋漁業国によるマグロなどの過度な漁獲や海産哺乳類の混獲が深刻な問題になり，南太平洋諸国や米国などは，遠洋漁業国による対応を求めていった。このような状況の下，国連**総会**では，公海上の大規模流し網漁業に関する**決議**が採択され，このような漁業慣行は徐々に終息に向かった。

便宜置籍船の存在は，漁業においても，国際的な保存管理措置の実効性を損なうとして問題となってきた。この問題に対処するため，国連食糧農業機関（FAO）の下で，国際的な保存管理措置の遵守確保を目的として，1993年にはいわゆる**フラッギング協定**が採択され，旗国の責任が詳細に定められた。これと並行してFAOでは，責任ある漁業に関する行動規範（1995年採択）が作成され，フラッギング協定はその一部を構成することとなった。[27]

さらに，国際漁業の問題において，最も進展のあったのは，ストラドリング魚種のようにEEZと公海の両方にかかわる漁業の問題である。国連海洋法条約採択後には，ストラドリング魚種の保存・管理をめぐって，EEZのすぐ外側の公海上で漁業を行う遠洋漁業国と，200海里を超えて管轄権を行使しようとする沿岸国の間で，数多くの**国際紛争**が発生した。この問題の解決のため，1995年には国連海洋法条約の実施協定として，**国連公海漁業協定**が採択された。

国連公海漁業協定で，地域漁業管理機関（RFMO）の役割の重要性が強調されたことを受け，新たなRFMOが設立されるとともに，既存の機関も権限の拡大が図られた。しかし，RFMOにおける管理が常に成功するとは限らない。[28]また，RFMOの既存の加盟国が，新たに公海漁業に参入しようとする国を実質的に排除していることは多いが，このような行為が国連公海漁業協定の非締約国に対して行われた場合に，公海漁業の自由との関係でどのように正当化しうるのかという問題がある。

近年は，国の管轄権外の海域の脆弱な海洋生態系に対して公海上での深海漁業が悪影響を与えうることが問題となってきた。これに対して，グローバルなレベルでは国連総会の年次決議やFAOによるガイドラインの作成，地域レベルでは新たなRFMOの設立に向けた交渉などを通じた取組みがなされてきた。

国際漁業に関する国際法は，漁業資源及び海洋生態系並びに海洋**生物多様性**[*]の保存という環境保護の側面を中心に目覚しい発展を遂げた。しかし，世界の漁業資源の状況は好転しておらず，多くの RFMO は資源の回復に成功していない。現在は RFMO の機能強化を含め，保存管理措置の実効性向上が課題となっている。

⑩　極　地

1 　極地とは

地球の北端にある北極と南端にある南極をあわせて極地と呼んでいる。一年の多くを氷に閉ざされているという共通点があるものの，差異も大きい。北極の範囲については様々な考え方があるが，北極線といわれる北緯66度33分以北が北極圏とされることが多い。8 カ国が北極圏内に領土を有しており（**北極圏諸国**[*]），北極圏内には先住民族を含め多くの住民が暮らしている。北極点は北極海の中に位置しており，その周囲を北極圏諸国の領土が囲んでいる。他方，南極は南極点の位置する南極大陸の周囲を南氷洋が囲んでいる。後述する南極条約はその適用範囲を南緯60度以南としている。

2 　南　極

1820年の発見以来，多くの国が南極大陸への領有権の主張を行ってきた。[*29]このような状況の下，1959年に採択された**南極条約**[*]では，①領土権主張の凍結，②南極地域の平和的利用，③科学的調査の自由などの原則が定められた。南極条約採択の後も協議国会議の枠組みでさらなる条約作成交渉が行われ，「南極の海洋生物資源の保存に関する条約」，「南極あざらし保存条約」及び**「環境保護に関する南極条約議定書」**[*]が作成され，協議国会議で採択された200を超える勧告・措置とあわせ，南極条約体制と呼ばれる特殊な国際制度が成立した。[*30]

近年，観光など南極での活動が増えるにつれ，南極大陸及び南氷洋の環境への影響が大きくなっており，さらに気候変動による影響も年々増大している。保護区の設定等を通じて，環境保護をどのように進めていくかが今後の大きな課題である。また，南極条約協議国会議においては，南極におけるバイオプロスペクティング（生物探査）の問題をどのように扱うかという議論が長年にわたりなされている。

＊生物多様性
➡第 6 章❻「生物多様性」

＊北極圏諸国
アイスランド・カナダ・スウェーデン・デンマーク・ノルウェー・フィンランド・米国・ロシア連邦の 8 カ国。

＊29　現在，7 カ国が南極大陸への領有権を主張している（クレイマント）。

＊南極条約
2023年 4 月現在，締約国は56カ国。締約国のうち，クレイマントを含む29カ国が南極条約協議国として南極条約協議国会議を開催してきた。

＊環境保護に関する南極条約議定書
1991年採択。南極鉱物資源活動規制条約が1988年に採択されていたが，鉱物資源開発を認めることへの懸念から，より環境保護を重視した同議定書の採択に至った。

＊30　ただし，前述の通り南極条約の締約国は56カ国にとどまっている点には注意が必要である。

図5-3 北極海における沿岸諸国の海域

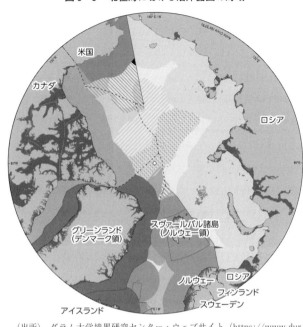

（出所） ダラム大学境界研究センター・ウェブサイト（https://www.dur.
ac.uk/ibru/）を基に筆者作成。

3 北 極

　気候変動は，北極の自然環境に対して深刻な影響を及ぼし
つつあるが，同時に海氷の減少に伴う欧米とアジアを結ぶ新
たな航路の出現や天然資源の開発促進といった経済的なメ
リットも認識されている。近年，北極海沿岸諸国の争いや北
極における中国のプレゼンスの拡大がメディアの関心を呼ん
でいる。果たして北極では国際法秩序が危機に瀕しているの
であろうか。

　北極圏諸国8カ国の領土には各国の主権が及び，その国内
法によって規律される。また，北極海やその周辺の海域に
は，他の海域のように国際海洋法が適用され，沿岸国とその
他の国がそれぞれ権利・義務を有している。

　2022年にデンマークとカナダの間でハンス島をめぐる紛争
が解決したことにより，領土主権に関する紛争はもはや存在
していないものの，海洋については北極圏諸国の間で境界が
画定していない海域も多い。また，北極海沿岸諸国は200カ
イリを超える大陸棚を主張しており，大陸棚限界委員会によ

＊31　国連海洋法条約の規
定のうち234条は，自国の
排他的経済水域の範囲内の
氷に履われた水域で，船舶
からの海洋汚染の防止，軽
減及び規制のための法令制
定・執行の権利を認めてい
る。これは北極における適
用を念頭に米国・カナダや
旧ソ連が交渉を行った規定
である。

> ▶▶ *Column 1*　海洋境界の画定 ◀◀

　向かい合っている国や隣接している国の間で，それぞれが設定したいと考える領海や
EEZ，それぞれが有する大陸棚の範囲が重複する場合，その境界はどのように決められ
るのだろうか。

　領海について，国連海洋法条約は，別段の合意がなく特別の事情が示されない場合に
は等距離・中間線により画定される旨を定めている（15条）。実際に，国際司法裁判所
は，領海の境界画定をめぐる紛争において「等距離・特別事情」の規則を適用し，これ
を解決してきた。

　EEZと大陸棚について，国連海洋法条約は「衡平な解決を達成するために，国際司
法裁判所規程第38条に規定する国際法に基づいて合意により行う」と定める（74条，83
条）が，国際法の具体的な内容が明示されていないこともあり，国際的な裁判所にはこ
れらの海域の境界画定をめぐる紛争が付託されてきた。裁判では領海の境界画定とよく
似た形で，等距離線を引いた後に調整すべき事情の存否を検討するという方法がとられ
てきたが，黒海海洋境界画定事件（国際司法裁判所，2009年）において，重要な方法が
示された。それは，①暫定的な境界線を引く（隣接する国の間では原則として等距離線，
向かい合った国の間では中間線），②衡平な結果を達成するために暫定線を調整又は移動
する要因があるかを検討する，③暫定線が不衡平な結果をもたらしていないかを確認す
る，という三つの段階によって行うというものである。これは，その後，国際司法裁判
所，国際海洋法裁判所，仲裁における各事件で採用されている。なお，大陸棚とEEZ
の境界画定にあたっては，暫定的取極の締結と最終的な合意を危うくしない義務が定め
られている（国連海洋法条約83条3項，74条3項）。　　　　　　　　　（佐々木浩子）

　る勧告も一部出されている。

　北極に関する既存の国際協力枠組みに加え，1996年には北
極圏諸国によってオタワ宣言が採択され，汎北極圏の国際協
力の枠組みとして北極評議会が設立された。北極評議会は，
北極圏諸国だけでなく，北極圏の先住民族団体も常時参加者
として参加するユニークな協力枠組みである。その後，北極
への関心の高まりを反映して北極評議会へのオブザーバー参
加を希望する国が増えたことから，北極評議会ではオブザー
バー申請の承認のための基準が作成され，2013年には日本・
中国・韓国・シンガポールのオブザーバー参加が新たに認め
られた。[32] さらに，北極評議会の枠組みの中で，北極評議会メ
ンバー国を中心に北極をめぐる様々な課題（捜索・救助，海洋
汚染，科学協力）に対処するために新たな地域条約が作成さ
れた。これに加えて，2018年には中央北極海における規制さ

*32　オブザーバー国とし
て北極評議会に参加するた
めの条件は，①北極におけ
る北極圏諸国の主権，主権
的権利及び管轄権を承認
し，②海洋法などの既存の
法的枠組みが北極海に適用
されることを認め，③これ
らの法的枠組みに基づいて
北極海を管理していくこと
を認めることなどである。

れていない公海漁業を防止するための協定が採択された。この協定は，北極海沿岸5カ国だけでなく，アイスランド・韓国・中国・日本及び欧州連合も作成に参加した。

海洋環境が脆弱な北極では，気候変動で新たに生じる航路における船舶の通航管理の向上が特に求められる。そのため，国際海事機関では北極における船舶の航行についてのガイドラインを策定していたが，南極も適用範囲に入れる形で，法的拘束力を有する極域コードが2014年・2015年に採択された。

11 国際航空法とは

1 航空活動と国際法

航空に関する国際法の発展は，**航空機**[*]の技術の発達とともになされてきたが，それ以前にもモンゴルフィエ兄弟による熱気球に始まる活動が存在していた。これらの活動は当初はもっぱら冒険又はスポーツの要素が強かったものの，1899年には戦争関連で，「軽気球上よりまたはこれに類似した新たな他の方法により投射物及び爆発物を投下することの5年間の禁止に関するハーグ宣言」が作成された。

1903年のライト兄弟による飛行の後，1909年の英仏海峡横断飛行などは各国政府に航空機の重要性を認識させた。航空機の発達はまた，戦争により大きく影響を受けてきている。

1913年の**独仏間航空協定**[*]の後，先行する地域条約としては1919年に**パリ国際航空条約**[*]が締結された。1926年にスペイン，ポルトガル，南米諸国の参加するイベロ・アメリカン航空条約（マドリッド条約）が作成されたが，発効しなかった。1928年には米国と中南米諸国の間でパン・アメリカン商業航空条約（ハバナ条約）が締結された。初期の航空機は航続距離の短かったこともあり，条約体制もこのような地域的な発展をした。リンドバーグが大西洋無着陸横断飛行に成功したのは1927年のことであった。この時代には地域主義の可能性が残されていたものの，第二次世界大戦の後に航空活動は急速に拡大し，航空機の性能が飛躍的に向上して，現在では世界的な条約制度が設立されている。

2 国際航空法の主体と法源

1944年の国際民間航空条約（シカゴ条約）は，主に空の自由を主張する米国の立場と空の秩序を維持することを主張し

＊航空機
航空機とは，空気の反動によって空中に支えられることのできるすべての機械（シカゴ条約附属書）とされているが，各国の国内法における定義には違いがある。日本の航空法では「航空機とは，人が乗って航空の用に供することができる飛行機，回転翼航空機，滑空機及び飛行船その他政令で定める航空の用に供することができる機器をいう」とされている（2条1項）。

＊独仏間航空協定
軍用航空機の飛行は一般的に禁止され，民間航空機については特定の条件の下で相互乗り入れを承認した。領域主権を前提にした協定であった。

＊パリ国際航空条約
領空における国の排他的主権を承認したが，米国，旧ソ連は参加しなかった。戦争直後のために国の利益を保護する傾向が強く，空の自由よりも主権が優勢であった。

た英国の立場とが対立し，その中での合意であった。このため，シカゴ条約は主要な原則，**国際民間航空機関（ICAO）**[*]の設立，不定期国際航空について主に規定していた。設立された ICAO は政府間国際機構で国連の専門機関となっており，カナダのモントリオールに本部を置いている。

　定期国際航空業務に関しては国際航空業務通過協定（「二つの自由」協定）と国際航空運送協定（「五つの自由」協定）が締結されたが，不十分であった。このため，英米間で締結された1946年のバーミューダ協定がモデルとなり，各国で二国間の航空協定が締結されることとなった。基本的には国が主体として条約を締結してきた。米国はその後も航空の自由化を目指してオープンスカイ政策を採用し，各国と二国間の協定及び多数国間条約を締結している。このような自由化の動きの中で，欧州連合も米国との協定を締結し，2007年4月に署名，2008年3月に発効した。また，2010年10月には日米間で航空自由化をみとめる了解覚書に署名がなされ，同年11月に交換公文が取り決められた。[*33]

　シカゴ条約は1919年のパリ条約及び1928年のハバナ条約に代わるものとされたが，1944年以降に何度か改正がなされている。特に1983年の旧ソ連による大韓航空機撃墜事件を契機に領空侵犯を行った民間航空機に対する武器の不使用を規定したのが3条の2である。この改正は ICAO により審議され1984年に行われた。国の安全との関係で撃墜が領域主権に基づくとの主張がなされたが，領域国の警告，進路変更，退去，着陸命令などが規定された。

　航空機の国籍に関しては，シカゴ条約は航空機が登録を受けた国の国籍を有すると規定している。二重登録はできないが，登録国を変更することは認められている。所有者，運航者の国籍を問わず，航空機の登録国は国籍の付与により当該航空機に対する管轄と責任を有することとなる。

　航空活動に関しては1960〜70年代にハイジャック等の航空犯罪が頻発し，対応するための条約が，9.11の後には北京条約が締結されている。

③　責任及び紛争解決に関連する規定

　航空の分野で生じている国際法に違反する行為から責任が生ずることとなるが，領空侵犯関連[*34]の多くの事例がある。この他にも国際航空私法の分野での航空機により引き起こされ

＊国際民間航空機関（ICAO）
International Civil Aviation Organization。このシカゴ条約により設立された国際民間航空機関は総会，理事会，事務局，委員会より組織され，国際航空の技術面，経済面，法律面で機能している。

＊33　日本は他の諸国ともオープンスカイ協定を締結している。

＊34　➡第5章⑫「空Ⅰ：領空制度」

＊35 →第5章⓭「空Ⅱ：国際民間航空」

＊36　国際民間航空条約及び国際航空業務通過協定によりインドとパキスタン（インドを挟んで西と東に分かれていた）は上空の通過と運輸目的以外での着陸を相互に認めていた。両国間でカシミールにおいて1965年8月に武力衝突が発生したため，インドとパキスタンは事実上の交戦状態に入った。インドはパキスタン航空のインド上空飛行を停止した。この交戦状態は両国が安全保障理事会の停戦決議を受諾することにより9月22日に終結した。両国はソ連のコスイギン首相の調停により1966年1月10日の「タシュケント宣言」で軍隊の撤退，停戦条項遵守，平和的解決を約束した。またこの宣言と2月の交換書簡により相互の領土上空の飛行を直ちに再開することに合意した。1971年1月30日にインドの定期航空便がハイジャックされ，西パキスタンのラホールに強制着陸するという事件が発生し，インドは2月4日以降，パキスタン航空の上空飛行を再度禁止した。

＊領土
→第5章❶「陸：領土」
＊領海
→第5章❺「海Ⅰ：内水と領海」

た損害に関して，特別の賠償責任の制度がある。[35]

シカゴ条約は国と国との条約の解釈・適用に関する紛争に関しては，ICAO理事会によるとするが，この理事会の決定を仲裁裁判又は国際司法裁判所（ICJ）で争うことを認めている。

ICJにおいて，インドとパキスタンがICAO理事会の管轄権を争った事件がある。[36]1971年3月30日，パキスタンはICAOの理事会に問題を付託したが，インドは理事会に対し先決的抗弁を提起した。1971年7月29日にICAO理事会はインドの先決的抗弁を退けたため，インドは1971年8月30日にICJにICAO理事会の決定につき，理事会は本紛争を審査する権限を有しない旨の宣言を求めて訴えを提起した。ICJはICAO理事会に事件を取り扱う管轄権があると1972年に判決を下している。この他にも航空関係では領空侵犯関係以外に，1988年のイラン・米国の航空機事件，ロッカビー事件，1999年のパキスタンとインドの航空機事故事件がICJに提起されたが，いずれも判決は下されていない。また，米国とフランスの間で航空業務協定が争われた仲裁裁判がある。

⑫　空Ⅰ：領空制度

１　領空とは

領空とは，公海や排他的経済水域の上空である公空に対し，国の**領土**・**領海**の上の空間を示し，国の排他的な主権が及ぶ。もっとも，第一次世界大戦以前の国際法学では，領空に国の主権が及ぶという説（主権説）と，領空は諸国にとって自由な空間であるとする説（自由説）が対立していた。主権説が支配的となったのは，航空機の普及・発展し，またそれに伴い領空の重要性が高まった第一次世界大戦頃であり，これは1919年のパリ国際航空条約1条において「各国が自国の領域上の空間に対して完全に排他的な主権を有する」との明文化されることで確認された。同様の規定は，1926年マドリッド条約1条，1928年ハバナ条約1条，1944年国際民間航空条約（シカゴ条約）1条にも設けられている。

なお，領空と関連して議論される空域として防空識別圏が挙げられる。これは，シカゴ条約第15附属書によれば，国によって指定される特別な手続を要する範囲を示し，そのような手続に応じなかった場合には実力行使もとられうるとされている。防空識別圏は，安全保障上の利益等のために，国が

自国の中枢部分や周辺の公海・排他的経済水域の上空などを
一方的に指定するものであり，最近では領域紛争の延長とし
て利用されているとの非難もされている。例えば，中国によ
る台湾・日本の防空識別圏への侵入が頻繁となっており，両
国はスクランブル（緊急発進）により対応している。また，
公海の上空が指定された場合には，公海の上空における飛行
の自由との抵触が問題となりうる。

2　どこまでが領空か

　領空の水平的範囲は，領土・領海の画定とともに導き出さ
れる。他方，領空の垂直的範囲，すなわち高度については，
領空は**宇宙空間**＊より下の空間とされているものの，領空と宇
宙空間の境界についての明確な定義は存在しない。今日，領
空の限界を大気圏内とする説，航空機による飛行可能な範囲
とする説，国の実効的支配が及ぶ範囲とする説などの領空と
宇宙という空間を主軸に境界について考える空間説に加え，
境界を一律に決定するのではなく，宇宙空間での活動内容に
よってその機能を個別具体的な判断をするべきであるという
機能説も唱えられている。

3　領空侵犯と撃墜

　領空については領海における**無害通航権**＊のような他国の権
限は認められておらず，領空侵犯の際に，国は一定の措置を
講じることができる。冷戦期には，1954年の米国―チェコス
ロバキア間の航空機事件，1959年のイスラエル・米国・英国
―ブルガリア間の航空機撃墜事件，1958年の米ソ間の航空機
事故事件，1959年の米ソ間の航空機事故事件などが国際司法
裁判所に提起されているが，いずれも訴訟取り下げ・中止と
なった。領空侵犯は，軍用機によるものと民間航空機による
ものに分けられる。軍用機による領空侵犯の場合，安全保障
の観点から警告，進路変更，退去，着陸などの命令に応じな
かった場合には撃墜も許されうる。最近の軍用機撃墜事件と
して，2015年のトルコによるロシア爆撃機撃墜事件が挙げら
れる。
　他方，民間航空機については，1983年**大韓航空機撃墜事
件**＊をきっかけとして，1984年にシカゴ条約が改正され，「民
間航空機に対して武器の使用に訴えることを差し控えなけれ
ばならない」ことと，「要撃の場合には，航空機内における

＊宇宙空間
➡第5章⓫「国際宇宙法と
は」

＊無害通航権
➡第5章❺「海Ⅰ：内水と
領海」

＊大韓航空機撃墜事件
1983年にニューヨーク・ア
ンカレッジ経由でソウルに
向かっていた大韓航空機
KAL007便が航路からはず
れ，旧ソ連領のサハリン上
空で空軍機によりミサイル
で撃墜された事件。日本を
含む15カ国の乗客240名及
び乗員29名全員が死亡し
た。旧ソ連諸国，東欧諸国
は当該行為がスパイ行為で
あったとして撃墜の正当性
を主張したが，韓国・米
国・日本などの諸国は民間
航空機への撃墜行為は国際
法違反であると批判した。
なお，本件については被害
者の本国法である日本法に
基づく賠償責任を求める判
断が東京地方裁判所で下さ
れている。

＊マレー航空撃墜事件
2014年にマレーシア航空機がウクライナ東部上空を飛行中に撃墜され，乗客283人と乗組員15人の全員が死亡するという，これまでの民間航空機撃墜事件の中で最も多くの死者を出した事件。ウクライナ問題と背景とする紛争地域上空において起こった事件であり，2022年ハーグにおいて，ロシア人2名とウクライナ人1名に対して，有罪判決が下され，終身刑が言渡されている。なお，ロシア政府は当該事件への関与を否定している。
＊オープンスカイ協定
➡第5章⓭「空II：国際民間航空」

人命を脅かし又は航空機の安全を残ってはならないこと」が3条の2に規定された。また，2014年の**マレー航空撃墜事件**[*]後，ICAOは，今後当該事件のように消息を絶つ航空機が出ないよう2021年までに飛行機に毎分位置情報を送信する自立追跡装置の設置やフライトデータレコーダーやコックピットボイスレコーダーなどの性能・入手方法を改善することを締約国に命じた。

４　領空開放（オープンスカイ）条約

領空開放（オープンスカイ）条約は，冷戦期の1955年に米国により提唱され，冷戦終結後の1992年に当時のNATO加盟国・ワルシャワ条約機構の加盟国の間で締結され，2002年に発効した，自国の領空に外国の査察用航空機を入れるという条約である。現在の加盟国は34カ国であり，諸国がお互いの透明性を担保することを目的としている。なお，国際民間航空における空の自由化を目指す**オープンスカイ協定**[*]とは別物である。

査察飛行については，各国ごとに実施／受け入れ回数が割り当てられており，また軍用偵察機の使用は禁止されている。また，査察機に搭載されるセンサー・性能についても，各国共通でなければならないと定められている。査察時に撮られた画像は加盟国間で共有される。2020年，米国トランプ大統領がロシアによる条約違反を理由として，領空開放条約から脱退した。これに対してロシアは，他の締約国に対して，締約国内領域にある米国施設の査察受け入れと，査察で得られたデータの米国への共有を拒否することを求めている。なお，2023年3月現在，バイデン大統領下においても，領空開放条約への復帰の意向は示されていない。

⓭　空II：国際民間航空

１　国際民間航空とは

第二次世界大戦以後，国際民間航空の分野は目覚ましい発展を遂げた。1944年の国際民間航空条約（シカゴ条約）の前文では，国際民間航空の発達が諸国の友好と理解に貢献するとしつつ，その濫用が一般安全に対する脅威となりうると述べられている。このような認識を基礎として，191カ国の加盟国を有するシカゴ条約は，国際民間航空における基本的ルールを定めている。またこれに基づき設立された**国際民間**

航空機関（ICAO）[*] は，国際連合経済社会理事会の専門機関として，国際航空運送業務やテロ対策等のための条約の作成，国際航空運送の安全・保安等に関する国際標準・勧告方式やガイドラインの作成，国際航空分野における気候変動対策などに貢献している。具体的には，**パンナム機爆破事件**[*]後に作成されたプラスチック爆弾について規定した1988年の可塑性爆薬探知条約や，9.11などのテロ行為を受けて作成された国際民間航空についての不法な行為の防止に関する条約（北京条約）などが挙げられる。また，コロナ禍においては，空港・航空機・乗務員・貨物の4分野について，感染予防対策のガイドラインの作成・公表などを行った。なお，北京条約は2010年に作成されていたが，トルコによる承認によって指定の加盟国数に達したことで，2018年7月に発効した。

シカゴ条約は，国の航空機（軍，税関及び警察の業務に用いられる航空機）と民間航空機を分け，後者についてのみ適用される条約である。国の航空機は，他の国の許可なくその領域の上空を飛行したり，着陸したりすることは認められていない。これに対して民間航空機は，他国の上空を飛行することなどに対して自由が与えられている。具体的には，無着陸横断（第一の自由），給油・乗員の交替などの運航目的以外の着陸（第二の自由），自国で積み込んだ乗客・貨物・郵便物を他国で積み下ろし（第三の自由），他の締約国における自分宛ての乗客・貨物・郵便物の積み込み（第四の自由），第三国からの，あるいは第三国への積み込み・積み下ろし（第五の自由）などが認められており，これらはあわせて五つの自由と呼ばれる。

また，ICAOなどの政府間国際機構や各国の動向に加え，国際線を運航している290の航空企業から構成される国際航空機運送協会（IATA：International Air Transport Association），100カ国以上の航空機パイロットから構成される国際航空機操縦士協会（IFALPA：International Federation of Air Line Pilots' Associations），共同運航などを行っている民間企業の動きなども，国際民間航空を形成する団体として注目に値する。

⎡2⎤ オープンスカイ（航空自由化）協定

国際定期便を開設するためには二国間の合意が必要とされている。したがって，定期便を開設あるいは内容を変更する

＊**国際民間航空機関（ICAO）**
➡第5章⓫「国際航空法とは」

＊**パンナム機爆破事件**
1988年スコットランド地方ロッカビー上空で，フランクフルトからロンドン経由でニューヨークに向かっていたパンアメリカン航空103便が，リビア人公務員らによって，プラスチック爆弾で爆破された事件。全乗客・乗員270人が死亡した。安全保障理事会から容疑者引渡し決議が出されたものの，リビア政府がこれを拒否したため，憲章第7章に基づく非軍事的措置として経済制裁が実施されるに至った。

ためには，各国がそれぞれの諸国と二国間航空協定を結ばなくてはならない。このような方式は，従来は国営企業が多かった各国の航空会社の保護等の観点からは有益であったが，今日では，航空会社の民営化などに伴い競争力が求められるようになったことを背景として，民間航空における活発かつ円滑な市場の動きを阻害する要因となってしまっている。このような問題を打開するために，近年ではオープンスカイ協定の締結が積極的に行われている。これは，当事国が航空会社の路線や便数，乗り入れ企業，運賃など，航空協定で決める規制を撤廃し，指定された空港を自由化するというものである。2022年には，EU・ASEAN間で初の地域間での航空自由化が実現した。日本は，2010年からオープンスカイ協定の締結を開始し，2023年3月現在までに米国，中国，韓国，フランス，オランダ，カナダ，オーストラリア，スカンジナビア三国，東南アジア諸国などを含む33カ国・地域と羽田空港・成田空港の自由化に合意しており，羽田空港の24時間化や早朝深夜便の増加などが実現している。

［3］　国際航空私法と損害賠償

　航空会社と旅客・消費者との関係や，航空機の墜落等による損害について規律する分野は，一般的に国際航空私法と呼ばれ，シカゴ条約のような国際航空公法と区別されている。

　航空会社と旅客や貨物の関係については，1929年の国際航空運送についてのある規律を統一する条約（ワルソー条約）で規定されていたが，時代の変遷に適合していくことが困難であったため，1999年モントリオール条約として修正が加えられた。具体的には，旅客の人身事故における運送人の責任制限の撤廃及び無限責任の採用，賠償額や航空会社の賠償責任保険の見直しが行われた。

　また，この分野特有の制度として，1952年の外国航空機が地上第三者に対して加えた損害に関する条約（ローマ条約）における，地上第三者の身体や財産に対して航空機の墜落，航空機からの落下物によって引き起こされた損害についての規定がある。この制度は結果責任を採用し，運航人が賠償責任を負うこと，悪天候のような通常の不可抗力は免責事由としないなどの特徴がある。なお，免責事由として認められるものとして，被害者の過失や違法行為がある場合，武力紛争等の場合，公権力によって航空機の使用を奪われている場合

の三つが挙げられている。現在の条約加盟国は51カ国のみで
あり，2023年 3 月現在，日本は非加盟である。

⑭　国際宇宙法とは

1　国際宇宙法とは

　宇宙[*]活動は1957年，旧ソ連による人工衛星スプートニク 1
号打上げに始まる。打上げ成功により国連では宇宙活動を規
律する法規則制定の必要性が認識された。翌年には暫定的
に，その後常設の機関として宇宙空間平和利用委員会が設置
され，その法律委員会が国際宇宙法の形成に関与している。
　宇宙に関する基本原則は1963年に国連総会決議「宇宙空間
の探査及び利用における国家活動を律する法原則の宣言」の
形で定められ，これをもとに宇宙条約（1967年）が作成され
た。具体的な規則については，遭難した宇宙飛行士の救助や
宇宙物体の返還方法について規定した宇宙救助返還協定
（1968年），宇宙活動に起因する損害の国際責任に関する一般
原則を規定した宇宙損害責任条約（1972年），前記 3 条約の実
施のため宇宙物体の登録や識別手続を整備した宇宙物体登録
条約（1974年），月と地球以外の太陽系の天体における活動を
規制する月協定（1979年）に定められる。さらに宇宙活動を
行う国の間で旧宇宙基地協定（1988年）や宇宙基地協定
（1998年）が署名され，有人宇宙基地の設計や開発，利用に関
する協力の枠組みが定められた[*37]。国際宇宙法は，主として**宇
宙活動国**[*]が締結する条約や**国連総会決議**[*]などにより形成され
る。日本は月協定を除く上記のすべての条約の当事国であ
り，宇宙航空研究開発機構（JAXA）を中心に宇宙活動を展
開している[*38]。近年では民間企業による活動が活発で，ロケッ
ト打上げサービスの低価格化，衛星打ち上げ手段の多様化，
民間人による‘宇宙旅行’も行われている。

2　宇宙空間と天体の地位

　宇宙条約の下，月その他の天体を含む宇宙空間は領有が禁
止される一方，その探査と利用はすべての国の利益のために
開かれている。利用については宇宙空間と天体とで区別され
る。宇宙空間の場合，その軍事利用は一定の範囲内で禁止さ
れる。大量破壊兵器を運ぶ物体は地球周回軌道に乗せてはな
らず，宇宙空間に配置することが禁止されるが，通常兵器の
配置や実験などは禁止されない。天体の利用は平和的目的の

＊宇宙
JAXA によれば，一般的
には大気がほとんど無くな
る高度100 km から先とし
ているという。

＊37　➡第 5 章⑮「宇宙：
宇宙ステーション」

＊宇宙活動国
近年では多くの国が宇宙活
動に参入している。例え
ば，アラブ首長国連邦は
2019年に国際宇宙ステー
ションに宇宙飛行士を送っ
た。アジアやアフリカの各
国も小型衛星の活用を開始
している。

＊国連総会決議
直接放送衛星原則（1982
年），リモートセンシング
原則（1986年），原子力電
源利用原則（1992年），ス
ペースデブリ低減ガイドラ
イン（2007年），宇宙物体
登録勧告（2007年），長期
的持続可能性ガイドライン
（2018年）などがある。

＊38　日本は，宇宙の開発
及び利用の重大性が増大し
ていることに照らし，2008
年に宇宙基本法を策定した
（平成20年 5 月28日法律第
43号）。

ものに限られ，大量破壊兵器や軍事基地の設置，あらゆる兵器の実験，軍事演習も禁止される。軍事的な側面から近年各国が力を入れているのが，宇宙空間における軍事的優位性確保のための，各種衛星（例えば，軍事施設などの画像収集，ミサイル発射感知，艦艇の測位等同期などに利用する衛星）の能力向上・打ち上げである。また，他国の宇宙利用を妨げる能力という観点から老朽化した衛星の破壊実験が行われることもあるとされる。

○**平和的利用？：「非侵略」か「非軍事」か**

「平和的目的」はどのように解釈されるのか。国際的には「非侵略」と解釈され，自衛権の範囲内の軍事利用であれば平和的目的の宇宙利用とされている。日本は1969年以降，「非核・非軍事を趣旨として平和の目的に限る」として，平和的目的とは非軍事目的に限ること，自衛隊による衛星の独占的利用を制限することなどと解釈してきた。1998年8月の北朝鮮によるテポドン発射を受けて，政府は情報収集衛星を導入したが，同国による核開発疑惑等を背景に早期警戒衛星の導入が主張され，衛星を防衛目的で利用することを認めない政府解釈を見直すこととなった。宇宙基本法では，「平和の目的に限る」の解釈は「非軍事」から「非侵略」に変更された。[39]

3　宇宙活動の管理と責任

人工衛星等宇宙物体はその**打上げ国**[*]が登録し，物体と乗員に対して打上げ国が管轄権と管理の権限を有する。近年，「宇宙ビジネス」と称されるように，ロケットや人工衛星の打ち上げ活動などに民間企業の参入が増加しているが，国（政府機関）によるものか民間企業等非政府機関によるものかを問わず，宇宙活動について国際的責任を有するのは国である。非政府機関による活動には条約関係当事国の許可と継続的監督を必要とし，国は自国の活動が宇宙条約に従って行われることを確保する責任を有する。

宇宙物体が他国や他国の国民に損害を与えた場合，打上げ国が**国際責任**[*]を負う。国は，自国の宇宙物体が地表で引き起こした損害や飛行中の航空機に対して与えた損害の賠償については無過失責任を負い，他国の宇宙物体に与えた損害の賠償については過失責任を負うことになっている。

＊39　安全保障における宇宙空間の重要性は増大している。宇宙を戦闘領域と位置づけた米国は2019年に宇宙軍を，フランスも同年に宇宙司令部を創設した。日本は2020年に航空自衛隊に宇宙作戦隊を新編した。

＊打上げ国
「打上げ国」とは次の国をいう。（宇宙損害責任条約1条）
・打ち上げる国
・打ち上げさせる国
・（宇宙物体が）自国の領域から打ち上げられる国
・（宇宙物体が）自国の施設から打ち上げられる国

＊国際責任
➡第3章　intro「国際責任とは」

○コスモス954号事件

1978年1月，原子炉を搭載した旧ソ連の宇宙物体コスモス954号衛星が墜落し，放射能を帯びた衛星の残骸がカナダ領域に落下した。旧ソ連とカナダは宇宙損害責任条約の当事国であったため，カナダはコスモス954号の落下により生じた損害について旧ソ連が同条約2条に定められる無過失責任を負うことを主張して，衛星の破片の回収費用などの損害について**金銭賠償**[*]を請求した。1981年，旧ソ連が300万カナダドルを支払うことで事件は解決されたが，支払いの根拠は明らかにされていない。

＊金銭賠償
➡第3章❷「国際責任の法的結果（賠償）」

15 宇宙：宇宙ステーション

1 宇宙ステーション開発計画の道のり

1984年7月，米国のレーガン大統領（当時）の常時有人の宇宙ステーションの開発と他国への参加呼びかけにより，1985年4月，5月，6月にそれぞれカナダ，日本，欧州は米国と了解覚書を締結し，その後1988年に「常時有人の民生用宇宙ステーションの詳細設計，開発及び利用における国際協力に関する米国，**欧州宇宙機関加盟国**[*]，日本及びカナダの間の協定」を締結した。後のクリントン政権は1993年9月，ロシアの参加を促すことを決定し，同年12月には宇宙ステーションに関する米露暫定協定が締結され，5年後の1998年，米国，欧州宇宙機関加盟国（当時），日本，カナダ，ロシアとの間で「国際宇宙基地協力協定」が締結された（2001年発効）。宇宙ステーションは，1998年より軌道上での組立開始の後，2000年に宇宙飛行士の常駐が開始され，2011年に完成した。2023年7月現在，宇宙ステーションには7名が常駐している。日本は，主として日本の実験棟（愛称「きぼう」）の提供を担当し，現在は各種利用実験を実施している。また，近年では民間人の宇宙ステーション滞在も増加しており，2021年の宇宙への旅行者数は29名に上った。

＊欧州宇宙機関（ESA：European Space Agency）加盟国
米国のNASA，日本のJAXAと並び，宇宙ステーション計画の中心的役割を担う欧州の宇宙開発機関で，ベルギー，デンマーク，フランス，ドイツ，イタリア，オランダ，ノルウェー，スペイン，英国が加盟している。

2 宇宙ステーションの平和利用と管轄権

宇宙ステーションの平和利用をめぐる問題は，計画当初から主要な論点の一つであった。国際宇宙基地協力協定1条1項は，国際法に基づき，平和目的のために宇宙ステーションの開発，運用及び利用を行う旨を定めており，9条3項(b)では，企図される利用が平和目的のものであるか否かについて

図5-4　宇宙ステーション

（出所）　JAXA 提供。

の判断は，参加主体に委ねられている。ここでいう「平和」の意味については以下の三説が唱えられているが，定説はない。すなわち，①他の国の主権，領土保全又は政治的独立に対するもしくは国連憲章に反するその他の方法による一国による武力の行使の禁止（非侵略説），②軍隊とその行動に関するものの排除（非軍事説），③個別的に平和に適合するか否かを決定する（折衷説）である。

　また，宇宙ステーション上での管轄権及び管理権については，次のように定められている。5条1項及び2項では，飛行要素の個別登録方式を採用しており，各参加主体は，宇宙条約8条及び宇宙物体登録条約2条に基づいて，自国の登録要素及び自国民である宇宙ステーションの乗組員に対して管轄権及び管理権を保持するとしており，こうした規定は，**擬似領土性の原則***及び国籍原則に基づいている。また，刑事管轄権については，一般的管轄権とは別個に22条に定められており，第一義的にはその行使は容疑者の国籍に基づくこととなっている。同条1項によれば，参加国はいずれかの飛行要素上の人員であって自国民である者について刑事管轄権を行使することができ，2項では，軌道上での違法行為であって，他の参加国の国民の安全に影響を及ぼすもの，又は他の参加国の飛行要素上で発生するかもしくはその飛行要素の損害を及ぼすものに関する事件について，第一義的に刑事管轄権を有するのは事件の容疑者の国籍国であり，関係国の要請により協議しなければならないとしている。

＊擬似領土性の原則
国が自国に登録された船舶及び航空機，並びにこれらに搭乗する自国民とその財産に対してのみではなく，搭乗する外国人とその財産に対しても管轄権を行使するという原則。

［3］　国際責任

　16条2項(c)は，損害について，①人の身体の傷害その他の健康の傷害又は死亡，②財産の損傷又は滅失もしくはその利用価値の喪失，③収入又は収益の喪失，④他の直接的，間接的又は二次的な損害と定義している。ここでは間接又は二次的損害をも明示的に含む点で，宇宙損害責任条約よりも広範囲を網羅していることになる。また，同条2項(a)及び(b)で

は，国際責任の主体を各国の協力機関を含む参加国以外に，
①参加国との契約者又はその下請契約者，②参加国にとって
の利用者又は顧客，③②との契約者又はその下請契約者と
している。さらに，同条 2 項(f)によれば，責任の対象となる
宇宙作業を，打上げ機，宇宙ステーション，搭載物に関する
すべての活動としており，これには地球上，宇宙空間，又は
地球と宇宙空間の間を移動中に行われるものが含まれる。

　こうした責任範囲及び主体の規定に加えて，16条 1 項で
は，宇宙ステーションを通じての宇宙空間の探査及び利用へ
の参加を助長することを目的とする，参加国及び関係者間で
の責任の相互放棄の原則を定めている。同条 3 項(a)によれ
ば，参加国は責任の相互放棄に同意し，これに基づき，他の
参加国，その関係者，第二の被雇用者に対する宇宙作業から
生じる損害についての請求をすべて放棄する。ただし，この
相互放棄にあたっては，①損害を引き起こした人，団体又は
財産が宇宙作業に関係していること，②損害を受けた人，団
体又は財産が宇宙作業に関係していたため損害を受けたこ
と，という二つの条件に従わなければならない。

　また，参加主体は，宇宙損害責任条約に基づき第三者に対
して国際責任を有する。17条 2 項では，宇宙損害責任条約に
基づく請求が行われた場合に，参加主体は責任，その分担及
び当該請求に対する防御について速やかに協議しなければな
らないと定めている。

▶▶ *Column 2*　宇宙ゴミと国際法 ◀◀

地球周回軌道上の宇宙ゴミ

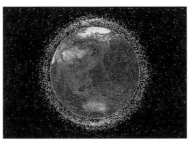

（出所）　JAXA サイト（https://www.jaxa.jp/
projects/debris/index_j.html#observe）

　宇宙空間に打ち上げられた人工衛星は地上での生活に恩恵をもたらす一方，近年では
衛星の老朽化などによってゴミ（宇宙ゴミ，スペースデブリ）となってしまうことが問
題となっている。

　宇宙ゴミとは地球の周回軌道上にある不要になった物体（人工衛星やロケットなど）
の総称である。現在地上から追跡されている10 cm 以上の物体は約 2 万個，1 cm 以上
の物体は50〜70万個，1 mm 以上の物体は 1 億個を超える数が存在するとされ，これら
は低軌道では秒速 7 〜8 km で地球を周回している。それらのうち，宇宙ゴミは宇宙ス
テーションや他の衛星に衝突することが懸念されており，実際に衝突事故も生じてい
る。衝突事故や老朽化した衛星の破壊実験によっても宇宙ゴミが大量に発生している。

　国際法上，宇宙ゴミを発生させることを禁止する条約は存在しないが，国連宇宙平和
利用委員会（COPUOS）が2002年以降宇宙ゴミ削減の指針作りに着手しており，2007年
には同委員会科学技術小委員会が「スペースデブリ低減ガイドライン」を全会一致で採
択した。ガイドラインでは，長期に残留する宇宙ゴミを発生させる形で軌道上にある宇
宙物体を意図的に破壊することは回避されるべきことが定められている。こうしたルー
ル作りと並行する形で，各国は宇宙ゴミ低減のための取組みを行っており，日本も除去
技術開発などを進めている。　　　　　　　　　　　　　　　　　　　　（佐々木浩子）

第6章

環境と国際法

　　産業の発達に伴い，国内では早くから環境汚染が問題とされてき
　たが，国際社会において環境の保護に焦点を当て，条約や制度を作
　成してきたのは主に1972年の人間環境宣言以降である。その後は開
　発との関係で，持続可能な開発の概念が注目され，対象となる分野
　も広がりをもち，特にエネルギーとの関係では，化石燃料，原子
　力，再生可能エネルギーが重要視されてきた。このような発展と広
　がりに注目してほしい。

① 国際環境法とは

1 国際環境法の生成と発展

　環境問題が国境を越えて国際問題として議論される契機と
なった初期の事例として，1941年のトレイル熔鉱所事件（米
国対カナダ）や1957年のラヌー湖事件（スペイン対フランス）な
どが挙げられる。その後，1960年代後半から巨大タンカーの
座礁事故，深刻な海洋汚染，砂漠化，絶滅危惧種の増大，酸
性雨，大気汚染など，地球環境が悪化の一途を辿る中，国際
社会における地球環境問題への関心も高まっていった。1972
年のストックホルムで開催された国連人間環境会議では，
「かけがえのない地球」をキャッチフレーズに，全文と26の
原則から成る「人間環境宣言」が採択された。この会議は，
国際社会が初めて一同に会し，地球環境の保護及び保全とい
う人類共通の課題に取り組む姿勢を明確にしたものとして位
置づけることができる。同宣言の原則21では，領域管理責任
に関する既存の慣習国際法の下での「自国内の活動が他国の
環境や財産に対して損害を与えないよう管理する責任」を
「自国の管轄又は管理の下の活動が他国または国際公域の環
境に損害を与えないように確保する責任」へと拡大した点で
注目され，その後の国際環境法の発展への重要な礎を築い
た。

　国連人間環境会議は，その得られた重要な成果の一方で，
環境保護に際して先進国と途上国との間に深刻な温度差が存
在することもまた浮き彫りにするものであった。すなわち当

＊持続可能な開発目標
（SDGs）
17の目標と，169のター
ゲット，232の指標で構成
されており，それらの多く
が環境問題に直接的及び間
接的に関連している。例え
ば，気候変動への対処（目
標13），海洋と海洋資源の
保全・持続可能な利用（目
標14），陸域生態系，森林
管理，砂漠化への対処，生
物多様性（目標15）などが
ある。➡第9章❻「SDGs」
＊1　環境保護条約の中に
は，科学的知見がまだあま
り明確でない状況で一定の
法的枠組みのみを制定し，
その後の科学的情報の明確
化に応じて，随時定期的に
開催される締約国会議
（COPs）を通じて条約内
容の見直しと検討を行うも
のがある。これらのCOPs
における合意に基づいて，
必要に応じて議定書等を採
択することにより，条約の
具体的な義務内容は次第に
明確化，厳格化される。こ
のように段階的に立法を行
う手法を枠組条約方式とい
い，現代の国際環境保護条
約の一つの特徴といえる。
枠組条約方式をとる条約と
して代表的なものは，気候
変動枠組条約，生物多様性
条約などが挙げられる。

時の国際社会において，旧植民地からの独立をようやく達成
した新興独立諸国（途上国）は，開発の権利を重視し，産業
革命以降積み重なった地球環境の汚染に対して，その主要な
責任を負うべきは先進国であるとの主張を強めた。いわゆる
南北問題が，その後の地球環境保護を推進する上で大きな障
壁となることが懸念される中，こうした状況に解決の道筋を
示したのが，1992年にブラジルのリオ・デ・ジャネイロで開
催された環境と開発に関する国連会議であった。ここでは
「環境と開発に関するリオ宣言」が採択され，その後の国際
環境法の生成に大きな推進力を与えることとなる「持続可能
な開発」概念が南北双方に受け入れられた。この概念は，地
球全体が一つの生態系を形成している点を前提とした上で，
世代間衡平，経済，人口，民主的社会体制，安全保障等にま
で及ぶ包括的な概念であり，それまでの伝統的な国際法に変
革を迫る新たな法的要素を提供している。例えば，予防的ア
プローチ，共通だが差異ある責任，人類の共通関心事項，参
加型民主主義などが挙げられる。

２　国際環境法の法源と主体

国際環境法の主要な成立形式としては，条約，国際機関の
決議，国際会議における宣言等があり，地球環境保護の理念
を示し，国際社会全体の指標を提示する重要な宣言文書とし
て，「人間環境宣言」（1972年），「環境と開発に関するリオ宣
言」（1992年），「持続可能な開発に関するヨハネスブルク宣
言」（2002年），「国連ミレニアム宣言」（2000年）などがある。
特に，2015年にニューヨークで開催された国連サミットにお
いて採択された「持続可能な開発のための2030アジェンダ」
は，2016年から2030年までの国際社会の共通目標を示すもの
であり注目される。同アジェンダは，序文，政治宣言，**持続
可能な開発目標（SDGs）**，実施手段，フォローアップ・レ
ビューから構成されており，2000年に示されたミレニアム開
発目標（MDGs）を更に強化する形で，すべての国に普遍的
に適用される内容となっている。

国際環境保護のための条約数は，リオ宣言が採択された
1992年以降増大しており，それらの内容も広範囲に及ぶ。自
然・生物資源，海洋生物資源，海洋環境，国際河川湖沼，大
気，廃棄物，有害物質，極地，原子力，軍事兵器といった各
分野で専門的な条約が多数締結され，かつそれらが相互に緊

密にかかわりつつ，地球環境問題への包括的な取組みを模索
している。

　また，国際環境法の制定及び実施に関与する国際法上の主
体として，国家，国際機関，NGO が連携している。地球環
境保護を担う代表的な国際機関として，国連人間環境宣言を
実施するため，1972年に国連総会決議2997に基づき国連総会
の下部機関として設置された**国連環境計画（UNEP）**，また
UNEP と並び重要な役割を果たす NGO として IUCN が挙げ
られる。

［3］　実施手続

　地球環境条約における国家の義務は，自然保護区の設定，
保全戦略の策定，絶滅危惧種・生態系に悪影響をもたらす物
質の取引規制，特定物質の生産・消費・放出の総量規制など
多岐にわたる。これらは条約の実体的な義務であり，これに
基づく規制を実効的なものとするため，国家は一連の手続的
義務を負う。地球環境条約にみられる手続的義務には，大き
く分けて，伝統的な越境環境損害に関連して慣習法として確
立したものと，条約，非拘束的文書，国際機構の実行などに
基づいて新たに生成・発展を遂げつつあるものの二つに分け
ることができる。前者には，主に国際河川の利用に関して伝
統的に発展した事前通報や事前協議の手続が含まれ，後者と
しては，情報交換，環境影響評価，不遵守手続などが挙げら
れる。

　現代の地球環境条約は，いずれも一連の手続的義務を創設
し，締約国の協力を要請することで，条約目的の達成を図っ
ている。

②　海洋汚染

［1］　海洋汚染とは

　海洋は，地球の表面積の7割を占める広大な空間である。
1960年代以降，人間の海洋利用の規模が拡大するにつれ，海
の自浄能力を超える深刻な汚染が生じたり，大型タンカーの
座礁による海洋への油流出事故が発生したりしたことを契機
に，海洋汚染の問題に本格的に取り組む必要性が認識される
ようになった。この問題に取り組む国際機関として，1958年
に政府間海事協議機関（IMCO）がロンドンに設置され（1982
年に国際海事機関〔IMO〕に改称），これまでに多くの海洋汚染

＊**国連環境計画（UNEP）**
本部はケニアのナイロビに
置かれ，本部を途上国に置
く初の国連機関である。地
域事務所は6カ所（アフリ
カ，アジア太平洋，ヨー
ロッパ，中南米カリブ，北
米，中東）に置かれてお
り，その活動は経済社会理
事会を通じて総会に報告さ
れる。2012年より，それま
で58カ国の理事国で構成さ
れる管理理事会に代わり，
すべての国が参加する「国
連環境総会」（UNEA）を
開催している。

＊2　→第6章**⑧**「オゾン
層保護」

の問題に対処するための国際条約が採択されてきた。また，1982年に採択された国連海洋法条約では，第12部において海洋環境の保護及び保全に関して多くの規定を設けている。ここでは，各国が海洋環境の保護及び保全の義務を負うことを規定し（192条），汚染源を陸上活動（207条），海底における活動（208条），深海底における活動（209条），海洋投棄（210条），船舶（211条），大気（212条）に分類し，それぞれ個別の規定を置いている。

2　船舶起因汚染

　船舶が航行する際に排出する油によって生じる海洋汚染を防止しようとする国際社会の動きは，1954年にロンドンで採択された「海水油濁防止条約」等，比較的早い時期からみられる。1967年に英仏海峡で生じた大型タンカーの座礁事故であるトリー・キャニオン号事件は，船舶の油濁事故に関連する法的諸問題を扱う条約を採択する契機となった。その結果，1969年に IMCO 主導の下「油による汚染を伴う事故の場合における公海上の措置に関する国際条約」（**公法条約**[*]）と「油による汚染損害についての民事責任に関する国際条約」（**私法条約**[*]）が採択された。さらに，1973年に採択された「船舶からの汚染の防止のための国際条約」（MARPOL 条約）は，1978年に開催された「タンカーの安全及び汚染の防止に関する国際会議」において内容が追加修正され，MARPOL 議定書が採択された。ここでは，船舶からの油以外の汚染物質の排出規制も盛り込むなど，海水油濁防止条約を強化する内容となっている。

　元来，領海外にある船舶は，原則として旗国の管轄権の下に置かれ，それは海洋汚染の問題に対応する場合にも同様とされたが，海洋汚染の深刻化に伴い，汚染防止を旗国のみに委ねるのでは不十分であるとの声が高まった。国連海洋法条約の交渉が行われた第三次国連海洋法会議では，こうした伝統的な旗国主義を擁護する主張と，沿岸国及び入港国の管轄権の拡大を求める主張とが激しく対立した。これは，航行の自由を求める海洋利用国と，沿岸域の海洋環境保護を求める沿岸国との対立でもあった。結果的に，船舶起因汚染に関して国連海洋法条約では，船舶起因汚染に関して，旗国の管轄権に加えて，沿岸国の立法及び執行管轄権を排他的経済水域にまで拡大しており，さらに入港国による執行管轄権も認め[*3]

＊公法条約
公法条約では，公海上で外国船舶の事故が発生し，沿岸国へ重大で急迫した汚染の危険がある場合に，沿岸国は公海上で必要な措置をとることができるとした。

＊私法条約
私法条約では，油濁事故によって沿岸国の領域内に生じる損害について厳格責任を採用し，責任を船主に帰属させる一方で，船主の責任限度額が定められた。さらに，私法条約で定められる賠償が不十分な場合などのために，石油会社から拠出される基金を設立し，これにより損害賠償を補おうとする「油による汚染損害の補償のための国際基金の設立に関する条約」（基金条約）が1971年に採択された。

＊3　沿岸国は領海や排他的経済水域において国際規則及び基準に合致し，それを実施する法令を制定することができる（211条4項，5項）。また沿岸国は，自国の港に入港する外国船舶がこれら国内法令に違反する場合には，これについて調査し，証拠により正当化される場合には然るべき手続を開始する権限が付与される（220条1項，2項）。

ている点が大きな特徴である。

［3］　陸上起因汚染

　陸上起因汚染とは，陸にある発生源（河川，三角州，パイプライン及び排水口を含む）からの海洋環境の汚染（国連海洋法条約207条1項）をいい，海洋全体の汚染のうち9割を占めるといわれ，国際社会全体が総力を上げて取り組むべき課題の一つとされる。1995年に UNEP 主導の下に採択された「陸上活動からの海洋環境の保護に関する世界行動計画（UNEP-GPA）は，こうした汚染から海洋，河口，沿岸水域を保護する国際的取組みであり，2012年には漂流・漂着ごみが環境へ流入するのを防ぐための「海洋ごみの国際パートナーシップ」（GPML）が立ち上げられた。

　陸上起因汚染に対処するための一般的な法的枠組みとしては，国連海洋法条約において，陸上の発生源からの海洋汚染を防止し規制するため，国際機関又は外交界日を通じて国内法令を制定することとし（207条），こうした国内法令を執行して必要な措置をとる（213条）旨を締約国に求めている。また，これに先立つ1972年に採択された「ロンドン・ダンピング条約」では，当初，水銀，カドミウム，放射性廃棄物などの有害廃棄物を限定的に列挙し，これらの海洋投棄のみを禁止していたが，その後，廃棄物等の海洋投棄及び洋上焼却を原則禁止とし，汚染防止措置を更に強化したロンドン議定書を1996年に採択した（2006年発効）[*4]。同議定書は，その後2006年，2009年，2013年に改正されており，このうち2006年の二酸化炭素の海底地層への処分（海底貯留）を可能とする議定書については発効しているが，2009年の改正（海底貯留目的の二酸化炭素の輸出を可能とするもの）及び2013年の改正（海洋地球工学行為規制に関する改正）については未発効である。

　また UNEP では，閉鎖性水域の海洋汚染の管理と海洋資源の管理を目的とした地域海計画を提唱しており，これに基づき，世界18地域（UNEP 以外も含む）[*5]において140を超える国や地域による地域海計画が展開している。これらのうち，特に地中海や北東大西洋については，早い時期から陸上起因汚染に対する法制度が整備されており，1992年に北東大西洋地域で採択された「北東大西洋の海洋環境保護に関する条約」（OSPAR 条約）や，その前身である1972年の「欧州投棄規制条約」（オスロ条約）や1974年の「陸上起因海洋汚染防止

*4　日本は，1980年にロンドン・ダンピング条約を批准し，これを受け「海洋汚染等及び海上災害の防止に関する法律」及び「廃棄物の処理及び清掃に関する法律」を制定し，廃棄物の海洋投入処分の管理を行っている。

*5　18の地域海：南極，北極，バルト海，黒海，カスピ海，東アフリカ，東アジア海，地中海，北東大西洋，北東太平洋，北西太平洋，太平洋，紅海及びアデン湾，湾岸地域海洋環境保護機関（ROPME）海域（アラビア湾周辺），南アジア海，南東太平洋，西アフリカ，カリブ海に及ぶ。日本が参加するものとして1994年に設立された北西太平洋地域海行動計画（NOWPAP）があり，日本，韓国，中国及びロシアの4カ国が参加している。

条約」(パリ条約)は，ロンドン・ダンピング条約及び議定書の作成過程に強い影響を及ぼした。地中海においても，1980年に「陸上起因汚染からの地中海の保護に関する議定書」が採択されており，地域海計画の中では，陸上起因汚染に関して先駆的なモデルとなっている。

③ 大気汚染

１　大気汚染と国際環境法

　人間の活動は様々な形で環境に影響を及ぼす。初めての国際的な環境事件として知られ，産業活動に起因する越境大気汚染を争点としたトレイル熔鉱所事件では「**領域使用の管理責任**[*]」原則が示され，カナダに国家責任が認められた。以後，領域使用の管理責任の原則は国境を越える環境問題の対処にあたり重要な地位を占めるようになる。

◆トレイル熔鉱所事件

　　カナダのコロンビア河沿岸で鉛と亜鉛を精錬していた民間の熔鉱所が排出する亜硫酸ガスがコロンビア河に沿って南下し，米国のワシントン州の農作物や森林に損害を与えたとして，1935年米国とカナダとの間で仲裁裁判に付された事件である。裁判所は1941年の最終判決において「煤煙による損害が重大な結果を伴い，そしてその損害が明白かつ納得させうる証拠により立証される場合には，いかなる国家も他国の領土内で若しくは他国の領土に対して又は他国の領土内の財産若しくは人に対して，煤煙による損害を発生させるような方法で自国の領土を使用し，又はその使用を許す権利を有するものではない」としてカナダの責任を認め，「領域使用の管理責任」の原則を定式化した。

　しかし，1950年代以降ヨーロッパで発生した酸性雨は，汚染源との因果関係の立証が難しく，「領域使用の管理責任」原則をはじめとする従来の国際法では有効に対処できなくなっていた。酸性雨被害の原因は大気汚染にあり，大気汚染と湖沼の酸性化・森林の死滅との間にも関係のあることが判明するようになるとようやく大気保護の必要性が説かれ，汚染防止の観点から，1979年には越境大気汚染に関する初の条約となる長距離越境大気汚染条約が締結された。越境大気汚染が深刻な問題であった北米でも，1980年代に入り，米国とカナダとの間で科学研究や情報提供での協力に合意する米加

＊領域使用の管理責任
領域使用の管理責任の原則はトレイル熔鉱所事件以降国際慣習法化したと考えられている。トレイルでの定式と比べ，現在はその範囲が拡大されて言及されている。1972年の人間環境会議では「……自国の管轄又は管理の下における活動が他国の環境又は国の管轄外の地域の環境を害さないことを確保する責任を負う（ストックホルム宣言第21原則）」と，国の領域外での活動が与える環境損害についても防止する義務を負うものとされた。第21原則は1992年のリオ宣言第２原則や国連海洋法条約194条においても「自国の管轄又は管理下における活動」と拡大して規定されている。

酸性雨覚書が交わされ，1991年には米加大気質協定が締結された。米国とメキシコとの間でも，亜硫酸ガスの排出基準を定めたラパス条約が締結されるなど，特に先進工業国地域において原因物質の排出を規制する形で大気汚染問題への取組みがなされている。

2 長距離越境大気汚染条約

長距離越境大気汚染条約は，国連欧州経済委員会において1979年に採択された大気汚染に関する初の多数国間の**枠組条約**[*]である（1983年に発効）。条約は大気汚染に関する国際協力の一般原則を定めた。原因物質の削減については詳細に規定する**議定書**[*]が複数採択されている。

○条約が設定する一般的な義務

締約国は，長距離越境大気汚染を含む大気汚染を制限し，可能な限りこれを徐々に削減し防止する（2条）という基本的原則の下，情報交換，協議，研究及び監視の方法により，大気汚染物質の放出に対処する政策及び戦略を発展させる（3条）。さらに，越境汚染の重大な危険がある場合の協議の義務（5条）を規定する。条約の実施機関として，執行理事会と事務局が設けられ，執行理事会は条約の実施を審査し，実施のための文書を準備する。また条約採択以前から存在していた「欧州における大気汚染物質の長距離移動の監視及び評価に関する協力計画」実施の必要性が強調され，データの収集や提供，監視計画等についての規定が盛り込まれた。条約の解釈又は適用に関して紛争が生じた場合には，交渉その他の紛争解決手段によって解決を図ることとされている。

○議定書が設定する詳細な義務

長距離越境大気汚染の原因物質の具体的な削減等については，科学的知見の発達を待って採択された議定書に定められていった。議定書は，汚染物質ごとに排出削減を定め，対象物質放出削減のため技術交換や執行理事会への定期的報告などを義務づけている。議定書が作られている汚染物質は，硫黄酸化物（SO_x：火力発電所や工場，自動車などから発生。気管支ぜん息など呼吸器の疾患をひき起こす。酸性雨や湖沼の酸性化の原因），窒素酸化物（NO_x：火力発電所や工場，自動車などから発生。呼吸器に影響を与え，光化学スモッグを発生させる。酸性雨の原因），揮発性有機化合物，重金属，残留性有機汚染物質などである。

＊枠組条約
枠組条約とは，条約において条約体制の趣旨・目的，一般的な防止義務，実施機関の設立等基本的な枠組みを定める条約をいう。環境保護の具体的基準や規制内容，履行に関する詳細は，その後の科学的知見の発達等を待って，議定書や附属書に定められる。

＊議定書
例えば，次の議定書が採択されている。ヘルシンキ議定書（硫黄の排出又は越境移動の少なくとも30％削減に関する1979年長距離越境大気汚染条約議定書），オスロ議定書（硫黄排出の更なる削減に関する1979年長距離越境大気汚染条約議定書），ソフィア議定書（窒素酸化物又はその越境移動の規制に関する1979年長距離越境大気汚染条約議定書），ジュネーヴ議定書（揮発性有機化合物の排出又は越境移動の規制に関する1979年長距離越境大気汚染条約議定書）。

*6　現在の参加国は，カンボジア，中国，インドネシア，日本，ラオス，マレーシア，モンゴル，フィリピン，韓国，ロシア，タイ，ベトナム，ミャンマー。

*環境汚染問題
例えば，セベソ事件（1976年にダイオキシンに汚染された土壌がイタリアで行方不明になり，1983年に北フランスで発見されたもの），ココ事件（ナイジェリアのココ港にイタリアからの大量の有害廃棄物が投棄，放置されていたもの）がある。

*第四次ロメ協定
1989年にEC12カ国とアフリカ，カリブ，太平洋諸国との間に締結された条約。アフリカ，カリブ，太平洋諸国への有害廃棄物（放射性廃棄物を含む）の輸出入が原則として全面禁止された。

*バマコ条約
1991年に採択され，アフリカ諸国への有害廃棄物（放射性廃棄物も含む）の輸入を原則として禁止した。

*廃棄物
1条によれば，(a)附属書Ⅰの分類に属する廃棄物（附属書Ⅲに掲げる特性（爆発性など）を有しないものなどを除く），(b)(a)には該当しないが，輸出国，輸入国又は通過国である締約国の国内法で有害であると定義される又は認められる廃棄物，をいう。ただ，この定義では抽象的すぎることから，1998年の第4回締約国会議では廃棄物リスト（附属書Ⅷ，Ⅸ）が採択され

③　大気汚染と東アジア

世界の人口の3分の1を抱え，経済発展著しい東アジア地域は，石炭燃料に依存する国が多いことから硫黄酸化物や窒素酸化物の排出量が増加し，大気汚染や酸性雨の被害に直面することとなった。こうした状況を踏まえ，2001年に本格的に活動を開始した東アジア酸性雨モニタリングネットワーク（EANET）は，東アジア地域における酸性雨の状況の把握など地域協力の体制を構築することを目的として，モニタリングの実施やデータの収集などの分野で国際協力を進めている（現在13カ国が参加）。同ネットワークは，法的拘束力のある決定を行うものではないが，2019年の会議では，その対象を拡大することが提案されており，今後の議論や協力体制が注目される。

④　有害廃棄物

①　有害廃棄物の国境を越えた移動（越境移動）の規制

有害廃棄物の越境移動は1970年代から欧州諸国間で，1980年代後半には先進国から途上国に向けて行われたが，移動された有害廃棄物から**環境汚染問題**が発生したことで強い関心を呼び，OECD（経済協力開発機構）やUNEP（国連環境計画）がガイドラインを作成するなどして対処を開始した。1989年3月にはUNEP主導の下，多数国間条約として「有害廃棄物の越境移動とその処分の規制に関する条約」（バーゼル条約）が採択された（1992年発効）。現在同条約を締結するのは189カ国とEUである（2022年11月時点）。2001年にはOECDが「経済協力開発機構の回収作業が行われる廃棄物の国境を越える移動の規制に関する理事会決定」を採択した。また，**第四次ロメ協定**，**バマコ条約**等の地域的条約，米加間や米メキシコ間などの二国間条約も採択されている。

②　バーゼル条約

バーゼル条約は，有害廃棄物の発生とその処分から生ずる悪影響から人の健康及び環境を保護することを目的とし，有害廃棄物の越境移動の減少と越境移動それ自体の規制について国際的な枠組みを定める条約である。

○条約により課される義務

締約国は，条約が対象とする**廃棄物**について，国内での発生を最小化し，自国内で適切に処分する義務を負う（4条）。

その輸出には輸入国への事前通告と輸入国の書面による同意を必要とし（6条），輸入国の同意に基づく輸出入が行われない場合には輸出国が当該廃棄物の回収義務を負う（8条）。また，非締約国との輸出入は原則として禁止される（4条5）。

○条約改正と損害賠償責任議定書の採択

1995年には先進国から途上国への有害廃棄物の越境移動を禁止する改正案が採択され，同改正は改正を受け入れた締約国の間で2019年に発効した。また，1999年には，有害廃棄物の越境移動とその処分に伴い生じた損害について，当該廃棄物が処分者にわたるまでは基本的に輸出者が，以降は処分者がその責任を負う旨を定めた枠組みとして，バーゼル損害賠償責任議定書が採択された。

○条約義務遵守の確保と違反への対応

条約を効果的に実施するため，締約国会議は2002年に遵守メカニズムを設立する決定を採択した（決議Ⅵ／12）。メカニズムの手続は，条約義務を十分に履行することのできない締約国の申立てや他の締約国・事務局の申立てにより開始される。メカニズムを運営する委員会は事実や背景状況を認定し，対象国に助言や非拘束的勧告を行うことで対象国が条約義務を遵守できるよう支援する。また，他の締約国が条約義務の違反を通報することができる検証（19条）の仕組みも設けられている。条約の解釈，適用及び遵守に関する締約国間の紛争について，締約国は交渉等によっても解決できない場合は当事国の合意により国際司法裁判所や仲裁裁判所に紛争を付託するよう定めている（20条2項）。

③　有害廃棄物の輸出入と日本

日本は1993年にバーゼル条約に加入した際，条約の国内実施のため「特定有害廃棄物等の輸出入等の規制に関する法律」（バーゼル法），「廃棄物の処理及び清掃に関する法律の一部を改正する法律」（廃棄物処理法）を制定し，関係政省令等を整備した。これにより，特定有害廃棄物を輸出する場合には，輸出先の国の書面による同意，バーゼル法に基づく環境大臣の確認，外為法に基づく経済産業大臣の承認が必要となった。こうした承認なく輸出しようとする場合には行政指導の対象となり，輸出品目を偽るなどして輸出した場合には条約違反が問われることとなる。なお，日本の国内法では規

た。2019年の第14回締約国会議では汚れたプラスチックごみを条約の規制対象とすることが決定された。

制対象外の貨物であっても，条約で規制される廃棄物については国により解釈が異なることがあるため，相手国から「規制対象だ」として日本に返送（シップバック）される例がある。

◆ **医療廃棄物輸出事件**

> 1999年，日本の産業廃棄物処理業者がリサイクル原料の古紙と称して輸出したコンテナの中から医療廃棄物（使用済紙おむつや点滴用チューブなど）が発見された事件。フィリピン政府はバーゼル条約違反を理由に日本政府に回収を要請し，日本政府はこれに応じた。不正輸出を行った業者は廃棄物処理法や外為法の違反に問われ，有罪判決を下された（宇都宮地判平成14年3月12日）。

4 残された課題

有害廃棄物の輸送は他国の領海や排他的経済水域を自由に通航して行うことができるのだろうか。それとも，沿岸国に対して事前に通報を行い，同意を得る義務が課されるのだろうか。この問題は条約作成時に議論の対象となったものの解決せず，**バーゼル条約4条12項**[*]が規定されるにとどまった。そのため，条約が留保を禁止している（26条1項）こともあり，航行の権利及び自由を理由に「いかなる国への通告又は同意も必要としない」という**解釈宣言**[*]を付す国がある一方，沿岸国の権利と海洋環境保護義務を理由にこれに反発する解釈宣言を行う国もある。実際に，領海内の航行に事前の許可を求める国（エジプトなど）もあり，実行は必ずしも一致していない。

5 地球温暖化

1 気候変動枠組条約

気候変動とは，人為的な活動に起因する温室効果ガスの濃度上昇に伴って生ずる一連の問題をいう。この問題への国際的な関心が高まったのは，1980年代後半からであり，1988年に設立された政府間パネルにより多くの国際会議を重ねた結果，1992年にニューヨークにおいて気候変動枠組条約が採択され，1994年に発効した。同条約の起草過程では，大きく分けてOECDを中心とする先進国グループ，G77＋中国の途上国グループ，旧共産圏諸国で市場経済への移行期にある国（市場経済移行国）という三つの交渉グループに分かれて交渉が行われた。途上国グループからは開発の権利が強く主張さ

＊バーゼル条約4条12項
「この条約のいかなる規定も，国際法に従って確立している領海に対する国の主権，国際法に従い排他的経済水域及び大陸棚において国が有する主権的権利及び管轄権並びに国際法に定められ及び関連する国際文書に反映されている航行上の権利及び自由をすべての国の船舶及び航空機が行使することに何ら影響を及ぼすものではない。」

＊解釈宣言
条約は留保（➡第2章❷「留保」）を禁止し，解釈宣言のみを許容している（26条）。日本や英国，シンガポールなどは事前の通告と同意は不要であるとの宣言を行ったが，これに反発するコロンビアやメキシコなどは沿岸国の権利を強調する宣言を付した。なお，バーゼル条約は放射性廃棄物を規制の対象としていないため，放射性廃棄物の海上輸送については別の枠組みでの問題となる。

れ，先進国と途上国との義務をいかに差異化するか，また途上国への支援についていかに資金の提供を行うかなどが重要な論点となった。

気候変動枠組条約は，全文26条及び二つの附属書から成り，大気中の温室効果ガスの濃度を安定化させることを目的とする。これを達成するために，基本的原則として「共通だが差異のある責任」，「予防的アプローチ」，「費用対効果」などが謳われた。

同条約では，「共通だが差異のある責任」原則に従い，締約国の義務は先進国と途上国とで異なっており，先進国及び市場経済移行国（附属書Ⅰに掲げる国）に対して途上国よりも厳しい義務を課している。さらに，OECD加盟国（附属書Ⅱに掲げる国）には，途上国への資金や技術移転での支援が義務づけられ，[7]これらの資金供与制度は，世界銀行や地球環境ファシリティ（GEF[*]）に委託されている。

日本では，1994年に環境基本法が制定され，同法に基づいて策定された環境基本計画では，地球温暖化とは長期的な環境問題であり，科学的知見の充実を図りつつ予防的見地に立って対策を進める旨が述べられている。日本には，気候変動枠組条約の批准による追加的な立法措置は必要とされず，既存の制度の下での環境保全やエネルギー政策によって担保された。

2　京都議定書

気候変動枠組条約の第1回締約国会議（COP1）は，1995年にベルリンで開催され，COP3で数値目標と達成期限などの先進国の義務を定めた議定書の採択を目指すとするベルリン・マンデートが採択された。その結果多くの交渉を経て，1997年のCOP3で採択された京都議定書は2005年に発効し，日本は2002年に批准した。

京都議定書は，全文28条及び二つの附属書から成り，気候変動枠組条約附属書Ⅰに掲げる国に対して，温室効果ガスの排出抑制又は削減について法的拘束力のある数値目標を定めた。[8]温室効果ガスの排出削減は，いずれの国が行っても地球全体の効果としては同一であるものの，削減費用は国によって異なることから，京都議定書では，削減費用が自国よりも低い他国において行った排出削減の貢献を自国の数値目標の履行に活用できるというシステムを三つ導入した。すなわ

*7　すべての国が共通に担う義務もあり，①温室効果ガスの排出及び吸収目録の作成及び提出，②温室効果ガスの排出抑制や吸収源による除去，③温室効果ガスの排出抑制等に関する技術開発，利用及び普及，④温室効果ガスの吸収源などの保全及び強化，⑤気候変動の影響に対する適応準備の協力などが挙げられる。

＊GEF　（Global Environmental Facility）
途上国における地球温暖化防止，生物多様性の保全，国際水域環境汚染の防止，オゾン層保護の4分野で地球環境問題に取り組むために，途上国への資金提供を目的として世界銀行（IBRD），国連開発計画（UNDP），国連環境計画（UNEP）の協力により1991年に発足した。

*8　この数値目標は基準年を1990年とした上で，附属書Bによって，日本が基準年比6％，米国が7％，EUが8％となっている。

*9　共同実施とは，先進
国同士が共同で事業を実施
し，その削減分を投資国が
自国の目標達成に利用でき
る制度であり，クリーン開
発メカニズムとは，先進国
と途上国とが共同で事業を
実施し，その削減分を投資
国（先進国）が自国の目標
達成に利用できる制度であ
り，また排出量取引とは，
各国の削減目標達成のた
め，先進国同士が排出量を
売買する制度である。

ち，共同実施（6条），クリーン開発メカニズム（12条），排出量取引（17条）を主軸とする，いわゆる京都メカニズムである。[*9]

　日本では，京都議定書の批准に伴い，地球温暖化対策の推進に関する法律を公布し，地球温暖化対策について，国，地方公共団体，事業者及び国民の責務を明らかにし，議定書の的確な実施のための方策などを定めた。

○パリ協定

　2015年にパリで開催されたCOP21では，2020年以降の温室効果ガス排出削減等のための新たな国際文書としてパリ協定が採択され（2016年発効），途上国を含むすべての参加国に排出削減の努力が求められることとなった。これは，京都議定書で問題とされていた，米国や急成長を遂げる中国及びインド等の諸国の不参加によって生じる国際社会の不公平感に挑戦するものである。

　同協定では，長期目標として第一に，世界の平均気温上昇を産業革命前と比較して「2度より充分低く保ち，1.5度に抑える努力を追求する」ことを掲げる（2条1項）。第二に，今世紀後半に，世界全体の人為的温室効果ガス排出量を，人為的な吸収量の範囲に収めることとし（4条1項），人間活動による温室効果ガス排出を実質的にゼロとすることを目指す。

　また各国の負う責任として，5年ごとの約束草案の見直し及び提出（4条9項），前の期よりも進展させた目標を掲げる（4条3項）ことを規定している。日本は，2019年に「パリ協定に基づく成長戦略としての長期戦略」を策定し，国連に提出した。さらに2021年には，2050年カーボンニュートラルに向けた基本的な立場を示した「パリ協定に基づく成長戦略としての長期戦略」を閣議決定し，国連へ提出している。

　2021年に英国のグラスゴーで開催されたCOP26では，2030年に向けて野心的な気候変動対策を締約国に求める「グラスゴー気候合意」を採択した。

6　生物多様性

1　生物多様性とは

　生物多様性とは，一般に，地球上に存在する生物の多様性をいう。例えば，種に限ってみても，地球上には現在確認されているだけで140万種の生物が存在する。これに熱帯林や

海底に住む昆虫，軟体生物，魚類など未確認の種を含める[*10]と，その10倍程度の種が存在するといわれる。

こうした多様性の保存は，一国だけでは十分でなく，地球規模の取組みが求められる。そこで生物多様性に関する条約作成は，**国際自然保護連合**[*]などの環境保護団体の要請で，すでに1980年代後半から，国連環境計画（UNEP）により開始されていた。その成果を UNEP 管理委員会が設立した専門家会合が検討し，それを叩き台に，1990年から 7 回にわたる政府間条約交渉会議を経た草案が，1992年に**コンセンサス方式**[*]で採択された。それが，生物の多様性に関する条約（CBD：Convention on Biological Diversity）である。同条約は，1993年に効力発生，2018年12月現在で日本を含む194カ国，EU 及びパレスチナが締約国になっている。

この条約ができるまで，国際社会は**ワシントン条約**[*]や**ラムサール条約**[*]などの条約をもって，絶滅危惧種や特定の生態系の保全に取り組んできた。これに対し生物多様性条約は，生物多様性一般を対象とした初の包括的条約である。

［2］　条約の内容

条約は，生物の多様性を，種及び生態系の多様性と定義した。その上で，その目的は，①生物多様性の保全，②生物多様性の構成要素の持続可能な利用，③遺伝資源の利用から生ずる利益の公正かつ衡平な配分である（1条）。とりわけ③については，条約の交渉過程で，途上国が強硬に主張した結果，遺伝資源の保有国の主権が認められるに至った。これを受け条約には，先進国の資金により開発途上国の取組みを支援する資金援助の仕組みと（20条，21条），先進国の技術を開発途上国に提供する技術協力の取組み（16条）などが盛り込まれることになった。これらの規定が，先進国のバイオテクノロジー産業に影響をもたらすと懸念したため，米国は未だ条約を批准していない。

条約の締約国は，生物多様性の保全と持続可能な利用を目的とする国家戦略又は国家計画を作成・実行する義務を負い（6条(a)），重要な地域や種の特定と監視を行う（7条）。さらに生物多様性の持続可能な利用のための措置として，持続可能な利用の政策への組み込みや，先住民族の伝統的な薬法など，利用に関する伝統的・文化的慣行の保護・奨励についても規定された（11条，17条，18条）。条約は，こうした諸規定

*10　この点，国家管轄権の外である深海底区域にもかかる種は多く存在するとみられる。国連機関では，この問題にも取り組んでいる。詳細は，国連総会決議59/24が設置した「国家管轄権の区域を越える海洋の生物多様性の保存及び持続可能な利用に関する問題を研究するアドホック・オープンエンディッドな非公式グループ」（2004年）参照。

＊国際自然保護連合
➡第 1 章 ❻「NGO」
＊コンセンサス方式
➡第 2 章 ❺「国際機構の決議」表決制度の③参照。
＊ワシントン条約
➡第 6 章 ❼「絶滅危惧種の保護」
＊ラムサール条約
「特に水鳥の生息地として国際的に重要な湿地に関する条約」（Convention on Wetlands of International Importance Especially as Waterfowl Habitat）1971年作成。1975年効力発生。1986，1994年改正。日本について1987年改正，1994年発効。

＊留保
➡第2章❷「留保」

＊11　事務局は，カナダのモントリオール。COP は条約締約国会議（Conference of the Parties）の略。COP-MOP は議定書締約国会合（Meeting of the Parties）の略。

＊バイオセーフティー
ここでは，遺伝子組み換え技術（ある生物の有用な性質の遺伝子を他の生物の遺伝子に導入し，その生物に有用な性質をもたせる技術）を用いて生産された生物の利用，放出が生物多様性に与えるリスクを制御することをいう。

にいかなる**留保**[＊]も認めていない（37条）。

3　条約の発展と議定書の採択

　条約の発効後は，初回締約国会議の1994年以降，ほぼ2年[＊11]の間隔で会議が開催されている。

　1995年の第2回締約国会議以降，生物多様性の保全と持続可能な利用に悪影響を与えうる遺伝子改変生物の規制を目的として「**バイオセーフティー**[＊]に関するカルタヘナ議定書」（Cartagena Protocol on Biosafety to the Convention on Biological Diversity）の作成が始まり，第5回締約国会議（2001年）で採択された（2003年発効，日本につき2004年発効）。議定書は「環境と開発に関するリオ宣言」（1992年）の原則15にいう予防的方策に従って諸規制を行うとし，遺伝子改変生物の越境移動にあたり，輸出国と輸入国の間で事前通告に基づく合意手続をとることを義務づけた（8条）。その際，輸入国は関連する科学的情報がないために科学的確実性がなくとも，潜在的な悪影響を抑えるため，危険性の評価を実施し，輸入を禁止することができる。これについては，貿易との関係で違反をしたときの紛争解決が用意されている（27条）。

　カルタヘナ議定書の内容を補足するため，2010年に名古屋で開催されたカルタヘナ議定書第5回締約国会議（MOP5）では「カルタヘナ議定書の責任及び救済に関する名古屋・クアラルンプール補足議定書」が採択された。同補足議定書では，遺伝子改変生物の輸入国等において生態系に悪影響を与えた場合の補償などについて，原状回復や賠償などについての規則を定めている。

　また同年名古屋で生物多様性条約第10回締約国会議が開催され，ここでは，「遺伝資源の取得と利益配分（ABS：Access and Benefit-Sharing）に関する名古屋議定書」が採択され，生物多様性条約はその内容を一層拡充させることとなった。名古屋議定書は，遺伝資源のアクセスに係る事前同意（PIC：Prior Informed Consent）や相互合意条件（MAT：Mutually Agreed Terms）に基づく公正かつ衡平な利益配分を含め，生物多様性条約の規定に実効性をもたせるため締約国が実施すべき具体的措置を定める。今後，名古屋議定書に基づいて各国で国内法の整備が進められることにより，遺伝資源の提供国及び利用国の双方にとって望ましい遺伝資源の活用の促進が期待される。

日本では，2008年生物多様性基本法が施行され，生物多様性国家戦略の策定が国の責務となった。これを受け，2010年に「生物多様性国家戦略2010」，2012年に「生物多様性国家戦略2012-2020」，2023年に「生物多様性国家戦略2023-2030」が閣議決定されている。

⑦ 絶滅危惧種の保護

1 絶滅危惧種の保護のための条約

種の絶滅や個体数の減少は，気象環境の激変や他種との競合などの自然的要因の他，狩猟や採取，生息環境の破壊や外来種の導入など人為的要因の影響も大きい。1960年代以降，野生生物減少の主因は国際取引にあると考えられるようになり，米国や**国際自然保護連合（IUCN）**が中心となって作成されたのが「絶滅のおそれのある野生動植物の種の国際取引に関する条約」（ワシントン条約。1973年採択，1975年発効）である。

条約は，野生動植物の過度の国際取引を防止することを目的とし，絶滅のおそれがあり保護が必要と考えられる野生動植物を三つに分類し，それぞれの必要性に応じて，標本（生体や製品）の国際取引（輸出，再輸出，輸入又は海からの持込み）を規制する。締約国は183か国とEUである（2023年2月）。

2 条約により定められる義務

規制内容は絶滅のおそれの度合いと保護の必要性によって異なり，三つの附属書に取引対象種が掲載される[*12]。掲載種は，2～3年に1回開催される締約国会議でコンセンサス又は投票（3分の2の多数）により決定される[*13]。附属書Ⅰは特に絶滅のおそれの高い種で，取引により影響を受ける種を掲載する。これらの国際取引は原則として禁止される（2条）。例外として学術研究のための取引は認められるものの，輸出入には輸出国・輸入国双方の許可書が必要である。附属書Ⅱは現在必ずしも絶滅のおそれはないが，取引を規制しなければ絶滅のおそれのある種（2条2項），附属書Ⅲは締約国が自国での規制をするため他国の協力が必要である種を掲載する。附属書ⅡとⅢの種は商業目的の国際取引が可能であるが，輸出にあたっては輸出許可書などが必要となる（4条2項，4項，5条2項，3項）。

締約国は条約の実施及び違反取引防止のため輸出入の規制

＊**国際自然保護連合（IUCN）**
➡第1章❻「NGO」

＊12 附属書には3万8700超の種が掲載されている（2023年2月時点）。そのうち，附属書Ⅰには1082種（ミンククジラ等の鯨類，ジャイアントパンダなど），附属書Ⅱには3万7420種，（ヨーロッパウナギ，附属書Ⅰ掲載種を除く鯨類，ケープペンギンなど），附属書Ⅲには211種（宝石サンゴやインドオリーブヘビなど）が掲載されている。
＊13 例えば，第19回締約国会議（2022年）では，52の附属書改正提案が審議された。

や違反者の処罰，標本の没収，標本が生きている場合には輸送国への返送など適当な措置をとることが義務づけられ，条約実施に関する報告書を事務局に送付する（8条）。

　非締約国との取引については，非締約国が発給する輸出入許可書がワシントン条約の定める発給要件を満たす場合に，条約が認める許可書に代わるものとして扱うことを締約国に許容している（10条）。このように非締約国に関する規定を設けることで，条約の実効性を確保しようと図る一方，条約は特定の**留保***を許容している（23条）。日本は，附属書Ⅰ掲載種のうち，附属書Ⅰに掲載されることに科学的根拠がないと判断したクジラ10種に留保を付している[14]。留保を付した種については締約国としては扱われない。

3　条約の履行確保と不遵守

　条約の履行確保のため，条約は締約国会議の制度を設ける（11条）。締約国会議は事務局業務に必要な規則の作成や，条約の実効性を改善するための勧告を行う他，条約の履行に必要な場合には事実調査や査察などの履行監督機能に関与する各種委員会を設置する。なかでも履行監督や遵守管理に最も柔軟かつ広範な権能を有する常設委員会は締約国が提出した報告書の内容を審議し，不十分な場合には関係締約国にその理由を審問したり，勧告を行う。

　不遵守に関する措置は条約に明文化されていないが，締約国会議や常設委員会，条約事務局が対応にあたる。締約国会議決議や常設委員会勧告などの形で，不遵守国との取引停止指示や注意喚起などが行われる。条約履行のための国内法の未整備，年次報告書の未提出などを理由に一部の種ないしすべての取引停止が勧告されている国は条約非締約国を含め31カ国ある（2022年6月時点）。

　条約は国際取引の規制を行うものであるが，違法な国内取引に着目した取組が行われるようになっている。象牙の需要の高さから生息数を減少させたアフリカゾウは，1989年に附属書Ⅰに掲載されたものの，密猟が後を絶たず，2009年以降は違法取引が増加している。そのため，2016年の第17回締約国会議で，密猟や違法取引に寄与している象牙の国内市場の閉鎖を求める決議がコンセンサスで採択された[15]。

＊留保
➡第2章❷「留保」

＊14　日本が条約締結時に国内産業保護を理由に付した9種に対する留保については，現在ではすべて撤回している。

＊15　元々は国内取引市場の閉鎖を求める提案であったが，閉鎖を求める国内市場を左記に限定する修正が加えられた。すべての国内取引市場の閉鎖を求める提案は2019年の第18回締約国会議でもなされたが，ワシントン条約の範囲外であるという意見が多く，採択されていない。

＊地域漁業管理機関
➡第5章❾「国際漁業」

④ ワシントン条約と日本

近年，締約国会議では，商業漁業の対象種についても附属書に掲載すべきとの提案がなされるようになっている。それらの種について，日本は**地域漁業管理機関**で行うべきとの立場から附属書への掲載に反対する立場をとってきたが，2013年の第16回締約国会議以降，サメ等の附属書への掲載が決定されており，漁業国たる日本は難しい対応を迫られている。

締約国会議での決定を含む条約上の義務を履行するために，日本では外国為替及び外国貿易法に基づき輸入や輸出に係る手続が設けられている。これにより，海外で入手した動植物や製品が附属書掲載種である場合には日本に持ち込む際に所定の**手続**が必要となる。故意に申告せずに持ち込もうとするなど悪質な場合には，関係法令に基づき密輸事案として厳格な処罰が科せられる。なお，日本は，国内外の絶滅のおそれのある野生生物の種の保護のため，「絶滅のおそれのある野生動植物の種の保存に関する法律」（種の保存法）を制定している。

❽ オゾン層保護

① オゾン層の保護のためのウィーン条約及びモントリオール議定書の成立

オゾン層とは，地表の大気圏のうち，成層圏のオゾン（O_3）が集中する領域をいい，地球上の生物を有害な紫外線から保護する役割を果たしている。1974年，人工の化学物質であるクロロフルオロカーボンなどのフロンガスによって，オゾン層が破壊される可能性のあることが発表され，世界的に大きな論議を呼ぶこととなった。その後も，同様の証拠がみつかり，オゾン層を保護するための国際的な枠組み作りを求める声が高まっていった。こうした世論を受け，1977年からUNEP（国連環境計画）の積極的な主導の下に議論が行われた結果，1985年，オゾン層保護を目的とする国際協力のための基本的な枠組みを定めたオゾン層の保護のためのウィーン条約（以下，ウィーン条約）が採択された。

その後の1987年には，具体的にオゾン層破壊物質の生産及び消費の削減，非締約国との貿易制限措置などを定めたオゾン層保護のためのモントリオール議定書（以下，モントリオール議定書）が採択された。結果的に，モントリオール議定書は，地球規模での具体的な措置を採用し，途上国への特別の

＊手続
こうした手続は業者だけでなく，一般個人が持ち帰るおみやげ品にも適用される。成田空港などで展示されているように，クマの胆のうやトラ等の成分を含んだ漢方薬や象牙の彫刻品等はワシントン条約輸出許可証を所持せずに日本に持ち込もうとすると税関で差し止められる。

＊16 もちろん，掲載種を外国から無許可で持ち出そうとする場合には当該国の国内法令違反が問われることになる。2017年には，コツメカワウソをスーツケースに入れて持ち出そうとした日本の大学生がタイの空港で当局に拘束された。

＊17 条約上では，オゾン層の定義を「大気境界層よりも上の大気オゾンの層」としている（1条1項）。

＊18 このモントリオール議定書の交渉過程では，主として，規制となる物質の範囲，規制のスケジュール，規制の基準などが問題となったが，北欧3カ国，カナダ，米国が新たな強い規制措置の導入を主張したのに対し，EC諸国は，一定の生産制限は必要であるものの，科学的証拠が不十分であるため，生産削減は時期尚早であると主張し，両者は激しく対立した。

配慮を盛り込んだことで，多数の国の参加が確保され，また厳格な規制が着実に実施されていることから，数ある地球環境条約の中でも成功例の一つといわれる。

［2］　ウィーン条約及びモントリオール議定書の内容

　ウィーン条約では，締約国が果たすべき一般的義務として，2条において，オゾン層の変化や悪影響の発生のおそれのある場合には，人の健康及び環境を保護するための適当な措置をとることを明確にしており，観測や調査，立法，行政措置，国際協力などの義務も定められている。また，オゾン層保護の問題に関しては，最新の科学的知見を常に反映させるべきとの認識に基づき，3条では研究や観測の実施について，締約国に国際協力を求めている。

　モントリオール議定書では，前文において「オゾン層を破壊する物質の放出をなくすことを最終の目標として，この物質の世界における総放出量を衡平に規制する予防措置をとる」ことを目的としている。また，規制すべきオゾン層破壊物質を特定し，その物質ごとに生産量と消費量を段階的に削減するための厳しい規制スケジュールを定める。同議定書の特徴の一つとして，全世界的な取組みを促す必要から，非締約国に条約参加のインセンティブを与えるための工夫が盛り込まれている。すなわち，4条で規定される，非締約国との貿易禁止や，非締約国への規制物質の生産や利用のための技術の輸出制限などである。続く5条では，「開発途上国の特別な事情」を考慮し，削減規制について猶予期間を設けたり，モントリオール議定書多数国間基金（MLF：Multilateral Fund）を通じた資金供与や技術移転を規定している。こうした諸規定によって，多数の途上国の議定書への参加を促すことに成功した。

　さらに，1992年のモントリオール議定書では初めて**不遵守手続**[*]が考案され，これは以後他の多数国間条約においてもが採用されている。

［3］　モントリオール議定書の国内実施

　1987年にモントリオール議定書が採択されると，日本は直ちに署名し，環境庁（当時）に設置された成層圏オゾン層保護に関する委員会においてオゾン層保護対策の制度化について検討が始められた結果，翌年にはオゾン層保護法が制定さ

＊不遵守手続
国による合意内容の誠実な履行という条約法上の一般的義務に基づき，条約実施機関が締約国の義務の履行を監視し，その不遵守に対しては当該締約国と協議を行い，協議的かつ非司法的な方法で遵守の促進を行うというものである。1992年の附属書Ⅳでは，まず，毎年締約国から提出される報告に基づいて，履行委員会が各国の履行状態を検討し，最終的には締約国が遵守か不遵守かを判断した結果，不遵守国に対しては遵守の状態へ導くよう，適切な援助，警告の発出，議定書上の権利の停止などの措置を決定することとなっている。

表6-1　オゾン層破壊物質一覧

	CFC-11, 12, 113, 114, 115	ハロン	その他のCFC	四塩化炭素	1, 1, 1トリクロロエタン	HBFC（ハイドブロモフルオロカーボン）	ブロモクロロメタン	臭化メチル
主な用途	カーエアコン・冷蔵庫等の冷媒，各種断熱材等の発泡剤，電子部品・金属部品等の洗浄剤等	消火剤	冷媒	CFC等の原料，溶剤	電子部品・金属部品等の洗浄剤	消火剤（代替ハロン）	医療用中間体合成原料	畑作地等の土壌燻蒸剤，木材，穀物等の輸出入時の検疫燻蒸剤用
生産規制	1996年1月1日以降全廃	1994年1月1日以降全廃	1996年1月1日以降全廃			1996年1月1日以降全廃	2002年1月1日以降全廃	2005年1月1日以降全廃
	※必要不可欠な分野における使用（エッセンシャルユース）のための生産などは除く。							※輸出入に際して行う検疫に使用される量は規制対象外

（出所）　環境省ウェブサイトを基に筆者作成。

れた。この法律では，1条において目的として，国際的に協力してオゾン層の保護を図るため，条約及び議定書の実施を確保するため，特定物質の製造の規制，排出の抑制，使用の合理化について措置を講じるとしている。さらに，製造数量の許可，輸入の承認，輸出の届出，使用事業者の努力，排出抑制及び使用合理化指針の公表，国の援助，などについて規定が設けられている。さらに，2001年には家電製品に使用されているフロンの廃棄にあたって，適正な回収及び破壊処理の実施を義務づけたフロン回収破壊法（2003年施行）が制定されたが，フロン類の製造から廃棄までライフサイクル全般[*19]に対して包括的な対策を実施するため，フロン回収破壊法を改正し，2015年にフロン排出抑制法が施行された。同法はさらに改正され，2020年より改正フロン抑制法として施行されている。

*19　国内判例としては，関税法違反被告事件（福岡地裁小倉支部平成13年（わ）第1056号，第1110号）などが挙げられる。

9　原子力

1　原子力と国際法

1930年代にウランの核分裂が発見され，1945年には原子爆弾として軍事利用された原子力は平和利用も進められた。原子力発電の本格的な利用が広まったのは1970年代のことであ

＊20　例えば，日本とフランスは，低炭素で低廉かつ安定したエネルギーシステムを発展させるため，原子力を含む各分野におけるイノベーションに係る協力を実施することで合意した（2019年）。

＊21　例えば，1986年4月26日，旧ソ連ウクライナ共和国のチョルノービリ（旧表記はチェルノブイリ。2022年4月，日本政府はウクライナの地名等をウクライナ語による読み方による表記に変更した）で発生した原子炉爆発事故では，原子炉の爆発とそれに続く火災によって，原子炉に生じていた放射性物質が大量に大気中に放出された。放出された放射性物質は旧ソ連の他ヨーロッパ各地に放射能汚染をもたらした。旧ソ連政府が事故発生を公表したのは，事故発生から2日後であった。

＊IAEA（国際原子力機関）
➡第9章⓬「IAEA（国際原子力機関）」

る。国連総会決議で原子力の利用及び技術へのアクセスはすべての国の権利であると確認された通り，原子力は国の発展に欠かせない貴重なエネルギー源であり，近年ではエネルギー需要の拡大や地球温暖化への対処の必要性から，原子力発電の拡充や新規導入が進められている[20]。また，保健・医療，食糧，農業などの非発電分野でも原子力は社会の発展に不可欠な技術となっている。その一方，原子力の利用は放射性廃棄物を産み出す。原子力事故が発生すると，その影響は一国内にとどまらず，国境を越えて人の健康や環境に甚大な被害をもたらす[21]。そのため，放射性廃棄物についてはその投棄を規制するという形で，原子力活動については活動の安全確保と事故発生後の義務を定めるという形で，条約が作成されている。また，原子力活動が「高度に危険な活動」である点に留意して，1963年原子力損害民事責任ウィーン条約では原子力損害について事業者に責任が集中され無過失絶対責任が課されており，事業者の負担能力を超える部分は国が責任を負うとされている。

２　放射性廃棄物の投棄と管理

　第二次世界大戦直後から米国やOECD加盟諸国によって行われてきた放射性廃棄物の海洋投棄は，1958年の公海に関する条約25条で規制された。1972年にはロンドン海洋投棄規制条約（廃棄物その他の物の投棄による海洋汚染の防止に関する条約）が採択され，附属書Iで指定される高レベル放射性廃棄物の海洋投棄が全面的に禁止された。附属書は1993年に改正され，すべての放射性廃棄物の海洋投棄が原則として禁止された。さらに1996年に採択された海洋投棄規制条約議定書（廃棄物その他の投棄による海洋汚染の防止に関する条約の議定書）では，放射線廃棄物についてIAEA（国際原子力機関）の免除レベル濃度を超える放射能を帯びた物質の投棄が禁止された。放射性廃棄物の投棄は，南極条約や南太平洋環境保護条約，北海周辺諸国で締結されたオスロ条約（船舶及び航空機からの投棄による海洋汚染の防止に関する条約）など地域的な条約で規制され，ラロトンガ条約やバンコク条約といった非核兵器地帯条約でも禁止されている。

　管理に関しては，放射性廃棄物等安全条約（使用済燃料管理及び放射性廃棄物管理の安全に関する条約）が1997年に採択された（2001年発効）。同条約は使用済燃料及び放射性廃棄物の

管理の安全を確保するため関連施設の建設や使用等の各段階において適当な措置をとることを義務づけ，また使用済燃料及び放射性廃棄物の越境移動の際には事前通報と同意の原則[*22]に従うこと，さらに条約義務の履行のためにとった措置を報告する義務を課している。

［3］　安全な原子力活動の確保

　旧ソ連及び東欧の原発の安全性への懸念が高まったことから，原子力の安全を高いレベルで達成・維持することを目的に1994年に採択されたのが原子力安全条約である。この条約は民生用原子力発電所を適用対象とし，締約国に対して原子力施設の安全の規律のための許可制度などについての法令の作成，放射線防護の適当な措置，緊急事態計画の準備，原子力施設の立地・建設・運転の安全確保の適当な措置を義務づけている。さらに条約の遵守を確保するため，締約国の検討会合による相互の審査という方式が採用された。

［4］　原子力事故への対処

　チョルノービリでの事故を受け，原子力事故の損害を最小限に抑えるための枠組みとして1986年に採択されたのが，原子力事故早期通報条約と原子力事故援助条約である。前者は，原子力事故が発生した場合，関係国とIAEAに対して，事故発生の事実や事故の種類，発生時刻等を直ちに通報し，事故原因や放射性物質放出の全般的な特徴等の情報を提供する義務を締約国に課す。ただし，核兵器による事故については通報の義務は課されていない。後者は，原子力事故又は放射線緊急事態の場合に援助を要請できる権利を締約国に付与し，援助の要請を受けた国は援助を提供できるかどうかを直ちに決定し，利用可能な専門家と資機材をIAEAに通報するよう定める。7条の規定に従い，援助は無償又は有償で行われる。

［5］　原子力と日本

　東日本大震災時に発生した東京電力福島第一原子力発電所の事故について[*23]，日本は原子力事故早期通報条約に基づく通報の義務を負っていただろうか。同条約は，1条に規定される重大な事故（施設や活動に関係する事故で，放射性物質を放出又はその恐れがあり，かつ他国に放射線安全に関する影響を及ぼし

*22　日本は原子力発電所で発生する使用済燃料を再利用するために海外で再処理を行っており，使用済燃料は再処理国まで海上輸送される。これに対して国際法に違反すると抗議したり，核物質輸送船舶の領海通航を禁止したり，海峡の通航を回避するよう要請する沿岸国があり，無害通航権等との関係で議論されることがある。

*23　事故に伴い，発電所の建屋内には放射性物質に汚染された水が発生した。日本はそうした水を基準値以下まで浄化処理しているが，処理した水（「ALPS処理水」）のタンクが発電所の敷地を多く占めるようになってきたことから，それらを海洋に放出する方針を2021年に明らかにした。

▶▶ *Column 3*　海洋保護区 ◀◀

　1992年の国連環境開発会議で採択された「アジェンダ21」や生物多様性条約（CBD）
8条の規定を受け，国際社会では海洋保護区（MPA：Marine Protected Area）に関す
る議論が盛んに行われるようになった。2002年の持続可能な開発に関するヨハネスブル
グサミットや2004年のCBD第7回締約国会議が2012年までのMPA設置の旨を定め，
2010年の愛知目標・目標11（CBD第10回締約国会議で採択）や2015年の持続可能な開発
目標（SDGs）の目標14ターゲット14.5（国連総会で採択）が2020年までに「沿岸域及び
海域の10%」をMPAなどによって保全する旨を定めると，MPAの設置は更に進めら
れた。2023年2月の時点で世界の海域の約8.16％にMPAが設置されている。

　MPAとは何かについての定義やMPA内でとるべき措置について国際的な合意は存
在しない。国は自国の管轄海域で，地域漁業管理機関などの国際的な機関はその管轄海
域で，生態系の保全が必要と考える海域にMPAを指定し，MPA内で措置を導入して
いる。具体的には，資源開発の規制（生物資源であれば，漁業海域，魚種，漁具，漁期な
どの規制）をはじめとする人間活動の規制や禁止が行われているが，こうした規制は国
連海洋法条約など国際法の規定と整合的になされる必要がある。なお，2020年10月，日
本は新たに小笠原諸島周辺の海底をMPAに指定した。これにより日本のMPAは管轄
海域の約13%となり，上述の目標を達成した。　　　　　　　　　　　　　（佐々木浩子）

うる越境放出事故又はその恐れのある事故）以外については，3
条に従い締約国が他国に自発的に通報するよう定める。日本
政府は「3条に基づく自発的通報を行った」との立場を明ら
かにした。

第7章
国境を越える活動と国際法

　国境を越える人，もの，情報，エネルギー等の質と量は以前とは比べものにならないほどになってきている。その中でもここでは伝統的な国際法で問題とされてきた外交関係や領事関係，現代的な貿易・投資関係，そして最近になって大きな注目を集めているエネルギー問題の国際的移動を取り上げたが，さらにどのような国境を越える活動があるのかについても考えてほしい。

① 外交官の地位

1 外交関係の開設

　国家は外国との交渉や外国領域での職務を遂行するため，古くから外交使節を派遣してきた。今日では外交使節団の地位や特権・免除が慣習法化し，その内容の多くは1961年に採択された「外交関係に関するウィーン条約」に成文化されている。[*1]

　外交関係の開設と常駐の使節団の設置は国家間の相互の同意によって行われる。使節団の任務は接受国（使節団を受け入れる側の国）で派遣国を代表すること，派遣国及びその国民の利益を保護すること，接受国政府と交渉すること，接受国の諸事情を派遣国に報告することなどである。使節団は，「使節団の長」と「使節団の職員」から構成される（**表7-1**）。接受国は派遣された外交使節団についていつでも理由を示さずに**ペルソナ・ノン・グラータ**[*]等を通告し，派遣国への召喚や任務の終了を求めることができる。[*2]

2 外交使節団の特権・免除

　外交使節団は接受国において特権と免除が認められている。その根拠は，外交使節団は派遣国を代表するものであるため国と同等の特権を認める義務があるという代表説，**外交使節団の任務**[*]の円滑な遂行を確保するため接受国の管轄権行使によってその任務を妨げられないという機能説によるとされ，外交関係条約は特権及び免除の目的が「国を代表する外交使節団の任務の能率的な遂行を確保することにあること」

*1　外交関係条約の解釈又は適用から生ずる紛争については，「紛争の義務的解決に関する選択議定書」に従い解決されることになっている（ただし，同選択議定書を批准していることが求められる）。

*ペルソナ・ノン・グラータ（*persona non grata*：**好ましからざる人物**）

例えば，日本は，1973年の金大中事件に際して韓国の外交官に対し，2006年にバカラ賭博の賭場を提供していたコートジボワールの外交官に対して，ペルソナ・ノン・グラータの通告を行った。日本がペルソナ・ノン・グラータの通告を受けた例として，2012年にシリアのアサド政権から当時の駐シリア特命全権大使が通告を受けたケースがある。

*2　ペルソナ・ノン・グラータとは別に，外交官の追放（国外退去を求めること）が行われることもある。2022年，ロシアによるウクライナ侵攻に際しては，欧米諸国がロシアの外

表7－1　外交使節団の構成員と派遣

使節団の長	「その資格において行動する任務を派遣国により課された者」
	・派遣には，接受国の**アグレマン**＊が必要（外交関係条約４条）。
	・接受国は理由を示さずにアグレマンを拒否することができる。
	・外交官の地位を有する。
	・接受国はいつでも理由を示さずに「ペルソナ・ノン・グラータ」を通告することができる（9条）。
使節団の職員	「使節団の外交職員，事務及び技術職員並びに役務職員」
	派遣国は使節団の職員を自由に任命することができる（7条）。
	外交職員	「使節団の職員で外交官の身分を有する者」
		・外交官の地位を有する。
		・接受国はいつでも理由を示さずに「ペルソナ・ノン・グラータ」を通告することができる（9条）。
	事務及び技術職員	「使節団の職員で使節団の事務的業務又は技術的業務のために雇用されている者」
		・接受国はいつでも理由を示さずに「受け入れ難い者」を通告することができる（9条）。
	役務職員	「使節団の職員で使節団の役務に従事する者」
		・接受国はいつでも理由を示さずに「受け入れ難い者」を通告することができる（9条）。

（出所）　筆者作成。

交官を追放した。日本も8名の駐ロシア大使館の外交官及びロシア通商代表部職員に国外退去を求めた。

＊外交使節団の任務

外交使節団の任務には，接受国において派遣国を代表すること・派遣国とその国民の利益を保護することなどがある（外交関係条約3条）。

＊アグレマン

派遣国が派遣しようとする外交使節団の長について，接受国から与えられる事前の同意のこと。

＊3　とはいえ，外交官による犯罪の抑止のため短期間身柄を拘束することは可能である。

を認めている。

　外交使節団に与えられる特権・免除は**表7－2**の通りである。

　　3　外交官は裁判されない

　外交官は接受国の法令を尊重する義務を負う（41条）一方で，表7－2の通り，「身体の不可侵」や「裁判権の免除」が与えられている。このため，仮に犯罪行為を行ったとしても接受国により身柄を拘束されることはなく，また裁判を受ける[*3]こともない。接受国ができるのは，ペルソナ・ノン・グラータの通告のみである。このように外交官の特権・免除は強力であるが，派遣国が免除を明示的に放棄すれば外交官といえども免除を享有することはできない（32条）。ただし，判決を執行するには，執行の免除を別途放棄することが必要である。

表 7-2　外交関係条約上，外交使節団に与えられる主な特権・免除

○使節団に与えられるもの

公館の不可侵＊（22条）	①接受国の官吏は使節団の長の同意なしに公館に立ち入ることはできない。 ②接受国は侵入又は損壊から公館を保護するためのすべての措置を執る特別の責務を有する。 ③公館その他の財産等は捜索や強制執行を免除される。
公館に対する課税の免除（23条）	公館は国又は地方公共団体の賦課金及び租税を免除される。
公文書の不可侵（24条）	使節団の公文書と書類は不可侵。
移動及び旅行の自由（26条）	
通信の自由（27条）	使節団の公用通信は不可侵。 外交封印袋の利用が認められる。

○外交官に与えられるもの

身体の不可侵（29条）	いかなる方法によっても抑留又は拘禁できない。
住居，書類，通信，財産の不可侵（30条）	外交官の個人的住居は，使節団の公館と同様の不可侵と保護を享有する。
裁判権の免除（31条）	①接受国の刑事裁判権から免除される。 ②接受国領域内の不動産に関する訴訟等を除き，民事裁判権・行政裁判権からも免除される。
社会保障，租税，役務の免除（33〜35条）	
関税と検査の免除（36条）	

（出所）　筆者作成。

2　公館の不可侵

1　公館の不可侵とは

　公館とは，使節団の公館と領事機関の公館をいい，それぞれ不可侵であることが外交関係に関するウィーン条約（以下，外交関係条約），領事関係に関するウィーン条約（以下，領事関係条約）に定められている（**表7-3**）。使節団や機関の長の同意がない限り接受国の官吏は公館に立ち入ることはできない（外交関係条約22条1項，領事関係条約31条1項・2項）。使節団の公館の不可侵に比べ，領事機関のそれは制限的である（表7-3）。また，接受国は公館を侵入又は損壊から保護するためのすべての適当な措置をとる特別の責務を有する（外交関係条約22条2項，領事関係条約31条3項）。1980年の在テヘラン米国大使館員等人質事件判決では，接受国は公館をいかなる侵害からも保護し，適当なすべての措置をとる義務を

＊公館の不可侵
➡第7章❷「公館の不可侵」

＊4　➡第7章❸「領事」

表7-3　使節団の公館の不可侵と領事機関の公館の不可侵

	外交関係条約	領事関係条約
	使節団の公館	領事機関の公館
公館の定義	1条(i) ・使節団のために使用されている建物又はその一部及びこれに附属する土地。 ・所有者のいかんを問わない。 ・使節団の長の住居であるこれらのものも含む。	1条1項(j) ・建物又はその一部及びこれに附属する土地であって，専ら領事機関のために使用されているもの。 ・所有者のいかんを問わない。
不可侵	22条1項 不可侵	31条1項 この条に定める限度で不可侵
立入り ・誰が ・場所 ・例外	22条1項 ・接受国の官吏 ・公館 ・使節団の長が同意した場合	31条2項 ・接受国の当局 ・領事機関の公館で専ら領事機関の活動のため使用される部分 ・領事機関の長若しくはその指名した者又は派遣国の外交使節団の長の同意がある場合
同意の推定	（規定なし）	31条2項 火災その他迅速な保護措置を必要とする災害の場合には，領事機関の長の同意があったものとみなす。

（出所）　筆者作成。

負っていることが確認された。なお，こうした公館の不可侵は，公館が「治外法権」の下にあることを意味するものではない。公館は，派遣国の領土ではなく，接受国の属地的管轄権の下にあるが接受国は使節団・機関の長の同意がなければ立入りが認められないという義務が課されるものである。

2　公館に外国人が逃げ込んできたら：外交的庇護

公館の不可侵に関連して，外交的庇護の問題が生ずる。外交的庇護とは，迫害から逃れてきた者を外国公館で庇護することを意味するが，公館は逃げ込んできた者を保護する国際法上の権利を有するのだろうか。

ラテン・アメリカ諸国では政治犯罪人を公館に庇護することが広く行われてきており，庇護に関する地域的条約も存在する。また世界人権宣言は国際的な文書として初めて庇護に言及したが，1950年の庇護事件で外交的庇護が認められなかったことから，外交的庇護は一般国際法上の権利としては認められていないと考えられている。とはいえ，公館が不可

*5　➡第7章❸「領事」

*6　世界人権宣言14条1項「すべての者は，迫害からの庇護を他国に求め，かつ享受する権利を有する。」2項「この権利は，専ら非政治犯罪又は国際連合の目的及び原則に反する行為から生ずる訴追の場合には，援用することができない。」

侵であることから，外国の公館に逃げ込んだ者が犯罪人で
あったとしても領域国の官吏は公館に立ち入って捜査や連行
等を行うことは容易ではない。外交的庇護の問題は今日でも
しばしば見受けられ，実際には庇護を求めた者を第三国へ移
動するという形で解決されることが多い。

◆在テヘラン米国大使館員等人質事件

　1979年，イランの首都テヘランにある米国大使館が
武装集団に襲撃（イラン政府から派遣された警備員はこ
れを阻止せず姿を消した）・占拠され（翌日には領事館
も占拠された），大使館にいた外交職員らが人質になっ
た事件。イランの最高指導者ホメイニ師が武装集団の行
為を是認するなどしたため，米国は国際司法裁判所に提
訴した。裁判所はイランが事件発生の防止義務に違反
し，またホメイニ師とイラン政府による事件継続の容認
が国際法に違反すると判示した。

　なお，この事件において，外交使節団による特権・免
除の濫用がある場合，接受国が利用できる対抗措置は外
交関係法に定められている（ペルソナ・ノン・グラータ
の通告や外交関係の断絶など）と，外交関係法が自己完
結的制度（self-contained regime）であることが示さ
れた。

◆庇護事件

　1948年，反乱を起こしたものの失敗に終わったペ
ルー人アヤ・デ・ラ・トーレが在リマコロンビア大使館
に逃げ込み，庇護を求めたことに端を発する，コロンビ
アとペルーの間の事件。コロンビアはペルーに対しアヤ
の安全な出国を求めたが，ペルーはこれを拒否しアヤの
引渡しを要請した。1950年，国際司法裁判所はコロン
ビア大使館がアヤに与えた庇護が違法であること，ペ
ルーにはアヤの安全な出国を保障する義務はないことを
決定した。

　なお，この事件に関連して，庇護事件判決の解釈が請求さ
れた解釈事件（1950年判決），アヤの庇護の終了と引渡しにつ
いて争われたアヤ・デ・ラ・トーレ事件（1951年判決）があ
り，後者ではコロンビアにはアヤの庇護を終了する義務はあ
るが，ペルーへ引き渡す義務はないと判示された。

3 領 事

1 領事とは[*7]

領事の起源は，中世イタリアの商業都市の職業組合が海外進出する際に現地政府と交渉する代表者を設けたことに遡るとされている。19世紀には国際貿易の拡大とともにその重要性が再認識され，人的及び物的交流が盛んな現代においても大きな役割を果たしている。

領事の任務の根幹は，接受国における派遣国の国民（＝自国民）の保護であり，その資格において任務を遂行するものを領事官という。領事任務は，接受国・派遣国間の通商・経済・文化・科学上の関係の発展助長と友好関係の促進，接受国の諸事情の確認・報告・情報提供などから，派遣国の国民への旅券及び査証等の発給まで，多岐にわたる。

領事の派遣・接受は外交関係と同様に相互の同意によって行われるが，領事機関は派遣国を代表する資格を有さない点で外交関係とは異なる。外交関係が断絶する場合であっても，領事機関が引き続き自国民の保護を行うことがある。

領事関係を規律するものとして，多数の二国間条約，1963年領事関係に関するウィーン条約（以下，領事関係条約），国際慣習法がある。日本は領事関係条約以前に日英，日米，日ソの二国間領事条約を締結していたが，領事関係条約以降は本条約の存在により，基本的に新たな二国間条約は不要となっている。[*8]

2 特権免除

領事機関には，任務の円滑な遂行のため一定の特権免除が認められる。領事関係条約では，以前から認められていた特権免除よりも強い保護が与えられている。外交使節の場合，代表説と機能説の双方が特権免除の根拠となるが，[*9] 領事機関の場合は機能説のみが根拠となる。この差異が，各条約の関連規定に反映されている。

3 公館の不可侵と外交的庇護[*10]

◆在瀋陽日本総領事館事件

2002年5月8日中国東北部にある瀋陽の日本総領事館の敷地内に，北朝鮮からの脱出者5名（2歳の女の子を含む）が亡命を求めて駆け込みを図ったが，総領事館

*7 領事の種類には，本務領事及び名誉領事がある。本務領事はもっぱら領事任務の遂行のために本国から派遣される。名誉領事は多くの場合，接受国の国民のうち名士が任命され，委嘱された領事任務を兼業し，報酬は任務に伴う手数料程度である。領事関係条約第3章は名誉領事に関する規定を設けている。

*8 日中両国は領事関係条約の締約国であるが，両国間の人的往来の緊密化に伴い，邦人保護をはじめとして急増する領事業務を一層効果的に処理する必要から，2008年に日中領事協定を締結した。この協定は香港・マカオにも適用される。

*9 ➡第7章❶「外交官の地位」

*10 「外交的保護」とは異なる。➡第3章❸「国際責任の履行」

を警備していた中国の武装警察官により連行された。事
件発生の約2週間後に，5名の身柄を拘束していた中国
当局が，フィリピン経由での韓国への出国を認めて，実
質的に決着した。本事件では，中国の武装警察官が日本
側の同意を得ることなく総領事館の敷地内に立ち入って
連行したのか（領事関係条約31条「公館の不可侵」違
反）が問題となった。中国側は，日本側の同意を得て同
条約31条3項に基づき不法侵入者から公館を保護する
義務を誠実に履行したものだと主張した。日本側は同意
はなかったとしたが，外交的に決着がなされた。

　外交的庇護は，在外公館が，亡命を求めてくる個人を保護
する権利を国際法上有するのかという問題である。領域的庇
護は，自国領域内に逃れてきた個人に対して領域主権に基づ
いて保護を与えるもので，国の権利として認められている。
これに対し，外交的庇護は，外国領域内にある自国の大使館
や領事館に逃げ込んできた個人を保護するもので，領域国の
主権との衝突があり，国際法上の国の権利としては確立して
いない。在外公館に逃げ込んだ外国人の亡命を認める事例
は，外交的庇護が国際法上の国の権利として確立したという
より，人道的配慮に基づくものと理解するのが現時点では正
確であろう。[11]

＊11　➡第7章❷「公館の
不可侵」

［4］　紛争解決

　領事関係条約選択議定書は，条約の解釈又は適用から生ず
る紛争を国際司法裁判所の義務的管轄の範囲内に属するもの
とし，議定書当事国の一方的付託を認めている。[12]

＊12　➡第4章❸「国際司
法裁判所（ICJ）」

◆**領事関係条約違反が争われた事例**[13]

　　領事関係条約36条1項(b)は，接受国の義務として派
遣国の国民が逮捕・留置・勾留・拘禁された場合に当該
国民の要請があるときはその旨を遅滞なく接受国が派遣
国領事機関に通報すること，及び当該国民に対しこの規
定に基づき有する権利について告知することを定める。
米国の州裁判所において死刑判決を受けた外国人は多数
に上るが，接受国である米国は領事関係条約の義務を
怠っていた。このため派遣国が，同条約選択議定書を管
轄権の基礎として国際司法裁判所に提訴し，あわせて死
刑執行停止の暫定措置を求めた事例がある（①ブリアー
ド事件〔パラグアイ対米国，1998年4月9日暫定措置

＊13　Jadhav事件判決（イ
ンド対パキスタン，2019年
7月17日，ICJ）も同様に，
領事関係条約違反を認定し
ている。

命令，1998年11月10日訴訟取下〕，②ラグラン事件
〔ドイツ対米国，1999年3月3日暫定措置命令，2001
年6月27日本案判決〕，③アヴェナ等メキシコ国民事件
〔メキシコ対米国，2003年2月5日暫定措置命令，
2004年3月31日本案判決〕）。

　国際司法裁判所は，①②③において暫定措置命令を下
した（しかし①②では死刑が執行された）。②③におい
て米国の領事関係条約違反が認定されている。

④　国際貿易の秩序

1　GATT 成立の経緯と原則

　1930年代に生じた大恐慌の際，多数の国が関税引上げ等の
貿易障壁を設け，自国の産業を保護しようとしたことによ
り，世界全体の貿易秩序が混乱し，世界経済全体は一層不安
定なものとなった。これが第二次世界大戦の一因になったと
の反省から，戦争の惨禍を避け国際の平和を確立するために
は，諸国の経済的繁栄が必要であり，そのために自由で円滑
な貿易の枠組みの必要性が唱えられるようになった。1944年
に米国のブレトン・ウッズで開催された会議によって，1945
年には国際復興開発銀行（IBRD）が，1947年には国際通貨基
金（IMF）が設立され，金融面から国際経済を支える枠組み
が成立した。また，貿易面から国際経済を支える枠組みとし
て，関税と貿易に関する一般協定（GATT）が締結され，
1948年より貿易に関する国際的な枠組みとして GATT 体制
が誕生した。GATT は貿易に関する様々な国際ルールを定
めており，その基本原則として以下の二つが挙げられる。第
一に，貿易制限措置の削減であり，関税以外の貿易制限措置
を原則として禁止することと，第二は貿易の無差別待遇（**最
恵国待遇，内国民待遇**）と呼ばれる，貿易に関する差別待遇の
禁止である。これらにより，より自由な貿易を可能にしよう
とした。

2　GATT 体制の強化と WTO

　GATT 締約国は，関税引下げ等の貿易自由化を進めるた
めの多角的交渉（ラウンド）を行ってきた。初期の交渉では，
もっぱら締約国の関税引下げが対象となっていたが，国際経
済の変化に伴い，貿易ルールの拡大といった大幅な体制強化
の必要が生じてきた。また，サービス産業をめぐる貿易や貿

＊**最恵国待遇，内国民待遇**
ある国に対して貿易上最も
有利な待遇を与えた場合，
他の国にも同じ待遇を与え
なければならないとする原
則を「最恵国待遇」の原則
という。また，外国の産品
にも国内産品と同様の待遇
を与える（輸入品にのみ不
利な措置をとることを禁止
する）原則を「内国民待
遇」の原則という。

＊**世界貿易機関（WTO）**
本部をジュネーヴ（スイ
ス）に置く。加盟国数は
164カ国と地域（2020年現
在）。

＊14　WTO 加盟国が他の
加盟国の措置について申立
てを行った場合，まず両当

易と知的財産権の関係など，従来の GATT のルールにはなかった分野への対応，さらに，貿易に関する国際紛争の数も増加しその内容も複雑化の一途を辿る中，より効率的で実効性ある紛争解決手続の必要性が増した。こうした GATT 体制強化の要請を受け，1994年のウルグアイ・ラウンドでの交渉の結果，GATT を拡大し発展させる形で新たな貿易ルールである WTO 協定が採択され，1995年に**世界貿易機関（WTO）**[*]が設立された。

　WTO 協定とは，WTO 設立協定とその附属書に含まれる複数の協定の集合体を指す。GATT 時代に比べて強化された点は，既存の貿易ルールの強化，新しい分野（知的保有権や投資措置等）のルール策定，紛争解決手続の強化，[*14] これらの協定の統一的な運用の確保であった。貿易における無差別原則を基本理念とする WTO の交渉には，2003年のカンクンラウンド以降，停滞がみられる。その理由として，第一に加盟国数の拡大が挙げられる。これにより，特に先進国と途上国を中心とした各国の利害対立が複雑化し，交渉の合意達成が容易ではなくなった点が指摘される。第二に，自由化の対象の拡大である。世界経済の発展にあわせ，それまでの対象は財の貿易であったが，次第にサービス貿易や投資，農業分野へと拡大した。さらに，関税や輸入制限といった国境措置のみならず，競争政策や知的財産保護など貿易・投資に影響する国内措置も対象として追加されるなど，多角的自由貿易体制におけるルール作りが進められるようになった。このように WTO 交渉の対象が広範に及ぶことも，交渉の難航を助長したのである。

3　二国間及び地域間における新たな貿易協定

　こうした WTO における多数国間の合意形成が困難を極める一方で，近年，利益を共有する二国間において自由貿易協定（FTA）を締結しようとする動きが加速している。特に，最近の新たな動きとして，伝統的な貿易自由化（加盟国間の関税の撤廃や削減等）を目的とする FTA のうち，その対象を投資，競争政策，知的財産，政府調達，人の移動の円滑化，電子商取引，環境，労働関連制度の調和等といった分野にまで拡大するものが登場している。こうした広範な新分野を対象とするものを経済連携協定（EPA）と呼び，FTA と区別することがある。[*15]

事国は，誠実な協議を行うこととなっているが，一定期間（通常60日以内）内にこの協議によって紛争が解決できない場合には，申立国はパネル（小委員会）に紛争を付託することができる。パネルの判断に不満がある場合には，さらに上級委員会に申立てをすることができる二審制となっている。通常の判決に相当するパネル又は上級委員会の報告書は，WTO の紛争解決機関（DSB：Dispute Settlement Body）によって採択されることにより紛争の当事国に対し拘束力を生ずる。WTO の下での自由貿易を考える上で，環境問題との調整をいかに図るかは重要な問題である。この問題が注目を浴びることとなった契機として，当時GATT パネルに提訴された1991年のキハダマグロ事件（メキシコ対米国）が挙げられる。この事件は，イルカの混獲率が高い漁法で漁獲したメキシコ産マグロに対して米国が輸入禁止措置を発動したことに対してメキシコが提訴したものである。貿易の自由に配慮したGATT パネルの判断は，米国の主張を退けるものであったことから，環境保護団体が強く反発し，貿易と環境の問題が政治問題にまで発展した。

＊15　日本は2002年に初めてのEPAをシンガポールと締結して以来，その数を増やしており，EPA 及びFTA をあわせ21の協定がすでに発効するか署名済である（2023年8月現在）。

また，地域的な協定を締結するための交渉も加速している。例えば，環太平洋地域11カ国が参加する「環太平洋パートナーシップ協定」（TPP），日本とEUとの間の「日EU経済連携協定」，米国とEUとの間の「大西洋横断貿易投資パートナーシップ協定」（TTIP），ASEAN10カ国及び日中韓豪NZが参加する「東アジア地域包括的経済連携」（RCEP）が挙げられる。さらに，TPPとRCEPを巻き込み，アジア太平洋全域における「アジア太平洋自由貿易圏」（FTAAP）を構築しようとする試みも注目される。

このように，二国間または地域間における取組みは，WTOの抱える困難を克服するものとして評価され，その動きが加速する一方で，今後WTOとの整合性をいかに図るかは重要な課題といえる。

⑤　投資紛争

［1］　投資紛争と外国人財産の保護

投資紛争とは，投資家又は投資家国籍国と投資受入国との間の利害対立に基づく紛争を指し，伝統的には外国人財産の保護の問題として論じられてきた。

外国人（投資家）の財産の保護が問題となる場合として，同財産の**収用**[*]が考えられる。ある国家がその領域主権に基づいて外国人財産を収用する権限を有することは認められてきたが，収用の合法性要件に関して議論がみられた。収用が合法であるために，①公共目的であること[*16]，②無差別であること[*17]，③補償がなされることが求められることについて，ほぼ争いはない。しかし，補償の程度に関し，先進諸国は，**十分・実効的・迅速な補償**[*]（いわゆる「ハル・フォーミュラ」）を求める一方，開発途上国側は，投資受入国の国内法に従った補償で足りると主張してきた。この補償の程度については，国連総会における天然資源に対する恒久主権に関する決議（決議1803）や国の経済的権利義務憲章（決議3281）において言及されているが，決定的な具体的基準は設けられず，各国間の国際投資協定中の収用に関する規定に委ねられているといえる。

投資家と投資受入国との間の**投資契約**[*]が当該国により一方的に破棄される場合も，外国人（投資家）の財産の保護が問題となる。こうした投資契約は，国内私法によって規律されるものであり，その破棄自体が直ちに国際法違反となるもの

＊収用
収用には，特定の外国人投資家の財産を収用する個別的収用のみならず，投資受入国における国家体制の変革等によって生じる一般的・大規模な外国人財産の収用である国有化がある。

＊16　BP対リビア事件仲裁裁判所判決（1973年）は，収用が政治的な目的のために行われ，恣意的かつ差別的であったことから国際法違反であると述べ，公共目的が収用の合法性要件であることを示唆している。

＊17　LIAMCO対リビア事件仲裁裁判所判決（1977年）は，無差別の原則が収用の合法性要件として国際法の理論と実践において確立しているとする。

＊十分・実効的・迅速な補償
十分な補償とは，収用された財産の市場価額に沿うことを指す。実効的な補償とは，国際的に通用する通貨によって支払われることを指す。迅速な補償とは，合理的な期間内に遅滞なく支払が行われることを指す。

＊投資契約
このうち，天然資源の開発などの公的事業に関して投資受入国が投資家に利権を与えるものは，コンセッション契約と呼ばれている。

ではないとするのが通説である。しかし，投資受入国による
一方的破棄を予め防止するため，当該国の国内法の変更によ
る効果を受けないとする安定化条項を投資契約中に置くこと
が広く行われてきた。

　違法な収用等による外国人財産の侵害に対しては，従来，
外交的保護[*]による救済が図られてきた。しかし，投資紛争に
関しては投資受入国の国内裁判所等で扱うこととし，投資家
国籍国の外交的保護権の行使を認めないとするカルヴォ条項
が投資契約中に置かれることもあり，投資家の保護は十分で
なかった。

＊外交的保護
➡第3章❸「国際責任の履行」

2 国際投資協定

　投資家国籍国の求める投資家の手厚い保護と投資受入国の
求める投資の更なる促進を両立させる観点より，1980年代以
降，二国間投資条約の締結が急増した。また，自由貿易協定
や経済連携協定など，投資に関する規律を含む多数国間にお
ける地域貿易協定の締結もみられた。こうした投資保護を目
指した国家間の合意は，一般的に**国際投資協定**[*]と呼ばれてい
る。

　国際投資協定中には，以下のような規定が置かれることが
多い。①投資及び投資家の定義，②投資財産に対して**公正か
つ衡平な待遇を与える義務**[*]，③暴力からの十分な保護を投資
家に与える義務，④**内国民待遇原則**[*]，⑤**最恵国待遇原則**[*]，⑥
投資を行う条件として投資家に履行を要求することの禁止，
⑦「ハル・フォーミュラ」に基づく収用の合法性要件，⑧投
資受入国による投資契約上の義務履行の遵守（「アンブレラ条
項」と呼ばれる），⑨安全保障・公序のための措置における例
外，⑩投資家と投資受入国間の紛争の国際仲裁への付託
（「ISDS条項」と呼ばれる），などである。

＊国際投資協定
1995年，OECDは，多国間投資協定（MAI）の交渉を開始したが，結局，失敗に終わった。なお，2022年11月現在，日本は，34カ国・地域との間で投資協定を締結している。

＊公正かつ衡平な待遇を与える義務
2001年，北米自由貿易協定（NAFTA）自由貿易委員会は，公正衡平待遇義務は，外国人（投資家）の取扱いについて国際慣習法上の最低基準を付与するものであり，それ以上の待遇を求めるものでないことを確認する解釈覚書を発表した。

＊内国民待遇原則
投資受入国が，自国民に与える待遇よりも不利でない待遇を外国人投資家に与えること。

＊最恵国待遇原則
投資受入国が，第三国の国民に与える待遇よりも不利でない待遇を外国人投資家に与えること。

3 投資紛争の解決

　多くの国際投資協定の締結がみられた後，これら協定の
ISDS条項等に基づき，投資紛争の多くは，常設仲裁裁判所，
投資紛争解決国際センター（ICSID），国際商業会議所などに
おける国際仲裁による解決が図られてきた。

　このうち，ICSIDは，国際復興開発銀行の主導の下，1965
年投資紛争解決条約によって設立された投資紛争に関する調
停及び仲裁を司る国際機関である。ICSIDは，両紛争当事者

＊包括的・先進的 TPP 協定
オーストラリア，カナダ，シンガポール，チリ，日本，ニュージーランド，ブルネイ，ベトナム，ペルー，マレーシア，メキシコの11カ国が署名。2023年7月，イギリスの新規加盟が決定された。なお，2021年9月には，中国と台湾が相次いで加盟申請を行っており，その後，2021年12月にエクアドル，2022年8月にコスタリカ，2022年12月にウルグアイがそれぞれ加盟申請を行っている。

＊18 近年の三つの大きな変化として，天然ガスによる需要国であった米国が供給する側へと移行したという「供給国のシフト」，中国やインド，東南アジア諸国などがエネルギー消費大国として台頭してきたことによる「需要国のシフト」，気候変動に伴う温室効果ガス削減の必要性による「低炭素化へのシフト」が挙げられる。

＊化石燃料
石炭，石油，天然ガス，LP ガスなどが挙げられ，有限な資源である点や CO_2 排出量などの観点から問題とされている。

＊非化石エネルギー
原子力エネルギーと再生可能エネルギーに分けられる。原子力エネルギーは安全面が課題とされている。

＊原子力エネルギー
➡第6章**❾**「原子力」

（投資家と投資受入国）が ICSID に付託することにつき書面で同意した投資紛争について管轄権を行使することができる（25条）。ICSID 仲裁裁判所において適用可能な法は，両紛争当事者が合意する法規であり，この合意がない場合には投資受入国の国内法及び該当する国際法の規則が適用される（42条）。ICSID 仲裁裁判所の判断は，両紛争当事者を拘束し，投資紛争解決条約に規定のない上訴その他の救済手段は認められていない（53条）。また，各締約国は，仲裁判断を自国の裁判所の確定判決とみなして金銭上の義務の執行を行わなければならない（54条）。このように，現代の投資紛争は，投資受入国の国内救済に頼らず，国際的な手続において国際投資協定などの国際法を適用する形で解決が目指される傾向にある。

［4］ 投資活動の促進

これまで投資活動の促進を目指して様々な枠組みが構築されてきた。1961年，経済協力開発機構（OECD）の設立に伴い，OECD 加盟国間における資本移動に関する制限を漸進的に撤廃することを約した資本移動自由化規約が締結された。同規約は，近年の国際金融動向を踏まえて2019年に改訂されている。1988年には，投資家の非商業的リスクに対する保証を義務づけることで開発途上国への投資の誘致を目指した多数国間投資保証機関（MIGA）が設立された。2018年12月に発効した**包括的・先進的 TPP 協定**は，アジア太平洋における貿易の自由化及び投資の促進の基礎を創設することを目指し，2016年 TPP 協定中の投資に関する規定のいくつかを組み込んでいる。

⑥ 国際エネルギー法

［1］ エネルギーに関する国際情勢

人間とエネルギーの関係は時代によってこれまでも形を変えてきたが，世界におけるエネルギーの問題は近年深刻化している。エネルギーは大きく**化石燃料**と**非化石エネルギー**に分けられ，非化石エネルギーは，**原子力エネルギー**と再生可能エネルギーに区分される。永続的に利用できるエネルギーである再生可能エネルギーには，風力，太陽光，地熱，水力，波などの海洋エネルギーだけでなく，木質系・一般廃棄物系の生物資源を直接燃焼あるいはガス化することによって

得られるバイオマスなどによる発電が含まれている。

　今日では，従来の化石燃料への依存から脱却及び温室効果ガス削減，それらの代替エネルギーとなりうる再生可能エネルギーへの移行，世界中の人々に電気を供給するための政策，エネルギー効率化の追求などが国際的に行われている状況にある。その主軸となっているのが，二酸化炭素をはじめとする温室効果ガスの排出量から，植林，森林管理などによる吸収量を差し引いた合計を実質的にゼロにすること，すなわちネットゼロまたはカーボンニュートラルの実現である。国際エネルギー法は，このような国際的流れの中で，急速に発展している国際法分野である。[*19]

＊19　2020年，菅政権下において，2050年までのCO$_2$排出量を実質ゼロとする脱炭素化政策を掲げられ，再生可能エネルギーの主力電源化，原子力発電の社会的信頼の回復と安全性の確立等に向けた技術開発，火力発電の脱炭素化などによって，2030年までに温室効果ガス排出削減目標として，2013年度から46％削減することを決定している。

［2］　エネルギーに関連する国際的取組み

○国連

　国連は，持続可能な開発目標（SDGs）の七つ目の目標として「エネルギーをみんなに，そしてクリーンに」を掲げ，2030年までにすべての人々の安価かつ信頼できる持続可能な近代的エネルギーへのアクセスを確保することを目指している。その具体的目標のうち，途上国の電力不足については一定の成果が挙げられている。

　198カ国が参加する国連気候変動枠組条約第締約国会議（COP）は，今日，多国間のエネルギーに関する方針を決定する上で，重要な役割を担っている。2022年のCOP27では，「シャルム・エル・シェイク実施計画」が決定され，途上国を金銭的に支援することを目的としたロス＆ダメージ基金（仮称）の設立，パリ協定の気温上昇を「1.5度以内」に抑えるという目標達成のため2030年までに2019年比の43％削減するという目標の設定，再生可能エネルギー促進のため4兆ドルの投資などについて合意された。脱炭素化に向けた化石燃料の段階的廃止が決定されるか否かが注目されていたが，エネルギー供給不安などを背景として，2021年COP26に続き，合意には至らなかった。なお，ロス＆ダメージ基金（仮称）の詳細については，2023年の会議において決定される見通しである。

○エネルギー憲章条約（ECT：Energy Charter Treaty）

　1994年に作成され，1998年に発効したエネルギー憲章条約とは，旧ソ連の解体に伴い，旧ソ連・東欧諸国におけるエネルギー分野の改革促進，企業の貿易・投資活動の促進を目的

として作成された欧州エネルギー憲章を実施するための条約である。日本を含む51カ国が加盟している。

　2022年6月，EUが投資保護ルールの現代化，気候変動対応や低炭素化の実現，投資家対国家紛争の解決手続の改正などを要求したことを受け，日・EU定期首脳協議共同声明において，エネルギー憲章の近代化に向けて積極的に引き続き交渉することが確認された。しかし，ドイツ，フランス，スペインなどEUの総人口の7割にあたる国々がこれに反発し憲章からの脱退を表明したため，2023年3月現在，欧州議会がEUに対してエネルギー憲章の脱退に向けた手続を要請している状況にある。

○国際エネルギー機関（IEA：International　Energy　Agency）

　国際エネルギー機関は，1973年の第一次石油危機をきっかけとして，当時の米国務長官キッシンジャーの提案の下に設立された，OECDの機関である。OECDの加盟国であることと，**備蓄基準**を満たしていることが加盟条件である。これらの備蓄は，オイルショックの教訓として有事の際に放出することを目的としており，実際に，2021年と2022年には，国際エネルギー市場の緊張緩和・安定化のため，国家備蓄と民間備蓄から放出されている。

○国際再生可能エネルギー機関（IRENA：International　Renewable　Energy　Agency）

　2009年に条約が採択され，2011年に設立された国際再生可能エネルギー機関は，再生可能エネルギーの普及と持続可能な利用の促進を目的としている。再生可能エネルギーへの関心の高まりを受け，加盟国が増加しており，2023年3月現在，世界の167カ国とEUが加盟済み，16カ国が加盟手続中である。国際再生可能エネルギー機関は，再生可能エネルギーに関する様々な情報提供や研究や，再生可能エネルギーに関連するいわゆるグリーン産業支援のための投資の促進に向けた取組みなどを行っている。

＊備蓄基準
備蓄方法には，国家備蓄，民間備蓄，産油国共同備蓄の三つがあり，少なくとも前年の当該国の1日当たり石油純輸入量の90日分を備蓄することが求められている。

第8章

個人と国際法

国と国との関係を規律してきた国際法においても個人に関する条約規定が増加している。国際人権保障はその典型であるが，規定の内容も実施のための制度も進化していると考えられる。権利と同様に，条約が個人に義務を直接課す例も多くなってきており，国際犯罪はその典型である。個人について，権利と義務の両面で国際法の規則が作成されていることを理解してほしい。

1 自由権規約

1 国際人権法とは

1945年国連憲章は，国連の目的として「人種，性，言語又は宗教による差別なくすべての者のために人権及び基本的自由を尊重するように助長奨励することについて，国際協力を達成すること」を掲げた（1条3項）。国連は総会と人権委員会（経済社会理事会の補助機関，2006年より人権理事会となる）を中心に人権保障に関する活動を行い，これまでに国際人権法と呼ばれる一群の条約を採択してきた。その基礎となるのは1948年**国連総会決議**の世界人権宣言であり，これは「人類社会のすべての構成員の固有の尊厳と平等で譲ることのできない権利とを承認することは，世界における自由，正義及び平和の基礎であるので，……」との前文で始まり，全30条から成る。そこで示された基準を法的拘束力のある条約にしたのが1966年国際人権規約である。国際人権規約は「経済的，社会的及び文化的権利に関する国際規約（**社会権規約**）」及び「市民的及び政治的権利に関する国際規約（**自由権規約**）」から成る。自由権規約は1976年に発効し，締約国は173カ国である（2023年現在）。

2 自由権規約の内容

自由権規約は国際法上の**個人**の権利を規定する。

その内容は，生命に対する権利（6条），拷問又は残虐な刑の禁止（7条），奴隷及び強制労働の禁止（8条），身体の自由と逮捕抑留の要件（9条），被告人の取扱い，行刑制度

＊1 ➡第8章❹「人種差別撤廃条約」，第8章❺「女性差別撤廃条約」，第8章❻「児童の権利に関する条約」，第8章❼「障害者権利条約」

＊国連総会決議
➡第2章❺「国際機構の決議」

＊社会権規約
➡第8章❷「社会権の国際的保障」

＊2 第一選択議定書（個人通報制度），第二選択議定書（死刑廃止）がある。

＊個人
➡第1章❺「個人」

＊3 自由権規約1条は，社会権規約1条と共通し，人民の自決権を規定する。

＊少数民族の保護（27条）
自由権規約27条「種族的，宗教的又は言語的少数民族が存在する国において，当該少数民族に属する者は，その集団の他の構成員とともに自己の文化を享有し，自己の宗教を信仰しかつ実践し又は自己の言語を使用する権利を否定されない。」二風谷ダム事件（札幌地判1997年3月27日）において，「アイヌ民族は文化の独自性を保持した少数民族としてその文化を享有する権利を自由権規約27条で保障されている」ことが認められた。

＊4　人権条約の委員会による「一般的意見（General Comment）」とは，特定の問題につき委員会が総括所見などで示した解釈をまとめ，委員の意見を集約して示した文書であり，条約の発展的な解釈を示す。一般的意見に法的拘束力はないが，条約解釈のために参考にされる。例として，自由権規約委員会による規約2条に関する一般的意見31（2004年採択）は，「締約国はその管轄下にあるすべての個人（締約国の領域外にある場合も含む）の規約上の権利を尊重し，確保しなければならない。」として，規約2条の文言「かつ」を「かつ／または」に発展的に解釈している。

＊国際機構
➡第1章❸「国際機構」

＊NGO
➡第1章❻「NGO」

（10条），契約不履行による拘禁の禁止（11条），移動，居住及び出国の自由（12条），外国人の追放の条件及び審査（13条），公正な裁判を受ける権利（14条），遡及処罰の禁止（15条），人として認められる権利（16条），私生活・名誉及び信用の尊重（17条），思想・良心及び宗教の自由（18条），表現の自由（19条），戦争宣言及び憎悪唱道の禁止（20条），集会の自由（21条），結社の自由（22条），婚姻の自由（23条），児童の保護（24条），選挙及び公務への参与（25条），法の前の平等，無差別（26条），**少数民族の保護（27条）**＊である。

　自由権規約の締約国は，「その領域内にあり，かつ，その管轄の下にあるすべての個人に対し，人種，皮膚の色，性，言語，宗教，政治的意見その他の意見，国民的若しくは社会的出身，財産，出生又は他の地位等によるいかなる差別もなしにこの規約において認められる権利を尊重し及び確保する」義務を負う（2条）。社会権規約が漸進的達成義務であるのに対し，自由権規約は即時実施義務である。

◆非常事態における自由権

　　自由権規約は，非常事態における例外を認め，「国民の生存を脅かす公の緊急事態の場合においてその緊急事態の存在が公式に宣言されているときは，この規約の締約国は，事態の緊急性が真に必要とする限度において，この規約に基づく義務に違反する措置をとることができる」とする（4条1項）。ただしその場合でも，生命権や拷問禁止などの規定に違反することは許されない。

［3］　履行確保制度

　自由権規約によって自由権規約委員会が設置され，以下の＊4履行確保制度が実施されている。

○国家報告制度：締約国が条約の国内における実施状況を定期的に報告書にまとめて提出し委員会の審査を受けるもの。この審査の際には，**国際機構**＊や**NGO**＊などが提供した情報も参考にする。審査の結果，委員会は総括所見（最終見解）という文書を採択し，締約国に対して勧告という形で人権条約の履行につき改善すべき点を指摘する。

○国家通報制度：締約国が，他の締約国による規約の義務不履行を委員会に通報するもの。双方が予め委員会の権限を認める宣言をしている場合に限り受理される。

○**個人通報制度**[*]：規約上規定された人権が侵害され，国内で救済されなかった場合に，個人が委員会に申立をするもの。委員会は事件ごとに規約違反の有無を審理する。ここで委員会が採択する「見解」はそれ自体法的拘束力を有しないが，委員会による条約の解釈を示す。個人通報制度を認める第一選択議定書の締約国は116である（2023年現在。日本は非加盟）。

［4］　自由権規約と日本

　日本は1979年に自由権規約を批准した。[*5] 国内裁判所における人権訴訟では自由権規約が頻繁に援用されている。最高裁判所は，国籍法違憲訴訟（最大判2008年6月4日）において，「我が国が批准した自由権規約にも，児童が出生によっていかなる差別も受けないとの規定が存する」とした。非嫡出子相続分違憲訴訟（最大決2013年9月4日）においては，自由権規約に児童が出生によっていかなる差別も受けない旨の規定があることを確認した上で，「自由権規約委員会が包括的に嫡出でない子に関する差別的規定の削除を勧告」したことに言及している。

❷　社会権の国際的保障

［1］　社会権とは

　人権は，**自由権**[*]と社会権に分類される。1948年の世界人権宣言では，社会保障についての権利，労働の権利，休息及び余暇の権利，生活水準についての権利，教育についての権利，文化的権利などの社会権が規定された。そして，1966年に，上記に団結権・ストライキ権，家族，母親，児童に対する保護などを含めた「経済的，社会的及び文化的権利に関する国際規約」（社会権規約）として成立し，2023年3月現在，締約国は171カ国である。[*6] なお，社会権規約の1条では，自由権規約と同様の自決権に関する規定が置かれているが，これについての**留保**，またそれに伴う異議が多くの国から出されている。[*7]

　社会権については，社会権規約の他にも，欧州の1961年社会諸憲章や欧州基本権憲章，米州人権条約，アフリカ憲章（バンジュール憲章）などの地域的人権条約において規定されている。さらに，個別の人権条約においても社会権について定められている場合がある。例えば，社会保障や教育につい

＊個人通報制度
Broeks 事件（対オランダ，1987年4月9日見解）において，自由権規約委員会は，規約26条（法の前の平等）は社会権を含む権利に適用されるとした。

＊5　➡第2章❻「国際法の国内的実施」

＊自由権
➡第8章❶「自由権規約」

＊6　米国と社会権：米国は，1977年に社会権規約に署名しているものの，今日まで批准していない。これは，国家権力の介入については最小限にとどめるべきであるという見解が米国内では広く受け入れられており，また社会主義的観念への抵抗感が強いことなどが理由として挙げられる。

＊留保
➡第2章❷「留保」

＊7　日本の留保：日本は，公の休日についての報酬，ストライキ権，無償教育について留保し，団結権・ストライキ権が制限される警察構成員には消防職員が含まれるとの解釈宣言を行った。このうち，無償教育に関する留保については2012年に撤回している。

＊国際労働機関（ILO）
➡第9章❼「ILO（国際労働機関）」

ての権利については，児童の権利条約や難民条約でも規定が置かれている。また，**国際労働機関（ILO）**＊では労働に関する権利とその保障の実現に向けた取組みが行われている。

2 自由権と社会権

自由権が文字通り個人の自由に対する国家権力の不介入によって実現する権利であるのに対し，社会権とは国家権力を通じて保護・実現される権利である。また，自由権は即時実施義務，すなわち規約に基づき，直ちに実現されなければ国が人権侵害を行っているとされる権利であるのに対し，社会権は国が段階的に実現に向けて努力をするという漸進的達成義務を負うものであると社会権規約において定められている。これは，社会権の保護の実現には，各国からの社会保障制度の整備や労働環境の改善など積極的な関与が必要とされるからである。漸進的達成義務は，国が利用可能な資源を最大限用いて社会権保護の実現に向けた措置をとることで履行される。

なお，国連人権委員会によれば，一部の社会権は，漸進的達成ではなく即時の取組みが求められるとされている。具体的に，差別の撤廃，特別な資力を必要としない社会権の実現（団結権・ストライキ権，児童の経済的・社会的搾取からの保護，労働報酬の平等，教育を受ける権利など），努力義務，後退的措置をとらないこと，社会権規約上の義務についてそれぞれ最小限の保障は実現することなどが，漸進的達成義務の例外として位置づけられている。

3 履行確保制度

社会権規約16条・17条は，締約国に対して自国の履行状況について報告する義務を負うこと（国家報告制度）を規定している。この制度的実現のため，1985年に，国連経済社会理事会の下に社会権規約の履行確保を目的とした社会権規約委員会が設置された。社会権規約委員会は，締約国からの報告内容を審査し，履行に関する評価，懸念，勧告などを明記した総括所見を採択するという役割をもつ。なお，総括所見は，法的拘束力は有しない。

2008年，自由権規約のような個人通報制度を社会権規約に認めるべきであるという動きに応え，個人通報制度，国家通報制度，調査制度について規定した選択議定書が国連総会で

採択された。[*8] 当該議定書は，個人・国家による通報を通じて，履行状況を改善することを目的とするが，2023年7月現在，当事国は27カ国のみである。また，国連人権理事会による検討も行われているものの，個別の違反国に対して具体的な措置が講じられることはないため，社会権違反についての国際法は発展途上にあるといえる。

4　日本

　日本では，1984（昭和59）年の塩見事件において，社会権規約の直接適用が検討されたものの，判決において社会権規約の国内適用可能性が否定された。これに対し，社会権規約委員会は2013年の総括所見で，日本政府が国内法体系における社会権規約が効力を発生させるために必要な措置をとることを求めている。

　当該総括所見ではその他にも，女性，非嫡出子及び同性のカップルに対する差別的規定を改正すること，矯正の手段又は刑としての強制労働を廃止，雇用や労働市場における事実上の差別の存在，過剰労働等の過酷な労働環境，配偶者，夫婦間強姦を含め，配偶者間暴力を犯罪化すること，「慰安婦」の社会権を保障するためのあらゆる必要な措置をとることとヘイトスピーチ防止のための教育をすること，外国人児童への義務教育実施状況を監視すること，アイヌ人の生活水準向上のための措置をとること，福島原発事故の被害者に対する救済と差別からの保護などに関して，勧告が出されている。

③　難　民

1　難民（Refugees）とは

　国連難民高等弁務官事務所[*]の発表（2023年6月）によると，2022年末時点で世界では紛争や迫害によって1億840万人以上が故郷を追われ，戦後最大になった。難民は3530万人に上る。2022年ロシアによる侵攻でウクライナから少なくとも630万人が国外に避難した。

　難民を保護するための国際法としては，1951年難民の地位に関する条約（難民条約）及び1967年難民の地位に関する議定書がある。[*9] 日本は1981年に難民条約に加入するにあたり，従来の出入国管理法令を改正し，新たに難民認定制度を導入して，「**出入国管理及び難民認定法**[*]」と改称した。

　難民条約は難民を「人種，宗教，国籍若しくは特定の社会

8　個人通報制度，国家通報制度

➡第8章❶「自由権規約」

国連難民高等弁務官事務所

➡第9章❿「UNHCR（国連難民高等弁務官事務所）」

9　難民条約は，1951年1月1日以前の主にヨーロッパにおける難民を対象とするものであったが，議定書ではこの地理的・時間的制約を取り除いた。2023年現在，計146カ国が条約の，計147カ国が議定書の締約国である。

出入国管理及び難民認定法

外国人の不法入国や不法残留を理由とする退去強制や収容についても規定する。2021年3月に，スリランカ人女性ウィシュマ・サンダマリさんが収容先の名古屋出入国在留管理局の施設で死亡した。2020年8月には，国連人権理事会の恣意的拘禁作業部会が，東日本入国管理センターで長期収容された外国籍の難民申請中の男性2名の個人通報に対し，2名の収容が恣意的拘禁に該当し，自由権規約9条等に違反するという意見を採択した。➡第8章❶「自由権規約」

表 8-1　2022年の難民発生国と難民受入国及びその数

難民発生国		難民受入国	
1　シリア	650万人	1　トルコ	360万人
2　ウクライナ	570万人	2　イラン	340万人
3　アフガニスタン	570万人	3　コロンビア	250万人
4　ベネズエラ	550万人	4　ドイツ	210万人
5　南スーダン	230万人	5　パキスタン	170万人

（出所）　UNHCR, Global Trends 2022　(https://www.unhcr.org/global-trends-report-2022)

的集団の構成員であること又は政治的意見を理由に迫害を受けるおそれがあるという十分に理由のある恐怖を有するために国籍国の外にいる者」（1条）と定義し，締約国の義務として「難民を……生命又は自由が脅威にさらされるおそれのある領域の国境へ追放し又は送還してはならない」（33条）と規定している。こうした追放・送還の禁止はノン・ルフールマンの原則と呼ばれ，国際慣習法化したとされている。

2　国内避難民（IDPs：Internally Displaced Persons）とは

　国内避難民とは，紛争などによって常居所を追われたものの国内にとどまって避難生活を送る人々を指し，その数は近年増加している。[*10] UNHCR は，難民と同様に援助を必要とする国内避難民に対する支援も行っている。

3　日本における難民認定手続[*11]

　難民条約は，難民認定手続について各締約国の立法裁量に委ねている。難民の認定は法務大臣が行う処分であり，難民申請者が難民該当性の立証責任（「迫害を受けるおそれがあるという十分に理由のある恐怖」の高度の蓋然性の証明）を負う。[*12] 出入国在留管理庁は2023年「難民該当性の手引」を策定した（図8-1）。2022年には3,772人が難民認定の申請をし，202人が認定された（内15人は難民不認定とされた者の中から不服申立ての結果認定されている）。難民不認定とされた者のうち，人道的配慮から在留を認められた者は1,760人である。申請者の国籍は68カ国にわたり，カンボジア，スリランカ，トルコ，ミャンマー，パキスタンの順に多い。難民認定された者の国籍は，ミャンマー，中国，アフガニスタン等である。1982年の難民認定制度導入から2022年までの申請数は91,664人で，うち難民認定1,117人，人道的配慮を理由に在留を認

*10　国内避難民は6250万人に達し，シリア680万人，コロンビア680万人，ウクライナ590万人，コンゴ民主共和国550万人，イエメン450万人，スーダン360万人，アフガニスタン330万人などである（2022年末時点）。

*11　日本では1975年からのインドシナ難民の大量流出を契機に，難民問題に関する議論が急速に高まった。同年5月にベトナムからボートピープルが初めて到着し，以来インドシナ難民の一時受入れ及び定住受入れを特別に認めてきた（2022年末までのインドシナ難民定住受入れ数は1万1548人）。

*12　『UNHCR 難民認定基準ハンドブック』は，申請者の説明が信憑性を有すると思われるときは，反対の十分な理由がない限り，申請者に利益が与えられるべきであるとするが，日本はこれを採用していない。しかし，立証程度の緩和を認める裁判例も出てきている。名古屋高判2016年7月13日では，「難民の保護は，単なる恩恵ではなく，普遍的権利に基づく人道上のものとして，締約国に要請されているものであるし，難民認定申請をする者は，通常，非常に不利な状況に置かれているのであって，説明責任を不当に厳格に解して，保護を受ける必要のある難民が，保護を受けられなくなる事態が生じてはならないというべきである」として，『UNHCR 難民認定基準ハンドブック』を引

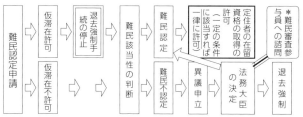

図 8 - 1　難民認定手続

（注）　＊　難民異議申立手続については，公正性・透明性を図るべく，法務
　　　　大臣は難民審査参与員の意見を聴かなければならない。
（出所）　出入国在留管理庁 HP より。

められたのは5,049人である。

　難民申請の増大に伴い，難民不認定・退去強制処分の取消を求める訴訟も増加している。こうした訴訟では，拷問が行われるおそれのある国への送還禁止を定める拷問禁止条約 3 条が援用されることがある。また，児童がかかわる場合には，児童の「最善の利益」の考慮を定めた児童の権利に関する条約 3 条が援用されることがある。[*13]

　日本は2010年アジアで初めて第三国定住（難民キャンプ等で一時的な庇護を受けた難民が，当初庇護を求めた国から新たに受入れに合意した第三国へと移動して定住すること）による難民の受入れを始め，2023年 4 月までにミャンマー難民約250人を受け入れている。

④　人種差別撤廃条約

1　国際世論の形成

　国連憲章 1 条では，国連の目的の一つとして「人種，性，言語又は宗教による差別なくすべての者のために人権及び基本的自由を尊重するように助長奨励することについて，国際協力を達成する」旨を規定している。これは，国連憲章において，数カ条（前文，13条，55条，56条，62条，76条）にわたって繰り返し強調されており，人権の国際的保障は国連の最大の目的の一つであるといえる。こうした諸規定にもかかわらず，第二次世界大戦後の国際社会では，1959〜60年にかけて，ゲルマン民族の優越性を主張し反ユダヤ主義思想を掲げるネオ・ナチズムの活動が欧州を中心に活発化したり，**アパルトヘイト政策**をとる南アフリカ共和国において人種差別が一国の政策として行われていた。こうした国連加盟国による構造的な人種差別は国連憲章に著しく反するものであり，国

用した。

*13　裁判では，退去強制の結果として児童が父母から分離されても，児童の権利条約 3 条に反しないと判断されている。これは日本が同条約 9 条 1 項（父母からの分離を禁止する規定）に「出入国管理法に基づく退去強制の結果として父母から分離される場合に適用されるものではない」との解釈宣言を付していることに関係する。➡第 8 章❻「児童の権利に関する条約」

＊アパルトヘイト政策
南アフリカ共和国で行われてきた白人優位の人種差別政策。1948年，白人による国民党政権の下でバンツー（黒人）やカラード（混血）の排除を目的とし，異人種間の結婚を禁止する雑婚禁止法，人種ごとに居住地を指定する集団地法や公共施設分離利用法などの立法化により確立。国連総会は1952年から南アに政策廃止を迫ったが，南アはこれを「国内問題」とし，一連の討議をボイコットするようになる。国連は，同政策が「国際関心事項」であるとの立場から，62年に監視のための特別委員会（後の反アパルトヘイト委員会）を設置。1976年に発効したアパルトヘイト条約では，同政策が人道に対する罪を構成するとされた。

際の平和と安全を脅かすものとなることが懸念された。

2 条約採択までの経緯

　こうした世論を受け，1960年，第15回国連総会において
「人種的，民族的憎悪の諸表現」と題するネオ・ナチズム非
難決議が全会一致で採択された。これは，社会生活における
人種的，宗教的及び民族的憎悪のあらゆる表現と慣行は，国
連憲章及び世界人権宣言に違反することが確認され，さらに
すべての政府はそのような慣行を防止するために必要な措置
をとるよう要請するものであった。また，同総会では「植民
地及びその人民に対する独立の付与に関する宣言」もあわせ
て採択され，植民地主義とこれに関連して生じる差別等のす
べての慣行を止めなければならない旨が確認された。ところ
が，こうした決議採択後も人種差別は依然として存在したこ
とから，差別を撤廃するための法的拘束力ある国際条約採択
の必要性が求められるようになる。この結果，1962年の第17
回国連総会において「あらゆる形態の人種差別の撤廃に関す
る宣言案及び条約案の作成」に関する決議案が採択され，さ
らに1963年の第18回国連総会では「あらゆる形態の人種差別
の撤廃に関する国連宣言」が全会一致で採択された。そし
て，翌々年の1965年12月，ついに第20回総会において人種差
別撤廃条約が採択され，1969年1月に発効した。2016年12月
の時点で，締約国数は177カ国である。

　しかしながら，条約採択後も，南アフリカ共和国ではアパ
ルトヘイト政策が続けられ，幾度かにわたり安全保障理事会
によって平和に対する脅威と認定され，強制措置の対象と
なってきた。例えば，安保理が南アフリカ共和国に対して決
議418（1977年）や決議569（1985年）などを発し，数度にわ
たって経済制裁が行われた。また国際司法裁判所もナミビア
事件における勧告的意見において，南アフリカ共和国の行為
は「人種による差別なくすべての者のために人権及び基本的
自由を尊重する」という憲章の目的及び原則の甚だしい違反
であると認定した。現在では，アパルトヘイト政策は廃止さ
れ，同国は，反アパルトヘイト運動を積極的に展開したネル
ソン・マンデラ大統領政権の下，1998年に人種差別撤廃条約
を批准している。

［3］　条約の内容

　ジェノサイド条約が人種的集団その他の集団の殺害及び迫害を禁止するものであるのに対して，人種差別撤廃条約は，より積極的に人種を理由とした差別それ自体の撤廃を目指すものである。撤廃の対象となるのは「人種，皮膚の色，世系又は民族的若しくは種族的出身に基づくあらゆる」差別であり，広範囲の包括的な差別である（1条）。また，締約国には，国や公的機関による差別だけでなく，個人，集団又は団体による人種差別を立法その他の手段によって除去する義務（2条1項(d)）や，人種主義に基づく思想の流布，差別の扇動，暴力行為等を法律によって禁止し処罰すべき義務（4条）なども課している。すなわち，国や政府による組織的な差別のみならず，個人による差別をも撤廃するよう求める，きわめて厳格な規定が設けられている点に注目しなければならない。

　なお，国際司法裁判所は，バルセロナ・トラクション事件判決において，特にジェノサイドの禁止や人種差別撤廃に関する基本的人権の諸原則は，国が国際社会全体に対して負う義務であると位置づけている。[*14]

［4］　日本と人種差別撤廃条約

　日本は，採択から30年後の1995年に同条約を批准したが，4条(a)及び(b)について**留保**を付している。両規定は「人種的優越又は憎悪に基づくあらゆる思想の流布」，「人種差別の扇動」等につき処罰等の立法措置をとることを締約国に義務づけるものである。しかし，これらがきわめて広範な概念であることから，日本国憲法の保障する集会，結社，表現の自由と抵触しない限度において，これらの義務を履行するとの趣旨である。[*15]　同規定については，米国及びスイスが留保を，英国，フランス等が解釈宣言を行っている。

⑤　女性差別撤廃条約

［1］　「元始，女性は太陽であった」[*16]

　地球上の人間の半数は女性である。女性は歴史の中で政治的・経済的・社会的に差別される存在であった。近代においても，各国の国内法は女性の権利を制限し（例：日本の旧民法），現代に至るまで差別が残っている。

　国際社会においては，国連がその目的の一つとして「性に

*14　対世的義務　➡第2章❸「強行規範」，第3章❸「国際責任の履行」
＊留保
➡第2章❷「留保」
*15　日本では，ヘイトスピーチについて社会的関心が高まっていたことを受け，2016年にはヘイトスピーチ解消法が成立した。また，法律として初めてアイヌ民族を「先住民族」と明記したアイヌ施策推進法が2019年に施行されている。同法では，差別や権利侵害を禁じ，国及び地方公共団体の責務として，教育や広報を通じてアイヌに関する国民の理解を深めることが明記された。
*16　日本における女性解放・婦人参政運動に尽力した平塚雷鳥（1886～1971年）の自伝の題目である。日本女性が最初に選挙権を行使して投票を行ったのは，完全普通選挙が実現した1946年4月の総選挙であった。

よる差別のない人権尊重」（憲章１条３項）を掲げ，1946年に
経済社会理事会の機能委員会として女性の地位委員会が設置
された。国連は1967年に女性差別撤廃宣言を採択し，男女平
等の実現のために女性の権利を包括的に規定する条約の制定
に向けて取組みを始めた。女性の地位委員会は1975年「国際
女性年」に第１回世界女性会議（メキシコ）を開催し，翌年
からを「国連女性の10年」と設定して，その重要な成果とし
て1979年女性差別撤廃条約（女性に対するあらゆる形態の差別の
撤廃に関する条約〔CEDAW：Convention on the Elimination of
All Forms of Discrimination Against Women〕）[17]をまとめた。

*17　政府公定訳は "wo-
men" を「女子」としてい
るが，ここでは「女性」を
用いる。

2　女性差別撤廃条約

　女性差別撤廃条約は1981年に発効し，締約国は189カ国で
ある（2023年現在）。本条約は女性に対する差別を「性に基づ
く区別，排除又は制限であつて，政治的，経済的，社会的，
文化的，市民的その他のいかなる分野においても，女性（婚
姻をしているかいないかを問わない。）が男女の平等を基礎とし
て人権及び基本的自由を認識し，享有し又は行使することを
害し又は無効にする効果又は目的を有するもの」とする（１
条）。締約国の差別撤廃義務は，法制度の整備にとどまらず，
性差別的な慣習及び慣行の撤廃にまで及ぶ。
　他の人権条約と同様に，本条約の実施に関する進捗状況を
検討するために，女性差別撤廃委員会が設けられており，締
約国には報告義務がある[18]。1999年には選択議定書が採択さ
れ，本条約に定める権利を侵害された個人が委員会に対して
通報を行うことが可能となった（2023年現在締約国115。日本は
非加盟）。

3　女性差別撤廃条約の留保

　本条約にも他の人権条約と同様に多くの留保*が付されてい
る。例えばサウジアラビアは，「条約とイスラム法の抵触が
あった場合には，条約上の義務を負わない」とした留保を付
し，この留保に対しては「条約の趣旨及び目的と両立しない
ものである」旨の異議申立てが行われた（オーストリア，デン
マーク，フランス，スペイン等）。この留保は両立性の基準に反
する許されない留保と捉えうるが，異議を申し立てた国は二
国間の間で「留保の限度において適用がない」（条約法条約21
条３項）と解している。

*18　女性差別撤廃委員会
は，日本の第７回及び第８
回報告に関する総括所見
（2016年）において，ILO
の条約（雇用及び職業につ
いての差別待遇に関する第
111号条約，家事労働者の
ディーセント・ワークに関
する第189号条約）の批准の
検討を日本に強く要請して
いる。➡第９章⑦「ILO
（国際労働機関）」
*留保
➡第２章❷「留保」

[4]　日本と女性差別撤廃条約

　日本が本条約を批准する以前の事例として，企業による女性差別（日産自動車定年差別訴訟）がある。1981年3月24日最高裁は，男性55歳・女性50歳の定年制は性別のみによる不合理な差別で，民法90条（公序良俗違反）の規定により無効と判示した。日本は1985年に本条約を批准し，そのために男女雇用機会均等法や国籍法を改正した。国籍法はそれまでの父系血統主義（父が日本人であれば子に日本国籍付与）から父母両系血統主義（父又は母が日本人であれば子に日本国籍付与）に改められた。[19]以降の関連国内法として，1999年男女共同参画社会基本法，2001年配偶者からの暴力の防止及び被害者の保護に関する法律等がある。

　民法733条1項は女性の再婚禁止期間を定めていたが，2024年4月をもって再婚禁止期間は廃止されることとなった。これは，女性差別撤廃委員会が，条約15条（法の前の平等），16条（婚姻・家族関係における差別撤廃）の観点から，廃止を日本に要請していたものであった。[20]

[5]　女性に関連する国際条約

　他に，1952年母性保護に関する条約，1957年既婚婦人の国籍に関する条約（かつては妻は婚姻によって夫の国籍に従うものとされていた），1981年家族的責任を有する労働者である男女労働者の機会均等及び平等待遇に関する条約等がある。

⑥　児童の権利に関する条約

[1]　条約作成の経緯

　児童の権利の保護を初めて国際的に唱えたのは1924年の「児童の権利に関する宣言（ジュネーヴ宣言）」である。同宣言は，人類が児童に対して最善のものを与える義務を負い，そのため児童には搾取から守られる権利などが保障されるべきであるとした。その後国連憲章や世界人権宣言の下で「すべての者」の人権の保護が取り扱われたが，「児童」の権利のみを取り上げた第二の文書は1959年の「児童の権利に関する宣言」である。同宣言は，児童の生存権及び幸福追求権を謳い，教育を受ける権利や社会保障を享有する権利など10の権利を定めている。その後採択された**自由権規約**[*]は人身売買や強制労働を禁止した（「すべての者」に関する規定であるから，「児童」にも適用される）。現実には途上国では児童が過酷な労働や売春を強要される事態が後を絶たず，先進国では児童虐

*19　国籍法改正の契機としては，沖縄における無国籍児（米兵を父とし，日本人を母とする子ども）の問題もあった。

*20　婚姻の自由は平等権及び自己決定権にかかわり，LGBTQにも通じる問題である。

＊自由権規約
➡第8章❶「自由権規約」

待が増加傾向にある。こうした状況下，国連人権委員会が起
草し，1989年に国連総会が採択したのが「児童の権利に関す
る条約」である（1990年発効）。2023年2月の時点で196の
国・地域が締結している。

2 条約上定められる権利義務

　条約は，18歳未満の者を「**児童**[*]」と定義し（1条），その
保護と基本的人権の尊重を促進することを目的として「虐
待・放置・搾取等からの保護（19条）」や「経済的搾取・有
害労働からの保護（32条）」といった規定を盛り込んだ。生
命に対する権利（6条），意見表明の権利（12条）[*21]，表現の自
由（13条）など自由権的権利の他，社会保障を受ける権利
（26条），教育や文化に対する権利（28条）など社会権的権利
も規定する。これらの権利を実現するため，締約国は，条約
上の権利を差別なく確保し（2条），児童の利益を最優先し
て（3条），適当な立法上及び行政上その他の措置をとる（4
条）義務を負う。

3 条約の履行確保

　条約は，締約国による条約の履行状況を審査するため，児
童の権利に関する委員会を設置した（43条）。締約国は委員
会に対し条約中の権利の実現のためにとった措置や進歩を報
告する義務を負い，委員会は条約実施に関する追加の情報を
締約国に要請することができる（44条）。委員会は締約国の
報告書を審査した結果を最終見解として公表する。最終見解
は勧告にすぎず，法的拘束力はないが，勧告に従い国内法令
が改正されることもある。

　条約発効後も世界各地で児童売買が後を絶たなかったた
め，2000年に採択されたのが「児童の売買，児童買春及び児
童ポルノに関する児童の権利に関する条約の選択議定書」で
ある（2002年発効）。議定書は，児童の売買，児童買春及び児
童ポルノを禁止し（1条），児童の性的搾取，営利目的での
児童の臓器引渡し，児童の強制労働への従事といった行為を
処罰する義務を定めた（3条）。

　さらに，武力紛争により多くの児童が殺害され，兵士とし
て搾取されている状況に鑑み，2000年に「武力紛争における
児童の関与に関する児童の権利に関する条約の選択議定書」
が採択された（2002年発効）。議定書は，**敵対行為への参加年**

*児童
条約正文にいう "child" に
ついて，「児童」と訳すか
「子ども」と訳すか意見の
対立があったが，「児童」
を公定訳とすることで決着
した。条約によって，親子
関係にかかわる場合には
「子」，親子関係などに限定
されない場合には「児童」
と訳される場合がある。
「子ども」という用語は
「子どもの人権専門委員」
等，「固有名詞の一部」と
して用いられる。

*21　12条は意見を聴かれ
る権利も保障しており，例
えば，民事上の手続につい
ては親の別居や離婚，養子
縁組等の事案，刑事上の手
続については罪を犯した場
合や犯罪の被害を受けた場
合・犯罪の証人である場合
などが想定される。

齢について18歳未満の者が敵対行為へ直接参加しないこと及び18歳未満の者を自国軍隊に強制的に徴兵しないことを定め（1条，2条），自発的入隊が認められる年齢を16歳以上とした（3条1項）。また正規軍以外の武装集団による児童の徴兵や敵対行為における使用も禁じている（4条1項）。国際刑事裁判所規程は15歳未満の児童を徴兵又は入隊させたり，敵対行為へ直接参加させる行為を戦争犯罪とし（8条），2012年にはコンゴ民主共和国の武装グループリーダーがこの罪で有罪判決を下された。しかし，現在でも世界には数十万人もの「児童兵（子ども兵士）」がいると推定される。児童兵の大半はアフリカと東アジアに集中する。

＊敵対行為への参加年齢
児童の権利条約は，15歳未満の者を敵対行為へ直接参加させず，自国軍隊への採用を控えるよう規定する（38条）。議定書はその最低年齢を引き上げ，武力紛争における児童の保護を確保しようとしている。

　4　　児童の権利に関する条約と日本

　日本は1994年4月，条約内容の多くがすでに批准した国際人権規約に規定され，国内法制によって保障されていることを理由に，国内法令改正や立法措置は行わず，条約を批准した。同年，「子どもの人権専門委員」制度を設け，1999年に「児童買春，児童ポルノに係る行為等の処罰及び児童の保護等に関する法律」，2000年に「児童虐待の防止等に関する法律」を制定し，児童の保護の徹底化を図っている。さらに，2004年には「武力紛争における児童の関与に関する児童の権利に関する条約の選択議定書」，2005年には「児童の売買等に関する児童権利条約選択議定書」を批准し，それぞれ関係国内法の改正を行った。しかし，日本の子どもの幸福感は相対的に低いとされ，また，日本の子どもの貧困率は1980年代からの上昇傾向が改善されておらず，一層の対策が求められる。

⑦　障害者権利条約

　1　　"Nothing about us, without us"

　世界保健機関（WHO）の発表（2022年）では，世界人口の16％が何らかの障害を有している。日本国内には身体障害者約436万人，知的障害者約109万人，精神障害者約419万人が暮らしている（内閣府『令和4年版　障害者白書』）。

　国連は総会決議として1975年「障害者の権利宣言」，1993年「障害者の機会均等化に関する標準規則」を採択し，2001年「障害者の権利及び尊厳を保護・促進するための包括的・総合的な国際条約」についての決議によって条約起草のため

＊22　2016年に神奈川県立津久井やまゆり園で知的障害者19人の尊い命が犠牲になり，社会に衝撃を与えた。東日本大震災での障害者の死亡率は被災住民全体に比べて約2倍であったとの調査がある。条約11条は，「締約国は，国際法（国際人道法及び国際人権法を含む。）に基づく自国の義務に従い，危険な状況（武力紛争，人道上の緊急事態及び自然災害の発生を含む。）において障害者の保護及び安全を確保するための全ての必要な措置をとる。」と規定する。

＊23　障害当事者の関与は，条約にも規定されている。4条では，締約国は障害者に関する問題についての意思決定過程において，障害者を代表する団体を通じ，障害者と緊密に協議し，及び障害者を積極的に関与させるよう定める。35条（締約国による報告）では，障害者権利委員会に対する報告を作成するにあたり，4条の規定に十分な考慮を払うよう要請されている。➡第1章❻「NGO」

＊24　日本政府は，条約の批准書の寄託に際し，「条約第23条4項（児童がその父母から分離されないこと）は，出入国管理法に基づく退去強制の結果として児童が父母から分離される場合に適用されるものでない」とする解釈宣言を行った。

＊障害に基づく差別
①直接差別（障害を理由に制限を行うこと。例：障害を理由に受験を不可とする），②間接差別（一見中立にみえるがその効果が障害者の排除となること。例：普通文字の読み書きを受験の条件にする），③関連差別（障害に関連する事項を理由に排除すること。例：盲導犬の入店拒否），④合理的配慮の否定がある。

の委員会設置が決定した。"Nothing about us, without us"（私たちのことを，私たち抜きに決めないで）を合言葉に，条約起草過程においては，障害者団体が参加し重要な役割を果たした。[23]

条約は2006年に国連総会で採択，2008年に発効した（2023年現在，締約国187，日本は2007年署名，2014年批准）。[24]障害者権利条約選択議定書も2006年に採択，2008年に発効した（2023年現在，締約国105，日本は非加盟）。

条約は「全ての障害者によるあらゆる人権及び基本的自由の完全かつ平等な享有を促進し，保護し，及び確保すること並びに障害者の固有の尊厳の尊重を促進すること（前文）」を目的としている。各国において障害を有している人たちをこれまでどのように扱ってきたのかには長い歴史がある。また文化的な差異も存在する中で，この条約が採択された意義は大きい。

2　条約の特徴

○障害に基づく差別

条約2条は**障害に基づく差別**を「障害に基づくあらゆる区別，排除又は制限であって，政治的，経済的，社会的，文化的，市民的その他のあらゆる分野において，他の者との平等を基礎として全ての人権及び基本的自由を認識し，享有し，又は行使することを害し，又は妨げる目的又は効果を有するものをいう。障害に基づく差別には，あらゆる形態の差別（合理的配慮の否定を含む。）を含む。」と定義する。「合理的配慮の否定」とは，過度の負担ではないにもかかわらず障害者の権利の確保のために必要な調整を行わないことを指す。合理的配慮の具体例には，車椅子利用者のためのスロープ設置，視覚障害者への点字・電子データの提供，難聴者への筆記などがある。

○教育（24条）

障害者が精神的・身体的な能力等を可能な最大限度まで発達させ，自由な社会に効果的に参加することを可能にするため，締約国は障害者を包容するあらゆる段階の教育制度や生涯学習を確保する。

障害者を包容する教育制度（インクルーシブ教育）とは，障害のある児童がその潜在能力を最大限に発達させ，自由な社会に効果的に参加できるようにするという教育理念の下，障

害のある児童と障害のない児童とが可能な限り一緒に教育を受けられるよう配慮することである。

　○**労働及び雇用（27条）**

　締約国は，障害者が他の者との平等を基礎として労働についての権利を有することを認め，あらゆる形態の雇用に係るすべての事項（募集，採用及び雇用の条件，雇用の継続，昇進並びに安全かつ健康的な作業条件を含む。）に関し，障害に基づく差別を禁止する。

３　日本における条約の実施

　障害者総合支援法，**障害者差別解消法**[*]が制定された。条約の国内実施状況の監視に関しては障害者基本計画の監視をする障害者政策委員会が行う。

　教育（24条）について，障害者基本法の改正により，「可能な限り障害者である児童及び生徒が障害者でない児童及び生徒と共に教育を受けられるよう配慮」すること等が新たに規定された。また，学校教育法施行令改正により，従来は一定の程度以上の障害のある児童生徒は特別支援学校への就学が原則とされ，小中学校への就学は例外だったものが，障害の状態等を踏まえ，総合的な観点から就学先を決めるようになった。

　労働及び雇用（27条）について，障害者雇用促進法の一部改正により，雇用分野における障害者差別の禁止や，精神障害者を障害者の法定雇用率の算定基礎に加えること等が追加された。

４　国際協力

　条約32条[*25]は，条約実現のための国際協力を規定する[*26]。そのため，国連の６機関（WHO, ILO, 国連人権高等弁務官事務所〔OHCHR〕，国連経済社会局，国連開発計画〔UNDP〕，国連児童基金〔UNICEF〕）は「障害者の人権のためのパートナーシッププログラム」のための信託基金を2011年に立ち上げた。SDGs[*]は障害者に関して明記しており，障害に関する指標も組み入れている。

⑧　海　賊

１　国際法上の海賊

　海賊とは，一般に，海上で武力によって航行中の船舶や沿

[*]**障害者差別解消法**

　国の行政機関・地方公共団体，民間事業者に対し，「障害を理由として障害者でない者と不当な差別的取扱いをすること」を禁止し，国の行政機関・地方公共団体には障害者への「合理的配慮」の法的義務を課している（民間事業者は努力義務）。民間事業者にも「合理的配慮」の法的義務を課す改正法が2021年6月に公布され，公布の日から起算して3年を超えない範囲内において政令で定める日から施行される。国立大学のみならず私立大学においても学内の環境整備が必要である。

[*25]「締約国は，この条約の目的及び趣旨を実現するための自国の努力を支援するために国際協力及びその促進が重要であることを認識し，この点に関し，国家間において並びに適当な場合には関連のある国際的及び地域的機関並びに市民社会（特に障害者の組織）と連携して，適当かつ効果的な措置をとる。」

[*26]日本は，政府開発援助（ODA）の活動を通じて途上国の障害者施策に協力している。具体例として，鉄道建設や空港建設にバリアフリー設計を取り入れる等の有償資金協力，リハビリテーション施設の整備等の無償資金協力，障害者の社会参加に関する研修員の受入れや専門家・JICA（国際協力機構）ボランティアの派遣等の技術協力がある。

＊SDGs
→第9章❻「SDGs」

＊普遍的管轄権
国が一定の事項について国
内法を制定し，これを適
用・執行する権能を管轄権
といい，一般的に何らかの
連関（例：自国領域内での
行為の発生や自国民の関
与）が求められる。しかし
例外的に，そのような連関
がなくとも管轄権を行使し
うる場合がある（普遍主
義）。

＊公海
→第5章❼「海Ⅲ：公海」

＊27　それゆえ，シー
ジャックやマラッカ・シン
ガポール海峡の沿岸国領海
内で多発している武装強盗
はこの定義には含まれな
い。→第8章❿「ハイ
ジャック・シージャック」

＊排他的経済水域
→第5章❻「海Ⅱ：排他的
経済水域と大陸棚」

＊アジア海賊対策地域協定
（ReCAAP）
正式名称は，「アジアにお
ける海賊行為及び船舶に対
する武装強盗との戦いに関
する地域協力協定」。

岸の町や村を襲って財貨を奪う盗賊をいう。戦争状態にある
一国の政府からその敵国の船を攻撃し船や積荷を奪う許可
（私掠免許）を得て行う活動とは区別される概念である。海賊
船はいずれの国の支配にも属さず，海賊行為は海上貿易を阻
害するものとして，領海外で行われていても，いずれの国で
あっても拿捕・処罰することができる犯罪とされるようにな
った。今日にいう国際犯罪の先駆けであり，慣習法により
普遍的管轄権＊の行使が許容されていた唯一の犯罪といえる。

　各国の国内法では，海賊について様々な定義が置かれてい
たが，20世紀の国際海洋法法典化の過程で，国際法上の海賊
の定義が明確に定められるようになった。それによれば，海
賊行為とは，①私有の船舶又は航空機の乗組員又は旅客が，
②私的目的のために，③**公海**＊又はいずれの国の管轄権にも属
さない場所にある他の船舶もしくは航空機又はそれらの中の
人もしくは財産に対し，④不法な暴力・抑留又は略奪行為を
行うこと（国連海洋法条約101条）である。＊27この規定は，「公海
に関する条約」（1958年）の規定とほぼ同様であり，それまで
の法典化作業の流れに沿ったものである。

　いずれの国も，公海上で，海賊船舶・海賊航空機又は海賊
行為によって奪取され海賊の支配下にある船舶又は航空機を
拿捕し，自国の裁判所で課すべき刑罰を決定することができ
る（国連海洋法条約105条）。このように権利が認められている
だけでなく，すべての国は最大限に可能な範囲で，海賊行為
の抑止に協力する義務を負っている（同100条）。なお，国連
海洋法条約の88条から115条までの規定は，**排他的経済水
域**＊にも適用される（同58条2項）ため，すべての国は，排他
的経済水域においても，以上の権利・義務を有している。

2　近年の動向：ソマリア沖の海賊問題を中心に

　近年，海賊事案は減少していたものの，マラッカ・シンガ
ポール海峡を中心に，東南アジアで海賊等の事案が増加した
ことから，日本の提唱によりこれらの問題に対処するための
法的枠組みの交渉が行われ，**アジア海賊対策地域協定**（Re-
CAAP）＊が2004年に採択された。2006年9月の発効後には，
情報共有センターがシンガポールに設立され，締約国間での
情報共有と能力向上を軸とした協力が行われている。

　これに加え，内戦に伴い政府が自国領域の実効支配を行う
ことができなくなったソマリアでは，それに乗じて，ソマリ

ア沖・アデン湾で海賊行為が頻発するようになり，国連や国際海事機関はこれに対処するために様々な措置をとってきた[*28]。特に，国連安保理は，2008年の決議1816において，ソマリア暫定政府の能力欠如を理由に，同政府と海賊及び武装強盗への戦いにおいて協力している諸国がソマリア領海内に海賊及び武装強盗への対処のために入ることを許可した。また，その後の決議1851では，ソマリアにおいて適当な**すべての必要な措置[*]**をとることを許可し，領海だけでなくソマリアの「領土」に入ることも認めた。一連の決議は，ソマリアの特別な状況に対処するためのものであり，同政府の同意の下で行われていることには留意しなければならない。

　また，ソマリア沖海賊問題に関する国際的な協力メカニズムとして，ソマリア沖海賊対策コンタクト・グループが発足し，作業部会を含め様々な取組みが行われてきた。これに加え，国際海事機関，G7／G8，欧州連合，北大西洋条約機構などの枠組みの中で活動が行われているとともに，各国が個別に護衛艦を派遣するなどしてきた。また，海賊問題の根本的な原因に対処するため，ソマリアの治安向上への支援や人道支援・インフラ整備への支援も行われている。

　海賊船の拿捕や海賊の逮捕が海上で行われた際には，被疑者である海賊の人権をその後の刑事手続においてどのように保護していくかが問題となる。また，多くの国が，ケニアなどソマリア周辺諸国に海賊を引渡して処罰を任せているが，周辺諸国の能力には限界があることも指摘されている。

［3］　日本における海賊への対処

　日本は，2009年3月より護衛艦を派遣し，アデン湾を航行する船舶の護衛にあたっていたが，当時の国内法制の下での海上警備活動では，日本に関係する船舶のみ防護可能であった。しかし，2009年6月に海賊行為の処罰及び海賊行為への対処に関する法律（海賊対処法）が成立し，船籍を問わずすべての国の船舶を海賊行為から防護することができるようになり，より効果的な海賊対処が可能となった。また，2011年には，ジブチにおいて，自衛隊独自の派遣航空隊のための拠点を開設している。

　なお，日本の南極海での捕鯨に対する反捕鯨団体シーシェパードからの妨害活動の活発化を受け，海上保安官が捕鯨船に乗船したり，水産庁の監視船を派遣したりといった対策を

*28　なお，ソマリア沖・アデン湾での海賊・武装強盗に対しては，近年の国際的な取組みが効果をみせており，世界全体での海賊件数は減少したものの，西アフリカのギニア湾でのリスクが高まった点には留意が必要である。

*すべての必要な措置
➡第9章**❸**「安全保障理事会」

＊29　なお，米国の連邦高
裁（第九巡回区控訴裁判
所）は，日本の捕鯨船に対
するシーシェパードの妨害
行為を「海賊」行為と認定
している。暫定差止命令が
出された後にも妨害行為は
続き，同裁判所は，差止命
令違反として法廷侮辱を認
定し，シーシェパードは
255万ドルの賠償金を支払
うこととなった。

とってきたが，これに加え，海賊対処法の下で，海賊として
処罰することができるかも議論された。[*29]

⑨　国際テロリズム

1　国際テロリズムとは

　一般的に，テロリズムとは，広く恐怖又は不安を抱かせる
ことによりその目的を達成することを意図して行われる政治
上その他の主義主張に基づく暴力主義的破壊活動とされてい
る。テロリズムが複数国の領域又は国民に関係する場合，国
際テロリズムと称される。近年，日本人が被害を受けた国際
テロ事件だけでも，米国同時多発テロ事件（2001年），インド
ネシア・バリ島爆弾テロ事件（2002年・2005年），イギリス・
ロンドン地下鉄等同時多発テロ事件（2005年），インド・ムン
バイ同時多発テロ事件（2008年），在アルジェリア邦人に対す
るテロ事件（2013年），シリアにおける邦人殺害テロ事件
（2015年），チュニジア・チュニス博物館襲撃事件（2015年），
ベルギー・ブリュッセル連続テロ事件（2016年），バングラデ
シュ・ダッカ襲撃事件（2016年），スリランカ連続爆弾テロ事
件（2019年）など数多くの事案が挙げられる。

　こうした国際テロリズムに対し，国際社会は，法的規制枠
組みを構築すべく議論を重ねてきた。しかし，民族解放運動
戦闘員とテロリストの区別などの問題を中心に，テロリズム
の国際法上の定義に関する合意形成が達せられず，国際テロ
リズムを包括的に規制しうる条約が存在しない現状にある。

　実際，1996年，**国連総会決議**によってテロリズムに関する
特別委員会が設置され，同委員会によって国際テロリズムに
関する包括的条約が起草・審議されてきたが，現在において
も同条約の採択に至っていない。同条約2条は，「手段のい
かんを問わず，不法かつ故意に，次のことを意図する行為
は，この条約上の犯罪とする」として，「いかなる者の死又
は身体の重大な傷害」や「公的又は私的財産に対する重大な
損害」などを列記し，国際テロリズムを構成する犯罪の実行
行為を含む構成要件を詳細に定めている。しかし，こうした
定義に関する意見の一致がみられず，このことが条約採択の
障害となっている。

＊国連総会決議
➡第9章❷「総会」

2　国際テロリズム関連条約

　国際テロリズムを包括的に規律する条約が存在しない国際

社会においては，これまで，国際テロリズムを構成しうる暴力行為や危険行為といった特定の犯罪行為を個別に規制する条約の締結が行われてきた。こうした条約は，講学上，国際テロリズム関連条約と呼ばれている。

　国際テロリズム関連条約は，改正や議定書を含めて19存在し，①民間航空に関するもの（航空機内で行われた犯罪その他ある種の行為に関する条約〔1963年〕，航空機の不法な奪取の防止に関する条約〔1970年〕，民間航空の安全に対する不法な行為の防止に関する条約〔1971年〕，国際民間航空についての不法な行為の防止に関する条約〔2010年署名・2018年発効〕など），②国際要員の保護に関するもの（国際的に保護される者に対する犯罪の防止及び処罰に関する条約〔1973年〕），③人質行為に関するもの（人質をとる行為に関する国際条約〔1979年〕），④核物質に関するもの（核物質の防護に関する条約〔1980年〕など），⑤海洋航行に関するもの（海洋航行の安全に対する不法な行為の防止に関する条約〔1988年〕，大陸棚に所在する固定プラットフォームの安全に対する不法な行為の防止に関する議定書〔1988年〕など），⑥爆発物に関するもの（可塑性爆薬の探知のための識別措置に関する条約〔1991年〕），⑦爆弾テロに関するもの（テロリストによる爆弾使用の防止に関する国際条約〔1997年〕），⑧テロ資金供与に関するもの（テロリズムに対する資金供与の防止に関する国際条約〔1999年〕），⑨核テロリズムに関するもの（核によるテロリズムの行為の防止に関する国際条約〔2005年〕）の九つに分類することができる。近年，2016年に核物質の防護に関する条約の改正が発効，2018年に航空機の不法な奪取の防止に関する条約の追加議定書が発効，2020年に航空機内で行われた犯罪その他ある種の行為に関する条約を改正する議定書が発効するなど，重要な変更が続いている。

　こうした国際テロリズム関連条約の多くは，①対象となる犯罪の構成要件，②締約国の国内法において刑事罰の対象犯罪とすること，③裁判権を設定すること，④**「引渡か訴追か」の義務**を負うこと，⑤当該犯罪を犯罪人引渡条約（将来締結するものも含む）の引渡犯罪とみなす又は政治犯罪とみなさないこと，に関する規定をもつ。

③　国連における国際テロリズムへの対処

　国連総会は，1994年，国際テロリズム廃絶措置宣言を採択し，テロリズムが犯罪であることを強調した上で，国際テロ

*「引渡か訴追か」の義務　被疑者が自国内に所在する国家は，他国からの引渡要求に応じて当該被疑者を引き渡すか，当該被疑者を自国で訴追・処罰するかのいずれかを行わなければならないこと。

*30　➡第8章⓫「犯罪人引渡」

リズムの廃絶を目指した国際的な対策の必要を訴えてきた。1996年にテロリズムに関する特別委員会が設置され，国際テロリズムに関する包括的条約について審議している。また，2006年には，総会によって国連グローバル・テロ対策戦略が打ち立てられた。

　国連安全保障理事会＊は，2001年の米国同時多発テロ事件を受け，テロ資金供与の防止を国連加盟国の一般的な義務と決定する決議を採択した（安保理決議1373号）。これに基づき，反テロリズム委員会（CTC）が設置され，同決議などの実施状況の監視を行っている。

＊**国連安全保障理事会**
➡第9章❸「安全保障理事会」

⑩　ハイジャック・シージャック

［1］　ハイジャック・航空犯罪の防止及び処罰

　ハイジャックとは，暴行や脅迫などにより人を抵抗不能の状態に陥れて航行中の航空機を強取し，又はほしいままにその運航を支配することをいう。**国際民間航空機関**（ICAO）＊が主体となって作成した**航空機内で行われた犯罪その他ある種の行為に関する条約（東京条約）**＊（1963年署名・1969年発効）は，ハイジャック（航空機の強取等）を含む航空犯罪を規制するための多数国間条約の嚆矢となった。この条約は，航空機の飛行中又は航空機が公海の水上若しくはいずれの国にも属さない地域の地上にある間に行われた①刑法上の犯罪，②航空機若しくはその機内の人若しくは財産の安全を害し若しくは害するおそれがある行為，③航空機内の秩序及び規律を乱す行為に適用される（1条）。その上で，同条約は，こうした犯罪行為につき，当該航空機の登録国の裁判権行使を認めて，各締約国に裁判権の設定措置を義務づけ（3条），当該航空機の機長に被疑者の拘束を含む妥当な措置をとる権限を与えている（6条）。

　しかし，東京条約は航空犯罪に対する航空機登録国の裁判権を認めるにとどまったため，1960年代以降に多発した同犯罪への対処として不十分とされた。そこで，「引渡か訴追か」の義務を定めてハイジャックの不処罰の防止に努めた**航空機の不法な奪取に関する条約（ハーグ条約）**＊が作成された（1970年署名・1971年発効）。同条約によれば，暴力・脅迫その他の威嚇手段を用いて航空機を不法に奪取し又は管理する行為及びこうした行為に加担する行為が犯罪とされ（1条），航空機登録国，航空機着陸国，航空機賃借人所在国に裁判権の設

＊**国際民間航空機関（ICAO）**
➡第5章⓭「空Ⅱ：国際民間航空」
＊**航空機内で行われた犯罪その他ある種の行為に関する条約（東京条約）**
2014年，この条約を改正する議定書（東京条約改正議定書）が作成され，2020年に発効した。

＊**航空機の不法な奪取に関する条約（ハーグ条約）**
2010年，この条約の追加議定書（北京議定書）が作成され，2018年に発効した。

定措置が義務づけられている（4条）。被疑者が所在する締約国は，その者を引き渡さない場合，訴追のため事件を付託する義務を負う（7条）。

　また，より広い航空犯罪の被疑者の処罰等を目指し，民間航空の安全に対する不法な行為の防止に関する条約（モントリオール条約）及びその補足議定書が作成された（1971年署名・1973年発効。補足議定書は，1988年採択・1989年発効）。同条約及び議定書は，飛行中の航空機内の人に対する暴力行為に加え，業務中の航空機の破壊やこうした破壊をもたらす装置若しくは物質の設置，航空施設の破壊やその運用の妨害などを犯罪行為と定め（1条），犯罪地国，航空機登録国，航空機着陸国，航空機賃借人所在国に裁判権設定措置を義務づけた（5条）。また，「引渡か訴追か」の義務も定めている（7条）。

　2001年9月11日の米国同時多発テロ事件を受け，モントリオール条約に犯罪類型を追加し，**国際テロリズム関連条約**に共通する規定を導入する形で，国際民間航空についての不法な行為の防止に関する条約（北京条約）が成立した（2010年署名・2018年発効）。同条約は，民間航空機の武器としての使用，**生物・化学・核兵器**といった大量破壊兵器による攻撃，こうした兵器又は関連物資の輸送，航空施設に対するサイバー攻撃，こうした犯罪行為の共謀を新たに犯罪とする（1条）。その他，裁判権設定（8条），「引渡か訴追か」の義務（10条），政治犯罪性の否定（13条）といった規定がみられる。

2 　シージャック・海上犯罪の防止及び処罰

　シージャックとは，暴力や脅迫などの手段により航行中の船舶を強取したりその運航を支配したりすることをいう。シージャックは，国際法上，海賊行為と明確に区別されている。海賊行為とは，公海上における私有船舶の乗員等による他の船舶に対する私的目的に基づく不法な暴力等のきわめて限定された行為であり，こうした海賊行為に対しては，**裁判管轄権の普遍主義**が認められてきた。他方，シージャックは，他の船舶ではない乗船した船舶に対する不法な暴力等も含む行為であり，これに対しては，当該被害船舶の旗国が裁判管轄権をもつとされてきた。

　1985年に生じた**アキレ・ラウロ号事件**を契機に，**国際海事**

*国際テロリズム関連条約
➡第8章❾「国際テロリズム」

*生物・化学・核兵器
➡第10章⓫「化学兵器の禁止」，第10章⓬「核兵器」

*裁判管轄権の普遍主義
犯罪行為地や犯罪行為者の国籍にかかわらず，すべての国家の立法・裁判管轄権が認められることを指す。

*31　船舶や航空機の登録国（旗国）の立法・裁判管轄権が及ぶことを旗国主義という。

*アキレ・ラウロ号事件
イタリア船籍のアキレ・ラウロ号が，乗船していたパレスチナゲリラによって乗っ取られ，米国人乗客が殺害された事件。米国政府は被疑者たちによる犯罪行為を海賊行為と考え，同人の身柄を拘束しているイタリアに対して犯罪人引渡条約に基づく引渡しを要求したが，イタリアはこれに応じずに自国での訴追を行った。

＊国際海事機関（IMO）
➡第5章❹「国際海洋法とは」

機関（IMO）は，海賊行為とされないシージャック等の海上犯罪への対処の強化を審議し，1988年，海洋航行の安全に対する不法な行為の防止に関する条約を採択した（1992年発効）。同条約では，海賊行為に該当しない海上における不法かつ故意に行う行為（暴力その他の威嚇手段を用いて船舶を奪取する行為，船舶内の人に対する暴力行為，船舶を破壊する行為，海洋航行に関する施設を破壊する行為など）が犯罪と定められている（3条）。また，締約国は，自国を旗国とする船舶に対し又はその船舶内で行われる犯罪，自国領域内で行われる犯罪，自国の国民によって行われる犯罪についての裁判権を設定するための必要な措置を行うことを義務づけられている（6条1項）。さらに，犯人又は被疑者が領域内で発見された締約国は，「引渡か訴追か」の義務を負っている（10条）。

　2005年，海洋航行の安全に対する不法な行為の防止に関する条約の改正議定書が作成された（2010年発効）。同議定書においては，新たに，爆発性物質，放射性物質若しくは生物・化学・核兵器を船舶に対して若しくは船舶上で使用し又は船舶から排出する行為やこうした物質や大量破壊兵器等を船舶によって輸送する行為等が犯罪と定められることとなった（3条の2）。また，こうした犯罪行為を抑止するため，法執行機関又は権限を与えられた公務員による円滑迅速な乗船等に関する規定も置かれている（8条の2）。

⑪　犯罪人引渡

1　犯罪人引渡とは

　外国で犯罪を犯した者が自国に逃亡してくるなどして，自国内に犯罪容疑者が滞在している場合，他国からの引渡請求に応じて，訴追又は処罰のためにその請求国に引き渡すことをいう。

＊32　米国が約100カ国と犯罪人引渡条約を締結しているのに比べて，日本は2カ国のみと少ない。
＊国際礼譲
国際社会において儀礼的・便宜的考慮に基づき，一般的に遵守される慣例。事実上の慣行にすぎないため，国際慣習法とは区別される。
➡第2章❹「慣習法」

　一般国際法上，国は犯罪人引渡の義務を負っていない。二国間の犯罪人引渡条約（日本が締結している条約として，日米犯罪人引渡条約及び日韓犯罪人引渡条約）や多数国間条約（欧州犯罪人引渡条約）に基づいて引渡が行われ，条約がない場合でも国内法（逃亡犯罪人引渡法）や国際礼譲に基づいて引渡が行われている。

2　犯罪人引渡に関する諸原則

　各条約や各国の国内法で一般的に認められている原則とし

ては，①双方可罰性の原則，②特定主義の原則，③政治犯不
引渡の原則がある。①双方可罰性の原則とは，引渡犯罪が引
渡請求国及び被請求国の双方の刑法で犯罪とされており，か
つ相当の重罪に限られることである。②特定主義の原則と
は，引渡された犯罪人が引渡請求の理由となった犯罪につい
てのみ処罰されることである。③政治犯不引渡の原則とは，
通常の刑法犯のみが引渡の対象となり，政治犯罪人の場合に
は引渡さないというものである。フランス革命以降，政治的
自由が人権として定着し，また革命やクーデター等による政
治的抗争が頻発したため，政治犯不引渡の原則が一般慣行と
して確立した。

◆**自国民の引渡**[*33]

　　2000年に日本に逃亡し，日本国籍が確認されて滞在
をしていたペルーのフジモリ元大統領について，民間人
殺害への関与などでの逮捕命令がペルーから出され，日
本政府に対して身柄引渡の請求がなされた。しかし，日
本とペルーの間には犯罪人引渡条約がなく，日本の逃亡
犯罪人引渡法2条9号は「逃亡犯罪人が日本国民である
とき」引き渡してはならない，と規定しているため，引
き渡されなかった。

　　このように自国民不引渡を規定する国内法や条約があ
るが，これは国際慣習法の原則ではない。自国民を引き
渡すかどうかは各国の裁量に委ねられている。

*33　自国民の引渡を憲法
上禁止している国もある。
そこで，外国で犯罪を犯し
て逃亡してきた自国民につ
いて，犯罪発生国からの要
請に応じて自国の法に基づ
いて処罰することがある
（代理処罰）。

3　政治犯不引渡の原則

　政治犯不引渡の原則については，その範囲をめぐって議論
がある。

　一般に政治犯罪とは，一国の政治体制の変革を目的とする
行為であって，当該国においては犯罪とされている行為を指
し，絶対的政治犯罪（純粋政治犯罪）と相対的政治犯罪に分
けられる。絶対的政治犯罪とはもっぱら当該国の政治的秩序
を害するのみの行為（革命やクーデターの計画等）であり，こ
れには問題なく不引渡原則が適用される。これに対して，相
対的政治犯罪とは政治的秩序の侵害に関連して，殺人や破壊
行為などの普通犯罪が行われる場合であり，こうした政治犯
を不引渡の対象とするかについては問題が多い。

◆**ハイジャックは政治犯か：張振海事件**

　　中国人である張振海は，1989年12月16日北京発上

海経由ニューヨーク行の中国民航機をハイジャックし，同機は福岡空港に緊急着陸した。中国から日本に対し，引渡請求がなされたため，東京高裁は逃亡犯罪人引渡法が規定する引き渡すことができる場合に該当するかを判断した。

　張振海側は，天安門事件に関与した容疑で政治犯として処罰されるおそれがあったため第三国に逃亡しようとしたのであり，不引渡の対象となる政治犯であると主張した。また，中国に引き渡された場合には自由権規約7条が禁止する拷問又は残虐な刑罰を受けることが予想されるとして，逃亡犯罪人を引き渡すことができない場合に該当すると主張した。さらに，政治的意見を理由に迫害を受けるおそれがあることから難民条約の「**難民**[*]」に該当し，中国への引渡は難民条約33条（追放・送還の禁止）に違反すると主張した。

　1990年4月20日東京高裁はこれらの主張をすべて否定し，本件は民間航空機に対するハイジャック事犯であって重大な犯罪であり，かつ政治犯罪にあたらないとして，引渡を肯定した。

［4］　死刑存置国への犯罪人引渡

　近年では人権条約で保障される人権の観点から，死刑廃止国が死刑存置国に犯罪人を引き渡すことは，当該国の人権条約義務違反となりうる（**ゼーリング事件**[*]〔欧州人権裁判所判決，1989年7月7日〕，ジャッジ事件〔自由権規約委員会見解，2003年10月20日〕）。

⑫　マネー・ロンダリング

［1］　マネー・ロンダリングの国際的規制

　マネー・ロンダリング（資金洗浄）とは，犯罪行為で得た不正な収益を正当な取引で得たもののように見せかける行為や，口座を転々とさせたり形態を変えたりするなどして不正な収益の出所を隠す行為等によって，違法な起源を偽装する目的で犯罪収益を処理することをいう。こうしたマネー・ロンダリングは，国境を越える国際組織犯罪を助長し，国際的な経済活動の合法かつ健全な発展に重大な悪影響を及ぼすものであるため，各国による取締りの外，国際的規制が模索されてきた。

＊難民
➡第8章❸「難民」
＊ゼーリング事件
ドイツ国籍のゼーリングが米国で殺人を犯し，英国に逃亡中に逮捕された。死刑廃止国である英国が，死刑存置国である米国から犯罪人引渡条約に基づく引渡請求を受けたが，裁判所は，犯罪人引渡は欧州人権条約3条（非人道的な若しくは品位を傷つける取り扱い）違反を生じさせると判断した。
＊金融活動作業部会（FATF：Financial Action Task Force）
2023年現在，OECD加盟国を中心に，37カ国・地域及び二つの国際機関（欧州委員会と湾岸協力理事会）が参加している（2023年2月24日，ロシア・ウクライナ戦争を受け，ロシアの加盟資格停止が決定された）。FATFは，2022年3月にはアラブ首長国連邦を，2023年2月には南アフリカとナイジェリアを，それぞれ監視強化の対象国として指定している。2021年8月に公表されたFATF第四次対日相互審査報告書において，日本は，マネー・ロンダリング対策についての審査11項目のうち9項目の基準を満たしていないとさ

マネー・ロンダリングの国際的規制につき，その嚆矢は麻薬及び向精神薬の不正取引条約（1988年）による薬物犯罪規制にみられたが，今日においては，1989年のアルシュ・サミットにおいて設置された**金融活動作業部会（FATF）**[*]が中心的役割を担っている。1990年，FATF は，「40の勧告」を提示し，麻薬及び向精神薬の不正取引条約への批准，国内法制の整備，金融機関による顧客の本人確認，疑わしい取引の金融規制当局への報告を各国に求めた。その後，1996年の同勧告の改正では，薬物犯罪のみならず一般的な重大犯罪がマネー・ロンダリングの前提犯罪に含められ，2003年の改正では，国際組織犯罪防止条約（2000年）及び麻薬及び向精神薬の不正取引条約に基づくマネー・ロンダリングの犯罪化，非金融業者や職業的専門家の適用対象化が盛り込まれた。FATF は，2001年の米国同時多発テロ事件を受け，テロ資金供与の犯罪化等を含む「9の特別勧告」を発表しており，2012年，これと従来の「40の勧告」を統合した**「FATF 勧告」**[*]を提示した。同勧告は，①リスク・ベース・アプローチを強化して，疑わしい取引である可能性が高い金融取引については厳格な措置を求める一方，低リスクの取引については簡易な措置を認め，より効率的な対応を求めること，②犯罪者等による悪用を防止するため，法人・信託，電信送金システムにおける必要な情報等についての基準を厳格化し，これらの透明性を向上させること，③国内におけるマネー・ロンダリングやテロ資金供与対策のための当局の役割及び機能を明確にし，より広範な権限を求めるとともに，グローバルな脅威の拡大に対応するため国際協力体制を強化すること，④腐敗防止のため，重要な公的地位を有する者（PEPs）の定義を拡大し，これらの者に関して金融機関等による厳格な顧客管理を求めること，⑤**国連安全保障理事会**[*]の決議の要請に従って，大量破壊兵器の拡散に関与する者に対して金融制裁を実施するよう求めること等を含んでいる。

2　マネー・ロンダリングの防止及び処罰に関する国際法

第一に，麻薬及び向精神薬の不正取引の防止に関する国際連合条約（麻薬及び向精神薬の不正取引条約）（1988年）が挙げられる。同条約は，**麻薬に関する単一条約（1961年）**[*]，同改正議定書（1972年）又は**向精神薬に関する条約（1971年）**[*]の規定に違反して対象物を生産，製剤，提供，販売すること等を国

れ，「重点フォローアップ対象国」とされた。これを受け，2022年12月，FATF勧告対応法が成立した。なお，アジア・太平洋地域のマネー・ロンダリング対策を進める国際協力枠組みとして，アジア・太平洋マネー・ロンダリング対策グループ（APG：Asia/Pacific Group on Money Laundering）がある（1997年設置）。

＊ FATF 勧告
2012年に採択されて以来，ほぼ毎年改訂が行われている。直近の改訂は次の通り。2020年10月，勧告1（リスク評価及びリスク・ベース・アプローチ）と勧告2（国内関係当局間の協力）の改訂が行われた。2021年6月，暗号資産（仮想通貨）に関する金融活動への適用を含む勧告15解釈ノート（新技術）の改訂が行われた。2021年10月，暗号資産・暗号資産交換業者に係るガイダンスが改訂された。2022年3月，勧告24（法人の透明性と実質的支配者）及び用語集の定義が改訂された。

＊国連安全保障理事会
➡第9章**❸**「安全保障理事会」

＊麻薬に関する単一条約（1961年）
麻薬（あへん，コカ，大麻等）を規制する。

＊向精神薬に関する条約（1971年）
麻薬に該当しない LSD，MDMA，メタンフェタミン等の幻覚剤や覚醒剤，精神安定剤等を規制する。

＊組織的な犯罪集団への参加

組織的な犯罪集団とは，3人以上の者から成る組織された集団であって，一定の期間存在し，かつ，金銭的利益その他の物質的利益を直接又は間接に得るため一又は二以上の重大な犯罪又はこの条約に従って定められる犯罪を行うことを目的として一体として行動するものをいう（2条(a)）。組織的な犯罪集団への参加とは，組織的な犯罪集団の目的及び一般的な犯罪活動又は特定の犯罪を行う意図を認識しながら，組織的な犯罪集団の犯罪活動等に積極的に参加する行為等をいう（5条1項）。

＊腐敗行為

公務員に対し，当該公務員が公務の遂行に当たって行動し又は行動を差し控えることを目的として，当該公務員自身，他の者又は団体のために不当な利益を直接又は間接に約束し，申し出又は供与すること等をいう（8条1項）。

＊司法妨害

この条約の対象となる犯罪に関する手続において虚偽の証言をさせるために，又は証言すること若しくは証拠を提出することを妨害するために，暴行を加え，脅迫し若しくは威嚇し又は不当な利益を約束し，申し出若しくは供与すること等をいう（23条）。

＊2条に定義される重大な犯罪

長期4年以上の自由を剝奪する刑又はこれより重い刑を科することができる犯罪を構成する行為をいう（2条(b)）。

内法において犯罪化する義務を定めている（3条1項(a)）。その上で，同条約は，これらの犯罪等により生じた財産であることを知りながら，当該財産の不正な起源を隠匿し若しくは偽装する等の目的で当該財産を転換し又は移転する行為についても，国内法において犯罪とするよう義務づけ（3条1項(b)），薬物犯罪に関連するマネー・ロンダリングの防止及び処罰を図った。

　第二に，国際的な組織犯罪の防止に関する国際連合条約（国際組織犯罪防止条約，2000年）が挙げられる。同条約は，性質上国際的な犯罪であり，かつ，組織的な犯罪集団が関与する犯罪の防止，捜査及び訴追について適用され（3条1項），一層効果的に国際的な組織犯罪を防止し及びこれと戦うための協力を促進することを目的とする（1条）。そこで，同条約は，**組織的な犯罪集団への参加**，犯罪収益の洗浄（マネー・ロンダリング），**腐敗行為**，**司法妨害**を犯罪とするために必要な措置をとることを締約国に義務づけ（5条，6条，8条，23条），これらの犯罪類型と**2条に定義される重大な犯罪**を適用対象としている（3条1項）。ここでいう犯罪収益の洗浄（マネー・ロンダリング）とは，①その財産が犯罪収益であることを認識しながら，犯罪収益である財産の不正な起源を隠匿し若しくは偽装する目的で又は前提犯罪を実行し若しくはその実行に関与した者がその行為による法律上の責任を免れることを援助する目的で，当該財産を転換し又は移転すること，②その財産が犯罪収益であることを認識しながら，犯罪収益である財産の真の性質，出所，所在，処分，移動若しくは所有権又は当該財産に係る権利を隠匿し又は偽装することのいずれかを故意に行う行為とされる（6条1項(a)）。また，同条約は資金洗浄と戦うための措置を締約国に義務づけている。具体的には，①すべての形態の資金洗浄を抑止し及び探知するため，銀行及び銀行以外の金融機関並びに特に資金洗浄が行われやすい他の機関についての包括的な国内の規制制度及び監督制度を設けること，②資金洗浄との戦いに従事する行政当局，規制当局，法執行当局等が国内的及び国際的に協力し及び情報を交換するための能力を有することを確保し，そのための潜在的な資金洗浄に関する情報の収集，分析及び提供に関する金融情報機関の設立を考慮することを締約国に求めている（7条1項）。

▶▶ *Column* 4　COVID-19と国際法 ◀◀

　新型コロナウイルス感染症（COVID-19）の世界的大流行は，世界保健機関（WHO）を中心として発展してきた保健に関する国際法だけでなく，国際法の他の様々な分野においても大きな影響を与えている（保健の分野におけるCOVID-19の影響については第9章⓫「WHO（世界保健機関）」を参照）。

　COVID-19の流行が始まった直後には，クルーズ船内における感染者拡大を受け，クルーズ船の入港拒否や処遇が問題となった。例えば，2020年2月にダイヤモンド・プリンセス号が横浜港に入港した際には，寄港国である日本がどのような義務を負っているかについての議論が交わされた。旗国とそれ以外の国の間の役割分担や，クルーズ船内の乗員・乗客の取扱いについて，今後さらなる検討が必要である。

　貿易への影響も大きく，世界全体で2020年の物品貿易の落ち込みはマイナス5.3％に上った。さらに，医療用品や食糧の輸出規制にみられるように多くの国が貿易関連措置をとった。世界貿易機関（WTO）協定上，不可欠な産品の危機的な不足に関する一時的な輸出制限措置や，人の生命・健康の保護や安全保障上の重大な利益の保護のための措置は許容されており，このような目的での輸出規制は正当化されうるものの，WTO協定上の要件を満たす必要がある。

　世界各国で都市封鎖のような経済生活を遮断する事態が起きただけでなく，各国は出入国管理を強化し，二国間の査証免除の停止やシェンゲン協定締約国内の国境管理を復活させるなど様々な措置をとった。また，難民の受け入れにおいても影響は甚大であった。さらに，海運の分野では，船員交代が各国の出入国管理強化により予定通り行われなくなり，多くの船員が国際基準をはるかに上回る期間にわたって海上での労働に従事させられたり，契約の更新がなされないまま船舶にとどまることを強いられることになった。

　パンデミック収束のためには，先進国だけでなく開発途上国においても，ワクチンや治療薬が十分に供給されることが不可欠であり，COVID-19関連の医薬品の開発途上国への普及を進めるために，COVAXファシリティや医薬品特許プールといった国際的な枠組みが活用されている。医薬品の普及のカギとなるのは特許権の問題であるが，「知的所有権の貿易関連の側面に関する協定」（TRIPS協定）では，感染症の蔓延などの緊急事態に特許権を制限するために強制実施権を発動することが認められている。さらに，2022年に開催された第12回WTO閣僚会議では，COVID-19ワクチンの特許の一時的な放棄に関して新たな合意がなされた。　　　　　　　　　　　　　　（武井良修）

第9章

国際連合と国際法

国際の平和と安全の維持を目的とした普遍的な国際機構として国際連合（国連）は出発し，その後に多くの機能を与えられてきた。国際連盟の時代から存続するものも含め，専門機関との連携は，それぞれの分野において活動をしてきた国際機構との結びつきを深め，国際社会で生起してきた事態に対応をしている。ここではそのうちの一部にしか触れていないが，他にどのような機能を有しているのかを検討してほしい。

1 国連の歴史と機能

1 国際連盟から国際連合へ

欧州を主要な戦場とし非戦闘員を巻き込んだ第一次世界大戦の反省から，国際平和の確保と国際協力の促進を目的とする国際連盟が設立された。国際連盟規約には軍備縮小，**集団安全保障**，紛争の平和的解決に関する規定が盛り込まれた。国際連盟は紛争をいくつか解決した実績もみられるものの，戦争に訴える自由を残すなど不備を抱えていた。また，設立当初から米国が加盟せず，ドイツ，日本，イタリアが相次いで脱退し，ソ連が除名されるなど当時の大国のすべてが加盟していたわけではなく，第二次世界大戦の勃発により，その活動は事実上停止する。こうした状況の中，国際連盟に代わる国際平和機構設立の構想がすでに進んでいた。1941年英米による大西洋憲章は将来の恒久的安全保障制度について言及し，1943年には英米中ソによるモスクワ宣言において一般的国際機構の設立の必要性が説かれ，1944年にダンバートン・オークス提案としてまとめられた。この提案は1945年のサンフランシスコ会議で修正され，国連憲章として採択，憲章の発効により国際連合が成立した。

2 国際連合

国際連合は，**総会**，**安全保障理事会**，**経済社会理事会**，**信託統治理事会**，**国際司法裁判所**，**事務局**という六つの主要機関を有する機構で，その本部は米国のニューヨークに置かれ

---

*集団安全保障
➡第10章⑤「集団安全保障」
*総会
➡第9章②「総会」
*安全保障理事会
➡第9章③「安全保障理事会」
*経済社会理事会
経済的及び社会的国際協力の促進に責任を負う機関。1946年，この理事会の下に設置され，人権条約の履行確保にあたってきた国連人権委員会は2006年，人権理事会に改められた。
*信託統治理事会
国際信託統治制度の下で信託統治の任務を遂行する。1994年に最後の信託統治地域であったパラオが独立したことにより任務を終えた。
*国際司法裁判所
➡第4章③「国際司法裁判所（ICJ）」
*事務局
事務総長と国際連合職員により構成され，他の主要機関を支える事務機能を果たす。

ている。国連はこれら機関の他に，総会，安保理及び経済社
会理事会によって必要と認められる補助機関を設立すること
ができ，現在，**国連難民高等弁務官事務所（UNHCR）**や国
連環境計画（UNEP）などが設けられている。また，経済，
社会，文化，教育，保健，衛生等の分野で広く国際的責任を
有し，各国政府間の協定によって設立される専門機関の中に
は国連と連携関係をもって活動するものも存在し，例えば**世
界保健機関（WHO）**や**国際労働機関（ILO）**，**国連教育科学文
化機関（UNESCO）**などがある。専門機関の他に，国連との
間に連携協定は締結していないものの一定の協力関係にある
国際機構もあり，**世界貿易機関（WTO）**や**国際原子力機関
（IAEA）**はその代表例である。

　国連に加盟することができるのは国のみであり（国連憲章
4条），2011年に南スーダンが加盟したことで，加盟国は193
カ国となった。

3　国連と国際法の法源

　国連は国際法の形成に大きく関与する。第一に，国連は自
ら国や他の国際機構などとの間に**条約**を締結することがで
き，加盟国との間では国連特権免除条約等の条約，専門機関
との間では連携協定が締結されている。第二に，国連は自ら
条約を作成することがある。ジェノサイド条約や国際人権規
約は総会で採択されたものである。また各機構又は機関はそ
の活動に不可欠な事項（予算等）について決定を行うことが
でき，これは加盟国に対し法的拘束力を有する。さらに安保
理の決定には法的拘束力を有するものがあり，国際法の発展
を語る上で無視することはできない。第三に，国連は宣言や
決議を採択することで，既存の**国際慣習法**の存在を宣言した
り，国際慣習法の形成を促したり，後の条約締結を促したり
することがある。例えば1948年総会で採択された世界人権宣
言はその後の国際人権規約の先駆となるものであった。この
ように，国連は国際法の形成や発展に重要な役割を果たして
いる。

4　国連とその法主体性

　国際機構には一定の**国際法主体性**が認められている。1949
年の**国連損害賠償事件**では，国連に国際法人格が認められ，
国連は一般的な国際請求能力を有すると示された。また，国

＊国連難民高等弁務官事務
所（UNHCR）
➡第9章⑩「UNHCR（国
連難民高等弁務官事務所）」
＊世界保健機関（WHO）
➡第9章⑪「WHO（世界
保健機関）」
＊国際労働機関（ILO）
➡第9章⑦「ILO（国際労
働機関）」
＊国連教育科学文化機関
（UNESCO）
➡第9章⑧「UNESCO（国
連教育科学文化機関）」
＊世界貿易機関（WTO）
➡第7章④「国際貿易の秩
序」
＊国際原子力機関（IAEA）
➡第9章⑫「IAEA（国際
原子力機関）」

＊条約
➡第2章①「条約」

＊国際慣習法
➡第2章④「慣習法」

＊国際法主体性
➡第1章　intro「主体と
は」
＊国連損害賠償事件
➡第1章③「国際機構」

連が国際違法行為を犯した場合には，国連自身が国際責任を追及されることがある。例えば，1956年のスエズ動乱に際して派遣された第一次国連緊急軍や1960年のコンゴ紛争に派遣されたコンゴ国連軍等，平和維持活動軍による派遣国での違法行為によって生じた損害について，国連は責任を認めて賠償の支払を行った。さらに，国連憲章105条に規定される通り，国連は各加盟国において，国連の活動に必要な特権及び免除を享有しており，その具体的内容は「国際連合の特権及び免除に関する条約（国連特権免除条約）」に定められている。

⎡5⎤　国連と紛争解決

国連憲章33条の規定に従い，国連加盟国は紛争を平和的に解決する義務を負うが，紛争は基本的に当事者間での解決に委ねられる。その過程で総会や**事務総長***が周旋や仲介，事実調査などを行い，紛争解決に貢献することがあり，レインボー・ウォーリア号事件で1986年に事務総長が下した裁定はその一例である。平和的手段によって解決できなかった場合，紛争当事者は紛争を安保理に付託しなければならない。付託された紛争について安保理は勧告を行い，まずは平和的手段をもって紛争の解決にあたることになっている。

＊事務総長
➡第9章❹「事務総長」

②　総　会

⎡1⎤　総会とは

総会は，国連の主要機関の一つであり，すべての国連加盟国によって構成される。*1 加盟国は一個の投票権を有し，総会の決定は通常は過半数で，重要事項（国際の平和及び安全の維持や予算に関する事項など）については3分の2以上の多数で行われる。

総会の任務と権限は一般的権限と安保理機能の補完としての権限に分けられる。前者として，総会は国連憲章の範囲内にある問題や事項（国際協力，平和維持，国連の予算の審議など）を討議し，加盟国と**安保理***に勧告を行う（国連憲章10条）。後者として，後述の通り，総会は一定の集団的措置をとることができる（1950年平和のための結集決議〔総会決議377(Ⅴ)〕）。

＊1　国連総会は，毎年9月の中旬又は下旬に新たな会期が始まり（開会），概ね12月下旬に休会し，その後必要に応じて再開され，次期総会の開会前に閉会する。新会期の開幕間もない週は「ハイレベル・ウィーク」と呼ばれ，各国首脳がNYの国連本部に集い，首脳外交が繰り広げられる。こうした通常の会合に加え，「特別会合」や「緊急特別会合」が開かれることもある。
＊安保理
➡第9章❸「安全保障理事会」

⎡2⎤　総会決議

総会決議の内容・対象事項は様々である。国際的な目標（例えば，持続可能な開発目標〔SDGs〕）を定めたり，安保理で

は扱うことのできなかった事柄を取り上げることもある。[*2] 国連の予算など内部事項に関するものを除き，それ自体に法的拘束力はなく，勧告にすぎないものの，実質的法源としての価値を有する。例えば，後に作成される条約の基礎としての役割を果たし国際法の形成を促進し（例えば，世界人権宣言〔総会決議217A〕採択後に国際人権規約が作成された），条約の文言の意味や内容を明確化する（例えば，侵略の定義に関する決議〔総会決議3314（XXIX）〕は国連憲章中の「侵略」の意味を詳述した）。国際慣習法の成立の証拠や内容確定のために参照されることもある（例えば，核兵器使用合法性事件において総会決議は法的信念出現の証拠となりうることが示された）。

　総会では国連憲章に明示されていない事項について決議されることもあり，その決定の合法性が**国際司法裁判所**において審査されたことがある。国連のある種の経費事件では，1956年のスエズ動乱における国連緊急軍の派遣が国連憲章に照らし合法であるか否かが扱われ，「（国連憲章）10条や14条に基づく一般的権限を逸脱するものではない」と判断された。

［3］　国際法の漸進的発達と法典化

　総会は，政治的分野において国際協力を促進すること並びに国際法の漸進的発達及び法典化を奨励するという目的のため，研究を発議し勧告をする（国連憲章13条）。そのため，総会の補助機関として1947年に設置された国際法委員会（ILC）において慣習法を条約として作成するという**法典化作業**が行われてきた。これまでに，外交関係条約，領事関係条約，条約法条約，国際刑事裁判所規程，国家責任条文などが作成されている。

［4］　総会による国際司法裁判所勧告的意見の要請

　総会は，いかなる法律問題についても勧告的意見を与えるよう ICJ に要請することができ，また国連のその他の機関や専門機関がその活動の範囲内で生ずる法律問題について ICJ の勧告的意見を要請することを許可することができる（国連憲章96条）。これまでに，**ジェノサイド条約留保事件**や国連のある種の経費事件（平和維持活動の関係経費は国連憲章17条2項にいう「この機構の経費」にあたるかという問題），核兵器使用合法性事件（核兵器による威嚇又はその使用はいかなる状況において

＊2　例えば，2014年にロシアがクリミアを「併合」した際にはウクライナの領土保全に関する決議が採択された（A/RES/68/262．賛成100・反対11・棄権58）。

＊国際司法裁判所
➡第4章❸「国際司法裁判所（ICJ）」

＊法典化作業
➡第2章❹「慣習法」

＊ジェノサイド条約留保事件
➡第2章❷「留保」

も国際法上許されるかという問題），コソボ独立宣言合法性事件（コソボによる一方的独立宣言は国際法に合致するかという問題）などにおいて，勧告的意見を要請してきた。

5　総会による安全保障

国連の**集団安全保障**に関する権限は安保理に与えられており，総会は安保理が任務を遂行している紛争又は事態についていかなる勧告もしてはならない（憲章12条１項）。しかし，**拒否権**の行使などによる集団安全保障が機能しない事態に対処するため，1950年に平和のための結集決議が採択された。決議は，安保理が機能不全に陥った場合に，集団的措置について加盟国に適切な勧告を行うことを目的にその問題を直ちに審議しなければならないこと，総会が会期中でない場合にはそのための要請があってから24時間以内に緊急特別会期で会合することができることを定めた。これにより，総会の緊急特別会合で国際の平和と安全に係る集団的措置を議論し，勧告する権限が付与された。これまでに11回の緊急特別会合が開かれているが，平和と安全の維持に関する「行動」をとることができるのは安保理のみであって決議は国連憲章に違反するという議論がある。

③　安全保障理事会

1　安全保障理事会（安保理，Security Council）とは

安保理とは，**国際の平和と安全の維持**のために活動する国連の主要機関の一つであり，国連平和維持活動（PKO）の設立，大量破壊兵器・核兵器不拡散やテロ行為等に対する措置の実施，非軍事的措置としての制裁措置の決定などを行っている。安保理は常任理事国５カ国（米英中仏露）及び非常任理事国10カ国の15カ国で構成されており，非常任理事国は２年の任期で，加盟国の国連への貢献度，衡平な地理的配分に考慮しながら，総会の３分の２の多数によって選出され，毎年半数の５カ国が改選される。

各理事国が１個の投票権を有し，決議の採択には九つの賛成投票が必要とされているが，常任理事国５カ国のみが「拒否権（veto）」をもつ。これは，常任理事国５カ国のうち１カ国でも反対した場合には，決議の採択がされないという制度である。特に冷戦期では米ソ対立により安保理決議の採択が頻繁に妨げられ，実質的な機能不全に陥っていると非難さ

---

*集団安全保障
➡第10章⑤「集団安全保障」

*拒否権
➡第9章③「安全保障理事会」

*3　11回目の緊急特別会合は2022年２月のロシアによるウクライナ侵略を受けて招集された。同年３月には，ロシアに対し違法な武力行使を直ちに終了するよう求める決議が採択された（A/RES/ES-11/1.　賛成141・反対５・棄権35）。
*国際の平和と安全の維持
国連憲章24条１項では，「国際連合の迅速且つ有効な行動を確保するために，国際連合加盟国は，国際の平和及び安全の維持に関する主要な責任を安全保障理事会に負わせるものとし，且つ，安全保障理事会がこの責任に基く義務を果たすに当つて加盟国に代つて行動することに同意する」とし，２項で「前記の義務を果たすに当つては，安全保障理事会は，国際連合の目的及び原則に従つて行動しなければならない」と規定されている。

れていたが，冷戦終結後に状況が改善された。しかし近年では常任理事国の足並みが乱れている状態にあり，2022年にはロシアによるウクライナ侵略をめぐって，拒否権が発動された。

［2］　主な機能と権限

安保理の主な権限は，以下の通りである。
・国連憲章第 6 章に基づく**紛争の平和的解決**[＊]
・国連憲章第 7 章に基づく**強制措置の発動**[＊]
・紛争地域の緊張緩和のため**国連平和維持活動部隊**[＊]を派遣
・**軍備規制**[＊]の方式を確立する計画の作成
・国連への新規加盟国の承認を**総会**[＊]に勧告
・国連**事務総長**[＊]の任命を総会に勧告
・総会とともに**国際司法裁判所**[＊]の裁判官を選出
・法律的な問題に関して国際司法裁判所に勧告の意見を要請

安保理の決議は，拘束力のある決定と勧告があり，拘束力ある決定の場合は，国連憲章25条に基づいて国連全加盟国を拘束し，また国連憲章103条に基づき，他の条約と憲章上の義務が抵触している場合でも，憲章上の義務として優先する。また，安保理はいかなる紛争についても調査することができ，紛争解決に向けた手続や方法について勧告することができる（国連憲章34条及び36条 1 項）。なお，紛争当事国は，当事国間での解決が困難な紛争について安保理に付託する義務を負っている（国連憲章37条 1 項）。

安保理の下には，その任務の遂行に必要とされる補助機関が置かれており，例として，テロ対策委員会，国連補償委員会，ルワンダ国際刑事裁判所，国際刑事裁判所のためのメカニズム，様々な制裁委員会，軍事参謀委員会，平和構築委員会などが挙げられる。

［3］　安保理決議に基づく非軍事的措置

国連憲章第 7 章41条に基づき，安保理は非軍事的措置を講じるよう加盟国に求めることができる。非軍事的措置とは，武力行使以外のあらゆる措置のことを示し，制裁対象国との特定の商品や武器に関する貿易の制限や禁止や包括的経済関係の制限などが含まれる。また，イラクに対する包括的制裁によって，制裁の目的と直接的関係性を有しない一般市民に対して甚大な被害が出てしまったことなどを背景として，現

＊**紛争の平和的解決**
➡第 4 章　intro「紛争の平和的解決手続とは」
＊**強制措置の発動**
➡第10章❺「集団安全保障」
＊**国連平和維持活動部隊**
➡第 9 章❺「PKO（国連平和維持活動）」
＊**軍備規制**
➡第10章⓭「軍縮」
＊**総会**
➡第 9 章❷「総会」
＊**事務総長**
➡第 9 章❹「事務総長」
＊**国際司法裁判所**
➡第 4 章❸「国際司法裁判所（ICJ）」

在では，国ではなく個人を対象とした取引の制限，渡航の制限，資産凍結などの措置が講じられることが多くなっている。このような制裁の目的に対して制裁対象国の受ける被害を必要最小限に抑えるよう改善された2003年以降の制裁措置は，「スマート・サンクション」と呼ばれている。さらにイエメンに対する制裁措置を示した安保理決議2149（2014年）や2511（2020年）では，制裁委員会によって指定されている個人や企業に対する直接的措置だけでなく，それらの主体に直接ないし間接的に所有または管理下にある第三者に対しても制裁を課すように規定されるなど，制裁内容の多様化や制裁範囲の拡大がみられている。

　このように安保理決議に基づく非軍事的措置としての制裁は発展を遂げてきたものの，課題も残されている。まず，制裁措置はあくまでも加盟国の裁量に委ねられていることから，実際には各加盟国と制裁対象国の貿易関係（特に資源への依存の有無など）や制裁実施に対する意欲の有無に依るところが大きい点が指摘される。また，拒否権をもつ安保理の常任理事国に対しては，実質的に制裁を講じることができないという構造的問題も存在する。これらの問題に対し，特に米国やEU，日本などの諸国は，イランや北朝鮮に対し，安保理決議の求める範囲を超える内容の制裁を実施したり，ロシアによる2014年のクリミア併合，2022年のウクライナ侵攻に対し，安保理決議に基づかない制裁措置を講じたりするなど安保理決議ではなく自国法に基づく制裁措置（独自制裁，単独制裁）を実施している。このような各国による制裁は，目的に対する被害の最小限化が図られていない場合もあるため，問題視されている。

④　事務総長

⌷1⌷　国連事務総長とは

　国連事務総長（UN Secretary General）は**国連**[*]の最高幹部かつ事務の統括者であり，常に国際社会の表舞台で活躍する，いわば国連の象徴的存在といえる。事務総長は，人権，軍縮，開発といったグローバルな課題に対して国際社会の関心及び国際世論を引きつけ，また世界へメッセージを発する平和創造（peace building）の立役者としての役割を担っている。初代事務総長は，ノルウェー出身のトリグブ・リー（1946年2月～52年11月）で，次にスウェーデンのダグ・ハ

＊国連
➡第9章❶「国連の歴史と機能」

マーショルド（1953年4月〜61年9月）が任命された。その
後，国連加盟国の間で，各地域から大陸ごとに事務総長を選
出することが慣例となり，事務総長のポストはミャンマー
（アジア）出身のウ・タント（1961年〜71年）からオーストリ
ア（西ヨーロッパ）出身のクルト・ワルトハイム（1972年〜81
年），ペルー（ラテン・アメリカ）出身のハビエル・ペレス・
デクエヤル（1982年〜91年），そしてエジプト（アフリカ）出身
のブトロス・ブトロス＝ガリ（1992年〜96年）が1期のみで
退任したため，再びガーナ（アフリカ）出身のコフィー・ア
ナン（1997年〜2006年），韓国（アジア）出身の潘基文（2007〜
16年），現在はポルトガル（西ヨーロッパ）出身のアントニ
オ・グテーレス（2017年〜）が事務総長としてその任務にあ
たっている。

　事務総長は常に国連という組織の先頭に立って，国連にお
ける活動の再編及び効率化の努力を進める他，総会，その他
の機関との密接な協力の下に，改革の徹底と調整を図り，国
連が加盟国のニーズに効果的に対応できるよう努めている。

2　国連憲章上の規定

　国連憲章では，事務総長は，**安全保障理事会**の勧告に基づ
いて**総会**が任命する（97条）。事務総長の任期については，
憲章上特段の規定はないものの，慣行上5年とされ，再選も
可能である。また，1人の事務総長が慣行上5年の任期を何
期務めるかについて特段の制限はないが，これまでいずれの
事務総長も最長2期まででその職を退いている。また，罷免
や不信任等の手続規定も憲章上存在しない。事務総長は，そ
の中立性を維持するため，任務遂行にあたって，いかなる政
府からもまた国連以外のいかなる機関からも独立していなけ
ればならず，あくまで国連に対してのみ責任を負う（100
条）。事務総長の中立性は，国連が正常に機能する上で最も
重要な要素の一つであるといえる。

　事務総長は，総会，安全保障理事会，経済社会理事会及び
信託統治理事会のすべての会議において事務総長の資格で行
動し，またこれらの機関から委託される任務を遂行する。ま
た，事務総長は，国連の事業について総会に対して年次報告
を行うこととなっている（98条）。

＊**安全保障理事会**
➡第9章❸「安全保障理事会」
＊**総会**
➡第9章❷「総会」

＊レインボー・ウォーリア
号事件

仏の核実験に抗議するため
に環境保護団体グリーン
ピースが派遣した英船籍の
レインボー・ウォーリア号
がニュージーランドの港に
停泊中に爆破され，オラン
ダ人乗組員が死亡した事
件。容疑者は偽造スイス旅
券を所持するフランス人工
作員で，ニュージーランド
高等法院に殺人等の罪で起
訴され懲役10年の判決が言
い渡されたが，その後，フ
ランスとニュージーランド
との間で深刻な外交問題へ
と発展した。その後オラン
ダ首相の仲介により，本紛
争は国連事務総長に付託す
ることが両国間で合意さ
れ，1987年に事務総長の裁
定により解決をみた。 ➡
第3章❶「国際責任の発生
要件」違法性阻却事由も参
照。

＊国際連合
➡第9章❶「国連の歴史と
機能」
＊安全保障理事会
➡第9章❸「安全保障理事
会」
＊集団安全保障体制
➡第10章❺「集団安全保
障」

＊PKO
1948年の開始以来，71の
PKO が派遣されてきた。
2022年10月現在では，12の
PKO が活動しており，8
万7217人が参加している。
2021年7月から2022年6月
までの予算は，約7900億円
に上る。

3 事務総長による紛争解決機能

事務総長は，国際紛争の平和的解決について一定の機能を有している。例えば，憲章上，国際の平和と安全を脅かすと認める問題について，事務総長はいつでも安全保障理事会の注意を喚起することができる（99条）。また，特に憲章上の根拠規定はないものの，紛争当事国に対して交渉を促したり，事務総長自ら紛争解決のための交渉を行うなど，周旋，仲介，調停，仲裁といった機能を担う場合がある。例えば，イラン＝イラク戦争の際には，安保理との連絡の下，停戦の実現，和平交渉のために周旋や仲介を行った。この他にも，1986年の**レインボー・ウォーリア号事件**[*]（フランス対ニュージーランド）においても，事務総長自らが調停又は仲裁裁判に近い機能を果たしている。このように，今日では，紛争拡大を予防することも，憲章上の根拠はないものの事務総長固有の権限に基づく活動とみなされている。

こうした事務総長の役割は，これまで，実際の実行を通して明確化されてきた。例えば，国連総会は，スエズ動乱の際，総会決議を実施する任務，停戦と軍隊の派遣停止のために関係当事国等の取極を行う権限，国連緊急軍の設立などを事務総長に委ねた。またハンガリー動乱の際には，事実調査，監視員の任命，報告書の速やかな提出を事務総長に要請し，ハンガリー難民への援助を組織する任務が国連総会によって事務総長に委ねられた。安保理についても，第二次中東戦争の際には，交渉によって緊張を緩和するため，パレスチナと中東に休戦協定監視団を派遣する任務を事務総長に委ねた。また，コンゴ動乱の際には，安保理は重要な政治的外交的任務と軍事的派遣団の任務を事務総長に委ねている。事務総長は，安保理や総会の決定を実施する機関としての役割を果たすとされる。

5 PKO（国連平和維持活動）

1 PKO とは

国際連合[*]は，国際の平和と安全の維持を目指して**安全保障理事会**[*]を中心とした**集団安全保障体制**[*]を採用したが，同体制は冷戦期における安全保障理事会常任理事国間の対立により機能不全に陥った。この間隙を埋めるために作り出された国連の一連の平和維持活動のことを**PKO**[*]という。

PKO は，国際の平和と安全の維持を達成することを目的

に，関係国の同意の下で中立的な軍事組織を派遣し，停戦の監視，軍の撤退の監視，兵力引き離し等を行って暫定的に事態の鎮静化をもたらすことで，紛争の収拾を促すことを本質的役割としている。この役割に基づき，同意原則，公平原則，武器不使用原則のPKO三原則が確立された。すなわち，PKOの活動は，原則として，受入国を中心とする関係国や紛争当事者の同意に基づく必要があり，当事国（者）のいずれにも与しない公平で中立的なものでなければならず，強制的な軍事措置ではないため，武器の使用は自衛の場合に限定されている。

PKOは，**国連総会**[*]や安全保障理事会の補助機関として，組織法上，国連憲章22条や29条に基づくものであると考えられるが，その任務を基礎づける作用法上の根拠につき争いがあり，しばしば「**第6章半**[*]」の活動と称されてきた。1962年の「**国連のある種の経費事件**」国際司法裁判所勧告的意見[*]は，PKOにつき，国連憲章第7章に基づく強制活動ではないが，事態の平和的解決を促進し維持するという国連の主要な目的を達成するための活動であることが明白であるとし，国連憲章との適合性を確認している。

2 伝統的PKO（停戦監視型PKO）

上記の三原則を充足し，主に受動的な停戦監視等を主要任務とする初期のPKOは，伝統的PKO（停戦監視型PKO）と呼ばれる。これまで，こうしたPKOとして，軍事監視団や平和維持軍の派遣が行われてきた。

軍事監視団の例として，国連休戦監視機構（UNTSO，1948年〜現在），国連インド・パキスタン軍事監視団（UNMOGIP，1949年〜現在）などがある。他方，平和維持軍の例として，国連緊急軍（UNEF Ⅰ，1956〜1967年・UNEF Ⅱ，1973〜1979年），国連キプロス平和維持軍（UNFICYP，1964年〜現在）などが挙げられる。

3 複合型PKO

冷戦終結後，多発した内戦や民族紛争に対応するため，伝統的な平和維持のみならず，紛争後の平和構築をも目的とした複合型PKOが出現した。複合型PKOは，従来の停戦監視や兵力引き離しといった軍事面における任務にとどまらず，武装解除，動員解除，選挙監視・支援，難民保護などの

＊国連総会
➡第9章❷「総会」

＊第6章半
PKOが，国連憲章第6章の「紛争の平和的解決」と同第7章の「平和に対する脅威，平和の破壊及び侵略行為に関する行動」のいずれにも位置づけられず，「平和維持活動」として，むしろその中間に位置づけられるものと考えられていることを意味する。

＊国連のある種の経費事件
国連緊急軍（UNEF）や国連コンゴ活動（ONUC・1960年〜1964年）の経費に関し，これらPKOの国連憲章との適合性（合憲性）に疑問を呈して分担金の支払いを拒否する国連加盟国が現れた。そこで，1961年，国連総会決議において，これらの経費が国連憲章17条2項にいう「この機構の経費」に該当するかどうかについて国際司法裁判所に勧告的意見が求められた事件。

＊国際司法裁判所勧告的意見
➡第4章❸「国際司法裁判所（ICJ）」

民生面における任務を担っており，多くの文民要員の参加も
みられる。

複合型 PKO の例としては，国連ナミビア独立移行支援グ
ループ（UNTAG, 1989～1990年），国連カンボジア暫定統治機
構（UNTAC, 1992～1993年），国連西サハラ住民投票ミッショ
ン（MINURSO, 1991年～現在），国連モザンビーク活動（ONU-
MOZ, 1992～1994年）が挙げられる。

国連憲章第7章に基づく武力行使権限が与えられた複合型
PKO もあり，「強化された PKO」と呼ばれている。この例
として，国連コソボ暫定行政ミッション（UNMIK, 1999年～
現在），国連東ティモール暫定行政機構（UNTAET, 1999～
2002年）がある。

4 平和強制型 PKO

冷戦の終結によって国連の集団安全保障体制の機能不全が
回復したことに起因し，国連憲章第7章に基づいて設置さ
れ，紛争当事者の同意に基づくことなく強制的に紛争解決を
実現する平和強制型 PKO もみられた。国連保護軍（UNPRO-
FOR, 1992～1995年），第二次国連ソマリア活動（UNOSOM
Ⅱ, 1993～1995年）が，この平和強制型 PKO に分類される。

これらの PKO は，紛争当事者との戦闘状態に陥るなど紛
争に巻き込まれて多くの犠牲者を出す失態を招き，その結
果，伝統的 PKO への回帰が主張されることとなった。こう
して，平和強制型 PKO の欠点を補う形で，PKO 三原則を
尊重しつつ武力行使権限を有する「強化された PKO」が展
開された。

5 PKO と日本

日本では，1992年に国連平和維持活動協力法（PKO 協力
法）が制定され，自衛隊を中心とする要員が PKO に参加で
きるようになった。しかし，この時点では，停戦監視や武装
解除などの本体業務への参加はできず，通信や医療などの後
方支援活動への参加が認められるにとどまっていた。しか
し，2001年の改正により，本体業務への参加が可能となっ
た。さらに，**2016年の改正（平和安全法制の施行）**により，実
施可能な業務が安全確保業務，駆け付け警護等まで含むもの
とされ，こうした任務遂行の妨害排除のための武器使用も可
能となった。2022年現在，日本は，国連南スーダン共和国

**＊2016年の改正（平和安全
法制の施行）**
これに伴い日本が PKO に
参加するための条件である
参加五原則は，次の通りに
改定された。①紛争当事者
間で停戦の合意が成立して
いること，②受入国及び紛
争当事者が当該 PKO 及び
日本の参加に同意している
こと，③当該 PKO が特定
の紛争当事者に偏ることな
く，中立的な立場を厳守す
ること，④以上の原則のい
ずれかが満たされない状況
が生じた場合には，日本か
ら参加した部隊は撤収する
ことができること，⑤武器
使用は要員の生命等の防護
のための必要最小限のもの
を基本とするが，受入れ同
意が安定的に維持されてい
ることが確認されている場
合は，安全確保業務及び駆
け付け警護の実施に当たっ
て自己保存型及び武器等防
護を超える武器使用が可能
であること。

ミッション（UNMISS, 2011年～現在）に司令部要員として4人の文民を派遣している。

⑥　SDGs

1　SDGs とは

2000年のミレニアム宣言の採択後，極度の貧困等の国際社会の喫緊の課題を解決するために，2015年までの期限を設けた形で国際社会が最低限達成しなければならない目標として，ミレニアム開発目標（MDGs）が国連で作られた。MDGs は大きな成果を上げたが，地域や国ごとの進捗状況の差は大きく，最貧層や性別，年齢，障害，民族，地理などの条件により不利な立場に置かれた多くの人々が取り残されてしまった。

2010年からは，MDGs の期限となる2015年以降の新たな開発目標の策定が始まった。この動きには大きく分けて二つの流れがある。一つは，MDGs をはじめとする国際開発目標に軸足をおくアプローチである。もう一つは，1972年の**国連人間環境会議**＊に端を発する環境保護に関する取組みであり，この流れは後に「持続可能な開発」として，環境面・経済面・社会面という三つの側面を統合するようになっていった。2012年の国連持続可能な開発会議で，持続可能な開発目標の策定と2015年以降の開発目標への統合及び策定プロセスの調整が決まり，この二つの流れが一体となっていった。その後約3年間にわたる国連での議論を経て2015年の国連サミットで「誰一人取り残さない」という誓いの下「持続可能な開発のための2030アジェンダ」が採択され，その中心として「持続可能な開発目標」（SDGs）が設定された。17のゴールと169のターゲットで構成される SDGs は，MDGs と共通する点も多いが，開発途上国だけでなくすべての国が達成すべき目標であるなど重要な差異がみられる。

2030アジェンダと SDGs は法的な拘束力をもたず，条約のような履行確保のための仕組みは想定されていない。しかし，実施促進のために様々なレベルでのフォローアップとレビューが予定されており，グローバルなレベルでは持続可能な開発に関するハイレベル政治フォーラム（HLPF）がその中心的な役割を担っている。HLPF では自国の取組みを発表する自発的国家レビュー（VNR）が行われている。法的拘束力をもたない2030アジェンダの性質を反映し，VNR はあく

＊国連人間環境会議
➡第6章❶「国際環境法とは」

図 9-1　SDGs の17のゴールのロゴ

（出所）　国連広報センター・ウェブサイト（https://www.unic.or.jp/）

まで有志の国による発表であり，HLPF は多数国間条約にお
ける履行監督のメカニズムとは異なる。なお，HLPF におけ
るフォローアップとレビューのための情報を提供することを
目的として，これらのゴールとターゲットの達成状況を監視
するために，2017年にはグローバル SDG 指標（indicator）枠
組みが国連総会で採択された。[4]

＊4　同枠組みは，毎年の
改良に加え，2020年及び
2025年の2回の包括的な見
直しが予定されている。

＊法的拘束力をもたない国
際文書
➡第2章❺「国際機構の決
議」

[2]　国際法との関係

　SDGs は政策目標として重要だが，2030アジェンダや
SDGs 自体が法的拘束力を有するわけではない。しかし，**法
的拘束力をもたない国際文書** は，国際法の形成・実現におけ
る影響を通じて，国際法の発展の中で重要な役割を果たして
きた。2030アジェンダや SDGs はどうであろうか？

　2030アジェンダや SDGs は，様々な点において国際法との
接点がある。例えば，2030アジェンダは「国際法の完全な尊
重を含め，国際連合憲章の目的と原則によって導かれる」と
され，さらに「我々は国際法に対するコミットメントを再確
認し」，2030アジェンダは「国際法の下での国の権利と義務
に整合する形で実施することを強調する」としている。ま
た，ターゲットの中には，国際法や関連条約の実施を謳うも
のもみられ，SDG 指標の中には関連条約の締約国数や実施
の程度が指標として設定されている場合もある。そのため，
関連する国際法や条約の遵守状況を検討する際に，ターゲッ
トの進捗状況を測るための SDG 指標が有用な指針となりう
る。しかしながら，国際法や条約の実施の状況は数値化しづ

らく，このような指標の作成・運用は難しい。

　2030アジェンダの採択を契機として，SDGs において扱われている様々な分野において，法的拘束力を有する国際文書の作成に向けた動きが加速した。例えば，ゴール14のターゲットの一つは海洋汚染の防止であるが，海洋に流出したプラスチックによる海洋汚染の問題が近年注目を集めていることを背景に，プラスチック汚染に関する法的拘束力を有する新たな国際文書を作成することが，2022年に国連環境総会において決定された。

　2030アジェンダと SDGs 全体を期限である2030年までに達成するには，現状では多くの分野において取組みが不十分である。SDGs の実施促進に向けた取組みを進めるためには，国際的な法的枠組みに基づいた行動を着実に積み重ねていくことが重要である。

⑦　ILO（国際労働機関）

[1]　ILO の誕生・目的・任務

　ILO は，第一次世界大戦後の1919年ヴェルサイユ講和条約第13編「労働」に基づき国際連盟の機関として設立された。それは，世界平和の確立には労働問題への国際的対処，特に国際的な労働基準の設定が不可欠と考えられたためである。

　第二次世界大戦後の1946年「ILO 憲章」が採択され，ILO は国連の最初の専門機関となった。ILO の目的と任務は，ILO 憲章前文とその附属書である「国際労働機関の目的に関する宣言」に記されている。ILO 憲章前文は，「世界の永続する平和は，**社会正義**を基礎としてのみ確立することができる」ので，不正・困苦・窮乏を多数の人々にもたらす労働条件が存在する場合には，労働時間などをはじめとする労働条件に関する措置を講ずることが急務であるとし，労働時間の規制，失業の防止，妥当な生活賃金の支給，雇用から生ずる疾病に対する労働者の保護，児童・年少者・婦人の保護，結社の自由の原則の承認などの具体的な改善策を示している。ILO の任務は，国際労働基準の設定と監視，技術協力，調査研究・情報提供を柱として展開されている。[5]

[2]　ILO の組織

　ILO は2023年現在187の加盟国から成る国際機構として，

＊社会正義
ILO が保障しようとする社会正義とは，働く人々の人権の尊重，妥当な生活水準，雇用の機会，経済・社会的安定などを意味し，21世紀の今日では「ディーセント・ワークの確保」と表現されている。

＊5　ILO は多国籍企業の労働問題に対し，1977年「多国籍企業及び社会政策に関する原則の三者宣言」において雇用，訓練，労働条件・生活条件，労使関係等の分野に関し，ガイドラインを提供した。同宣言は2017年の改訂で，「ビジネスと人権に関する指導原則」（2011年国連人権理事会で採択）を加えた。同原則は，企業の人権尊重責任について，世界人権宣言，自由権規約，社会権規約，ILO 中核 8 条約を最低限の基準としている。

その設立文書である ILO 憲章に基づいて国際法主体性を有する。また，各加盟国の領域において，その目的の達成に必要な特権及び免除を享有する（ILO 憲章40条，専門機関の特権及び免除に関する条約）。

　ILO の組織は，総会・理事会・国際労働事務局から成っている。

　総会は，ILO の最高意思決定機関であり，毎年1回開催され，国際労働条約・勧告の審議・採択，各国の条約・勧告の実施状況の審査，加盟国の承認，事業・予算及び分担金の決定などの任務を遂行する。総会は，投票権をもつ加盟国の代表（各4人）で構成され，政府代表2人，使用者代表1人，労働者代表1人から成る三者構成（政・労・使）がとられている。総会の表決は，通常出席代表の投票の過半数で行われるが，条約・勧告の採択や加盟国の承認などの重要な議題については3分の2の多数決によって行われる。投票は政・労・使の各代表が個々に行い，各加盟国を1単位としない。三者構成がとられている ILO では，いわゆる「非国家主体」である労働者及び使用者が，条約策定過程の意思決定に国と同等に参加している。

　理事会は，ILO の業務執行機関として総会の決定事項を執行する機関で，政府代表28人，労働者代表14人，使用者代表14人の計56人で構成される。

　事務局は，理事会の監督の下に，総会・理事会，その他の諸会議の書記局を担当している。

［3］　ILO による国際労働基準の設定と監視

　ILO が設定する国際労働基準には，条約と勧告の二つの形式がある。条約は，国際的な最低の労働基準を定めており，加盟国の批准による国際的義務の受諾を目的とした義務創設文書となっている。既存の条約に新たな規定を追加する議定書もまた，条約と同様に批准国に義務を創設する。これに対して勧告は，批准を伴わず拘束力はなく，加盟国が国内法や労働協約など自国の状況に適した方法で採用できる国際基準である。[*6]

　ILO の中核8条約は，結社の自由と団体交渉（第87号・第98号条約），強制労働の廃止（第29号・第105号条約），児童労働の廃止（第138号・第182号条約），雇用・職業の差別待遇の廃止（第100号・第111号条約）である。ILO は設立当初から積極

*6　近年は，条約と勧告の二本立てで採択されることが多く，その場合は勧告によって補完される条約という表現が用いられ，条約は原則的な規定を内容とし，勧告は条約をさらに詳細に規定するのが通例となっている。

的に国際労働基準の設定に取り組み，戦前に67の条約と74の勧告を採択した。その中には，1日8時間の労働時間を定めた第1号条約をはじめ，休日，最低賃金，社会保障，婦人の夜業禁止，最低就労年齢などの労働者保護に関する条約，また，強制労働，農業労働者の結社権など基本的人権に関する条約がある。戦後，基本的社会権（結社の自由，団結権），雇用，失業保護，社会保障・社会政策，労働行政，移民労働者など，事項及び範囲を拡大し，2022年までに190の条約と206の勧告を採択している。[*7]日本はこのうち50の条約を批准しており，近年のものでは最悪の形態の児童労働禁止条約（第182号条約），石綿条約（第162号条約），海上の労働に関する条約（第186号条約），職業上の安全及び健康促進枠組条約（第187号条約），強制労働廃止条約（第105号条約）がある。

　条約が批准された後，加盟国は自国内での条約と勧告の適用状況をILO事務局に年次報告することが求められる。さらにILOは条約の実効性を担保するため，監視機構（条約勧告適用専門家委員会，基準適用委員会）及び条約違反に対する手続によって，条約の適用状況を監視している。ILO憲章では，加盟国が批准した条約に違反している場合，条約の遵守を確保するために「申立て」（24条）及び「苦情申立て」（26条）の二つの手続を定めている。[*8]

⑧　UNESCO（国連教育科学文化機関）

1　UNESCOとは

　1946年，国連教育科学文化機関（**UNESCO**[*]：United Nations Educational, Scientific and Cultural Organization）は，前年に採択されたUNESCO憲章に基づき，国連の専門機関として設立された。UNESCOの目的は，世界の諸人民の教育，科学及び文化における協力と交流の促進を通じて，正義，法の支配，人権及び基本的自由に対する普遍的な尊重を助長し，以て国際の平和及び安全に貢献することである。この目的のため，UNESCOの所掌分野は，教育，科学（自然科学，人文・社会科学），文化，コミュニケーションに及び，その活動は，国際的な学術活動の調整・情報交換などの国際的知的協力事業，開発途上国への支援事業など多岐にわたる。具体的には，すべての人々が教育を受けられるようにし，科学研究を推進し，文化的アイデンティティの表明を促進し，世界の文化遺産や自然遺産を保護し，情報の自由な流通と報道の自由

*7　最新の条約である第190号「暴力及びハラスメント条約」（2019年採択）は，仕事の世界における暴力とハラスメントの問題を扱う初の国際労働基準であり，「暴力及びハラスメント」について，ジェンダーに基づくものを含み，加盟国にはその存在を一切許容しない環境の醸成を促進する責任があることに注意を喚起している。

*8　「申立て」とは，使用者又は労働者の産業上の団体が，条約に違反している加盟国に関して申立てを行い，理事会が受理可能と判断した場合，政労使の三者から成る委員会が審査にあたるものである。「苦情申立て」には，①条約批准国である加盟国間，②理事会の発意，③総会における代表による苦情申立てがあり，いずれかがあると理事会は審査委員会を設置し，委員会は勧告を含む最終報告を作成して理事会に提出する。

* UNESCO
2021年6月現在，2293人の職員が所属している。2022・2023年の2年間の予算は，約1850億円に上る。

＊持続可能な開発目標（SDGs）
➡第9章❻「SDGs」

＊持続可能な開発のための教育（ESD）
持続可能な開発のための教育（ESD）とは，持続可能な開発の観点より，国際理解・環境・多文化共生・人権・平和等の個別分野に係る教育を総合的に接続するものである。

＊政府間水文学計画
UNESCO政府間水文学計画は，淡水資源管理，水災害予防，水科学研究などの事業を実施してきた。世界水発展報告書を発行し，水の問題に関するデータ提供も行っている。

＊人間と生物圏計画
自然及び天然資源の持続可能な利用と保護に関する科学的研究を行う政府間共同事業であるUNESCO人間の生物圏計画は，その事業の一環として，生物多様性の保護を目的に，UNESCOエコパーク（生物圏保存地域）認定事業を行っている。UNESCOエコパークは，豊かな生態系を有し，地域の自然資源を活用した持続可能な経済活動を進めるモデル地域であり，2022年現在，134カ国738地域が認定・登録されている。なお，日本からは，志賀高原，白山，大台ヶ原・大峯山・大杉谷，屋久島・口永良部島，綾，只見，南アルプス，祖母・傾・大崩，みなかみ，甲武信の10カ所が登録されている。

＊国際地質学・ジオパーク計画
UNESCO国際地質学・ジ

を確保し，開発途上国におけるコミュニケーション能力を強化することに力点が置かれてきた。

また，UNESCOは，これまでその事業内容に関する国際規範の形成を主導してきた。例として，世界遺産条約（1972年），無形文化遺産保護条約（2003年）などが挙げられる。その他，科学研究や倫理に関する様々な宣言を採択してきた。

UNESCOの最高意思決定機関である総会は2年に1度開催され，活動方針の決定，事業・予算の承認，事務局長の任命などが行われる。また，58カ国の政府代表で構成される執行委員会が，年2回開催されている。事務局には事業分野別に五つの局（教育，自然科学，人文・社会科学，文化，情報・コミュニケーション）が置かれ，管理担当部局等と協力して事業を実施している。

2　教育に関する事業

UNESCO教育局は，識字学習や職業技術教育，教員の能力開発の促進など，質の高い包摂的な生涯学習を促進する教育制度の開発の支援を行ったり，平和・人権・保健教育など創造性と責任ある地球市民の育成に係る事業を行ったりしてきた。また，**持続可能な開発目標（SDGs）**＊ゴール4（教育）を牽引し，**持続可能な開発のための教育（ESD）**＊をグローバル・アクション・プログラムに基づき推進している。

3　自然科学に関する事業

持続可能な開発及び人間の安全保障に貢献する科学の推進を行うUNESCO自然科学局は，淡水，海洋，生態学，地球科学，基礎科学等の分野における国際協力事業を実施してきた。主な事業としては，**政府間水文学計画**＊，**人間と生物圏計画**＊，**国際地質学・ジオパーク計画**＊，国際基礎科学計画がある。また，UNESCO政府間海洋学委員会では，津波早期警報システムの整備，全体海洋観測システムの構築，国際海洋情報交換システムの運用などが行われている。

4　人文・社会科学に関する事業

公正で包摂的な社会のための知の創造と活用を使命とするUNESCO人文・社会科学局では，倫理，スポーツ，ユース・若者が主なテーマ[9]として取り扱われている。UNESCO国際生命倫理委員会や政府間生命倫理委員会では，ヒトゲノ

ムと人権に関する世界宣言，ヒト遺伝情報に関する国際宣言などの生命倫理に関する国際基準が策定されてきた[*10]。また，体育・スポーツ担当大臣等国際会議を主催し，スポーツにおけるドーピングの防止に関する国際規約を採択するなど，スポーツに関する国際的課題に積極的に取り組んでいる。

[5] 文化に関する事業

UNESCO 文化局は，**世界の文化遺産や自然遺産の保護**[*]，文化政策の開発，文化産業の奨励，文化間対話の促進を主な事業として取り組んでいる。その一環として，武力紛争文化財保護条約（1954年）及びその議定書，文化財不法輸出入禁止条約（1970年），世界遺産条約（1972年），水中文化遺産保護条約（2001年），無形文化遺産保護条約（2003年），文化多様性条約（2005年）といった様々な文化に関する条約を採択し，国際規範の形成に貢献してきた。

また，文学，映画，音楽，芸術などの分野において，都市間でパートナーシップを結び相互に経験・知識の共有を図り，またその国際的なネットワークを活用して国内・国際市場における文化的産物の普及を促進し，文化産業の強化による都市の活性化及び文化多様性への理解増進を図る事業として，**UNESCO 創造都市ネットワーク事業**[*]が進められている。

[6] 情報・コミュニケーションに関する事業

UNESCO 情報・コミュニケーション局では，表現の自由と情報・知識のユニバーサルアクセスを通じた人々の能力強化，コミュニケーション・メディアの開発の促進，教育・科学・文化における ICT 利用の促進が主な事業として行われてきた。また，国際コミュニケーション開発計画が設置され，出版の自由の尊重，メディアの独立性の確保，地域メディアの開発促進などが進められている。

⑨ UNCTAD（国連貿易開発会議）

[1] UNCTAD とは

国連開発の10年と称された1960年代の初頭，南北問題への対処を求めた開発途上国は，貿易と開発に関する会議の開催を要請した（1962年「カイロ宣言」）。これに応じた国連経済社会理事会が，国連貿易開発会議（UNCTAD：United Nations

オパーク計画は，国際的に価値のある地質遺産を保護し，地質遺産がもたらした自然環境や地域文化への理解を促進し，科学研究や教育，地域振興に活用することで，持続可能な開発の実現を目指す UNESCO 世界ジオパーク認定事業を行っている。UNESCO 世界ジオパークには，2022年現在，46カ国177地域が認定・登録されている。なお，日本からは，洞爺湖有珠山，糸魚川，島原半島，山陰海岸，室戸，隠岐，阿蘇，アポイ岳，伊豆半島の9カ所が登録されている。

[*9] 人文・社会科学分野における主要事項としては，包摂的かつ平等な社会育成のための知識の動員及び権利・倫理の導入，文明間対話の発展及び平和で参加型の社会へのユースの動員が掲げられている。

[*10] 生命倫理以外の科学倫理の問題（ICT やロボティクスに関する問題など）については，科学的知識と技術の倫理に関する世界委員会において議論が進められてきた。

[*] 世界の文化遺産や自然遺産の保護
➡第11章④「世界遺産」

[*] UNESCO 創造都市ネットワーク事業
2021年現在，文学，映画，音楽，クラフト・フォークアート，デザイン，メディアアート，食文化の7分野で295都市が参加している。

＊決議
第17回国連総会において
も，第 1 回 UNCTAD の
議題案作成などの準備作業
を指示した決議1785号が採
択された。
＊国連総会
➡第9章❷「総会」

＊国際原子力機関
➡第9章⓬「IAEA（国際
原子力機関）」
＊11 日本は設立時より加
盟している。

＊12 2022年の通常予算
は，約90億円に上る。

Conference on Trade and Development）を開催することを**決議**[＊]
し，1964年にスイス・ジュネーヴにおいて第1回 UNCTAD
が催された。同会議を通じて先進国と開発途上国との間の経
済格差問題への認識が高められた結果，**国連総会**[＊]において決
議1995号が採択され，UNCTAD は総会の機関として常設さ
れることとなった。

　UNCTAD は，主に国際貿易や経済開発，投資，持続可能
な開発に関連した諸課題について取り扱い，政策を策定する
役割を担っている。UNCTAD の目的は，開発途上国におけ
る貿易や開発を増進させ，これらの国々に世界経済への統合
を達成させることである。そのため，貿易や開発の分野にお
ける条約等の法的文書の採択やそのための政府間交渉を促
し，国連等の既存の国際機関との協力及び調整を行ってき
た。UNCTAD への加盟資格は，国連加盟国もしくは国連専
門機関または**国際原子力機関**[＊]の加盟国であることであり，
2023年現在，国連加盟国ならびにバチカン及びパレスチナの
195カ国が加盟している。[＊11]

2 UNCTAD の機関と事業

　UNCTAD は，スイス・ジュネーヴに本部を置き，その組
織として，総会，貿易開発理事会，事務局を設置している。
最高意思決定機関である総会は，原則として 4 年に 1 度開催
されており，2021年には，第15回会議がバルバドスの主催に
よりオンラインで行われた。貿易開発理事会は，毎年通常会
期を開催し，総会において採択された成果文書に基づき，具
体的活動方針の検討や計画進捗状況の監査等を行っている。
なお，同理事会の下部組織として毎年開催される貿易・開発
委員会及び投資・企業・開発委員会が置かれている。事務局
は，総会や貿易開発理事会等における審議を補佐し，政策を
実施し，行政事務を執り行う460名以上の職員（うち日本人6
名）で構成されており，2023年現在，レベッカ・グリンスパ
ン元コスタリカ副大統領が事務局長を務めている。
　UNCTAD の主な事業は三つの分野に分類される。[＊12]第一
に，貿易開発報告書や世界投資報告書等の文書を発行した
り，国際会議への政策説明や提言を行ったりするなど，調査
研究及び政策分析を進めることである。第二に，総会や貿易
開発理事会を中心に，コンセンサスの構築を目指す政府間の
意見交換や審議のための会合を調整することである。第三

に，開発途上国の能力向上のために様々な関連機関とともに
技術協力プロジェクトを実施することである。

3　これまでの活動

　開発途上国により G77（Group of 77）が形成され，開発途
上国と先進諸国との経済格差問題（南北問題）への世界的な
認識が高められる中，UNCTAD は始動した（第 1 回会議
〔1964年，スイス〕）。この南北問題に対処すべく，UNCTAD
は，開発途上国への援助量目標や一般特恵制度についての合
意を導き出し（第 2 回会議〔1968年，インド〕），国際通貨制度
等に関する交渉への開発途上国の参加を促した（第 3 回会議
〔1972年，チリ〕）。その上で，価格の下落が進んでいた一次産
品に関する討議を進めたり（第 4 回会議〔1976年，ケニア〕），
保護主義防止のための監視機構等の新国際経済秩序（NIEO）
を志向した機構の設置を求めたりし（第 5 回会議〔1979年，
フィリピン〕），UNCTAD は，世界経済の構造的問題に対処
する中心的な場となるに至った（第 6 回会議〔1983年，セルビ
ア〕）。さらに，UNCTAD は，累積債務（第 7 回会議〔1987年，
スイス〕），地球環境開発（第 8 回会議〔1992年，コロンビア〕）な
ど，貿易と開発に関連する様々な問題を取り扱うようにな
り，その役割の範囲を大幅に拡大していった。

　1995年の**世界貿易機関（WTO）**の設立に伴い，一時 UNC-
TAD 廃止論が浮上したものの，UNCTAD は，コンセンサ
ス形成のための政府間調整や調査研究及び政策分析，開発途
上国に対する技術協力といった事業に主眼を置く機構改革を
進め（第 9 回会議〔1996年，南アフリカ〕及び第10回会議〔2000
年，タイ〕），独自の役割を見出していった。その後，UNCT-
AD は，ミレニアム開発目標（MDGs）の達成を目指した作
業計画を策定し（第11回会議〔2004年，ブラジル〕及び第12回会
議〔2008年，ガーナ〕），サブプライムローン問題等の国際金融
問題に対処するための改善努力と調査分析の継続を提言（第
13回会議〔2012年，カタール〕）するなどした。さらに，**持続可
能な開発目標（SDGs）**に則り，2030年に向けたグローバル
な経済開発計画を描いてきた（第14回会議〔2016年，ケニア〕）。

　第15回会議（2021年，バルバドス）では，不平等と脆弱性を
克服しすべての人の繁栄を目指して，持続可能な開発の実現
に向けた国際貿易について討議された。

＊世界貿易機関（WTO）
➡第 7 章❹「国際貿易の秩
序」

＊持続可能な開発目標
（SDGs）
➡第 9 章❻「SDGs」

*難民
➡第8章❸「難民」

*13 当初は3年で難民の
救済活動を完了し，解散す
る予定であった。
*14 緒方貞子氏が1991年
から2000年まで第8代難民
高等弁務官として活躍し
た。

*難民条約上の難民
➡第8章❸「難民」
*国内避難民
紛争などによって家を追わ
れたが国内にとどまってい
る又は国境を越えずに避難
生活を送る人々をいう。
UNHCRによると，1999年
には少なくとも40カ国で
2000〜2500万人の国内避難
民が発生したと推定され
る。それまで，国内避難民
は関係国の国内管轄事項に
属するものとみなされ，介
入することはできなかっ
た。

10 UNHCR（国連難民高等弁務官事務所）

1 UNHCR設立経緯と機関

難民問題は有史前から存在したといわれるほど古いが，国際的な難民保護制度は国際連盟により「難民高等弁務官」に任命されたフリチョフ・ナンセン氏が第一次世界大戦やロシア革命により発生した難民の保護に尽力したことに始まる。その後いくつかの機関を経て，1949年及び1950年の国連総会決議により国連総会の補助機関として設立され，1951年に活動を開始したのが国連難民高等弁務官事務所（UNHCR：United Nations High Commissioner for Refugees）である。本部をスイスのジュネーヴに置き，世界約135カ国で活動している。

2 任務

UNHCRは難民に国際的保護を与え（例えば強制送還の禁止等難民の諸権利の保護を行う），難民の自発的帰還や新たな国での同化を促進するため政府を援助することにより難民問題を解決する任務を負う（国連難民高等弁務官事務所規程1条）。難民支援活動を行うにあたり，UNHCRはまず難民の庇護国と協力協定を締結し，現地事務所を開設する。庇護国は協力協定に従いUNHCRに援助を与えなければならない。難民保護のための具体的な活動は，UNHCRと庇護国との協力協定の下，UNHCRとプロジェクト実施者（庇護国政府，国連機関を含む国際機構，NGOなど）との間で取り決められるプロジェクト実施規則に従って行われる。難民の帰還に際しては，難民の国籍国，庇護国，UNHCRとの間で帰還のための協定が締結される。

3 活動の拡大

○保護対象の拡大

UNHCRは当初，難民条約上の難民を保護の対象としたが，1967年の「難民の地位に関する議定書」が難民条約に定められた地理的及び時間的制限を排除すると，第二次世界大戦後に欧州で発生した難民以外も保護の対象とするようになった。1975年には国連総会決議3454の採択を受けて国外にある避難民の保護を開始した。1990年代に入ると世界各地で勃発した武力紛争により多くの国内避難民が発生したため，国連事務総長又は国連の主要機関からの要請と当事国の同意

表9-1　UNHCR の支援対象者の状況（2022年）

地　域	支援対象者数	支援対象者の主な避難原因
アフリカ	約3887万人	気候変動による干ばつ・豪雨・洪水，治安の悪化
中南米	約2145万人	政情不安，食料難，暴力，人権侵害
アジア・太平洋	約1430万人	貧困，食料難，大規模洪水，政情不安
ヨーロッパ	約2183万人	戦争，地中海危機
中東・北アフリカ	約1610万人	政治・経済不安，食料・燃料価格上昇

（出所）　UNHCR Global Report 2022.

があった場合に国内避難民に対する保護活動を開始するように
なった。

　○**活動地域の拡大**

　UNHCR による活動は本来，難民が庇護を求めた国でのそ
れを意図しており，難民の本国での活動は国家主権に抵触す
るとみなされた。そのため，UNHCR の活動は，難民が国境
を越えて隣国に流出したときに始まり，国境を越えて再び本
国に戻った時点で終了していたのである。国連総会の承認を
得ることにより，難民流出本国で活動したのは1971年のこと
（バングラデシュで活動が展開された）である。この時期の難民
本国での活動は，本国に帰還した難民の再定着の援助にとど
まるものであったが，1990年代に国内避難民の数が激増する
と，本国の同意に従い本国での国内避難民の保護を開始し
た。

　［４］　**UNHCR による条約適用の監督と国際的な基準設定**

　UNHCR 規程は UNHCR の権限として「難民保護に関す
る国際条約の締結及び批准の促進，条約適用の監督及び改正
の提案」（8 (a)）とともに，高等弁務官が「総会が決定する
付加的活動に従事する」(9)ことを定めている。これらにより
UNHCR は国連総会決議に基づいて任務を拡大してきたが，
これに関連して重要なのが1957年に設置された UNHCR 執
行委員会である。執行委員会は，難民の保護に関する基準や
条件を勧告する「結論」を示す。『難民認定基準ハンドブッ
ク』も結論の一例である。結論は，締約国に対して法的拘束
力のあるものではないが，執行委員会加盟国の合意や
UNHCR の活動の根拠となり，締約国による条約履行に一定
の影響力を及ぼしている。

11　WHO（世界保健機関）

1　WHOとは

　ペストや天然痘のような伝染病の流行は，歴史上，人類の存亡を左右する深刻な問題であった。19世紀には，科学技術の進歩により国境を越えた人の移動が増える中で，保健衛生に関する問題についての国際協力が不可欠であることがはっきりと認識され，保健衛生の分野における国際協力が様々な形で試みられてきた。第二次世界大戦後には，WHOが国連の専門機関として設立された[*15]。

　WHOは，全加盟国により構成される世界保健総会（以下，「総会」），総会によって選出された34カ国が推薦する執行理事によって構成される執行理事会，事務局により構成される。また，世界を六つの地域に分け，それぞれに意思決定機関である地域委員会及び実施機関である地域事務局を置いている。

　総会はWHOの方針を決定し計画及び予算を承認する。また，総会はWHOの権限の範囲内の問題に関して3分の2の多数決により条約又は協定を採択する権限を有しており，2003年にはたばこ規制枠組条約が採択された[*16]。さらに，総会はWHO憲章21条・22条の下，特定の分野における規則を採択することができる。一定の期間内に自国についてかかる規則の拒絶または留保を通告しない限り，すべての加盟国に効力が発生する。世界の旅行・貿易への干渉を最小限に抑えつつ国際的な感染症拡大からの最大限の保護を行うことを目的として，1951年に国際衛生規則が採択された（1969年に国際保健規則〔IHR〕と改称。2005年の改正[*17]では対象が黄熱病，コレラ，ペストから，原因を問わず国際的な公衆衛生上の脅威となりうるすべての事象へと広げられた）。

　なお，WHOはその権限内の法的問題について国際司法裁判所（ICJ）に勧告的意見を求めることができ，総会はこれまでに2回勧告的意見の要請を行ってきた。

2　WHOの活動と重層的な国際協力

　WHOの目的は「すべての人々が可能な最高の健康水準に到達すること」（憲章1条）であり，**感染症の撲滅**[*]に向けた措置や各国の保健サービスの強化などWHOの活動範囲は多岐にわたる。保健問題は，持続可能な開発目標のゴール3に

*15　1946年に開催された国際保健会議で世界保健機関憲章が採択され，同憲章は1948年に発効した。これに先立ち，1923年には国際連盟の下で常設の保健機関が設立されている。

*16　たばこ規制枠組条約の締約国会議第5回会合（2012年開催）において，「たばこ製品の不法な取引の根絶に関する議定書」が採択されている。

*17　2005年以外に，1973年・1981年にも改正されている。

*感染症の撲滅
天然痘のようにWHOの活動が功を奏して撲滅された感染症もある。

おいて取り上げられており，COVID-19（新型コロナウイルス感染症）の流行前には多くの分野において成果が得られた。現在は進展が停滞しており，さらなる国際協力が求められている。

　WHO の国際保健分野における権限と活動は広く認められているものの，この分野においては他にも様々な国際機関や非政府組織（NGO）が活動をしており，これらの活動をどのように調整し，次々と起こる重要な問題に対してより実効的に対処していくかが課題である。WHO をはじめとする国際機構自身による取組みに加え，三大感染症[*]に対処するために国や国際機構だけでなく市民社会も加わったパートナーシップとして2002年に設立された世界エイズ・結核・マラリア対策基金や世界のワクチン・ギャップ解消を目指すグローバル・パートナーシップである Gavi といった，WHO も参加している協力枠組みも重要な役割を果たしている。このように，保健の分野では，伝統的に国際法の形成・実施の中心であった国と国際機構だけでなく，公私パートナーシップを含む様々なアクターが重層的に関与している。[*18]

③　COVID-19

　2020年 1 月以降の COVID-19への対応において WHO は主導的な役割を果たしてきた。2020年 1 月30日に WHO 事務局長は新型コロナウイルスの発生が「国際的に懸念される公衆衛生上の緊急事態（PHEIC）[*19]」であると宣言し，「暫定的勧告[*]」を行った。さらに，その後の事態の急速な進展を受け，3 月11日には COVID-19が「パンデミック」に至っているとの認識を示した。これに加え，新型コロナウイルスの起源と感染経路の調査のための調査チームの中国への派遣も行われた。

　しかし，WHO による初動対応の遅れなどが批判を浴び，WHO 改革を求める動きや米国トランプ政権による WHO からの脱退の通告へと繋がった。[*20] 2020年 5 月に開催された第73回総会では，COVID-19対応に係る決議が採択され，WHO を中心とした対応に関して，最も早い適切な時期に，公平で独立した包括的な検証を開始することを WHO 事務局長に要請した。これを受け，パンデミックへの準備・対応のための独立パネルや COVID-19における IHR の機能に関する再検討委員会が設立された。2021年11月から12月にかけて開催

＊三大感染症
HIV／エイズ，結核，マラリアを指す。

＊18　この点を踏まえて，国境を越えた保健協力に関する法を「グローバル・ヘルス法」として捉える場合がある。

＊19　IHR において，各締約国は PHEIC を構成するおそれのある事象を検知してから24時間以内に通告することが義務づけられている。ウイルス感染拡大の発生源は中国・武漢市であるとされているが，中国がIHR 上の通報義務を十分に果たさなかったとして，中国政府の国際責任を問う動きがみられた。

＊暫定的勧告
疾病の国際的拡大を防止又は減弱し，国際交通の阻害を最小限に抑えるために，PHEIC に対応して WHOが時限的に特定の危険に適用するために発する非拘束的な助言。その後も，緊急委員会の見解を踏まえて，さらなる暫定的勧告が行われた。

＊20　実際には，2021年 1 月に誕生したバイデン新政権は，効力発生前に脱退の撤回を行った。

された特別総会では，パンデミックの防止，準備及び対応を強化するための条約，協定または他の国際文書（いわゆる，「パンデミック条約」）の作成が決定された。これに加え，COVID-19への対応においてIHRが十分に機能しなかったとの批判があり，2023年4月現在，IHRの改正も議論されている。

　感染症への対応には国際協力が必須であり，WHOをはじめとする国際機関の果たしうる役割は大きい。しかし，現在の国際情勢の下，そのような協力が十分になされているとは言い難い。今回のCOVID-19への対応をめぐる問題において明らかになったWHOの権限の強化や各国による適切な措置の確保の必要性を踏まえ，より効果的な対応を行うためにどのような対策が必要かを考えていかなければならない。

⑫　IAEA（国際原子力機関）

1　IAEAとは

　IAEA（International Atomic Energy Agency）は，米国のアイゼンハワー大統領による1953年国連総会での演説「平和のための原子力」をきっかけに，IAEA憲章（1957年発効）に基づき設立された。IAEAは国連の補助機関でも専門機関でもないが，国連総会や安保理へ年次報告を提出するなど一定の協力関係にある国際機構であり，全加盟国の代表から構成される総会，理事会，**事務局**[*]から成る。その活動は，**原子力**[*]の平和的利用に関するものと原子力の軍事転用防止に関するものに大別される。前者に関するものとして原子力発電，非発電（農業や医療分野での放射線の利用など），原子力安全（原子炉の安全基準・指針の設定），核セキュリティ（放射線源の輸出入管理），技術協力などがある。後者に関するものとして原子力が平和的利用から核兵器開発など軍事転用されないことを確保するため保障措置を実施している。2022年10月の時点で173カ国が加盟している。

2　国際的権利義務の設定

　IAEAは原子炉施設の安全基準などの作成にかかわっている。これまでに作成した条約として，原子力事故早期通報条約，原子力事故援助条約，原子力安全条約，放射性廃棄物等安全条約などがある。
　条約の他にも，原子力施設の安全設計や安全運転に関する

＊事務局
日本の天野之弥元在ウィーン国際機関日本政府代表部大使が2009年から2019年まで事務局長を務め，活躍した。

＊原子力
➡第6章❾「原子力」

＊21　近年では，原子力発電が温室効果ガス削減に有効な手段の一つであるという考えの下，技術協力に積極的に取り組んでいる。

「安全基準」や「安全指針」，放射線防護・放射線物質の輸送と取扱い・放射性廃棄物等についての基準や規則に関する文書を作成し，原子力活動の安全確保に取り組んでいる。2011年の東京電力福島第一原発事故を受け，2015年には原子力安全に関するウィーン宣言が採択された。また，核テロへの懸念に対応すべく，「核セキュリティ・シリーズ文書」の作成が進められている。2005年には，核テロ防止条約が国連で，核物質防護条約の改正案がIAEAでそれぞれ採択された。

③　原子力の軍事転用防止のための制度：保障措置

○保障措置とは

　保障措置とは，IAEA憲章に基づき対象国の原子力活動に査察などを行う制度である。なかでも，**核兵器不拡散条約（NPT）**を締結する非核兵器国がNPT3条1項に基づきIAEAとの間で締結することが義務づけられているのが保障措置協定である。[22]この協定は，締約国の平和的な原子力活動に係るすべての核物質を対象とし，原子力が平和的利用から核兵器その他の核爆発装置に転用されるのを防ぐことを目的として，IAEAが当該国の原子力活動に介入して審査，検証及び査察を行うことを定める。特に，査察員が原子力施設に立ち入って，帳簿検査，燃料棒数などの勘定などを行うことを査察という。[23]

○保障措置の実施と違反

　原子力が軍事転用されるのを防ぐため，国は核物質の平和目的以外の利用の有無等について対象施設（例えば**ウラン濃縮**施設）を独自に評価し，情報や実験内容をIAEAに報告する義務を負う。この評価結果や査察に異常や違反が認められた場合，IAEAは当該国に直ちに通報し説明を求め，その結果次第で特別査察を行うことがある。各国は違反した施設を国内法に従い処罰するが，国が違反した場合にはIAEAが対処し，必要に応じて国連安保理に報告する。

　保障措置は，1990年代にイラクなどによる核兵器開発疑惑や保障措置協定の義務違反などを受け困難に直面したことから強化され，IAEA追加議定書（1999年発効）の下，不申告又は未申告の原子力活動の探知，抜き打ち査察が可能となった。[24]また，世界で増加傾向にある原子力施設への保障措置の財源確保のため，査察の回数を削減する「統合保障措置」が導入されている。措置は保有核物質が平和利用されていると

＊核兵器不拡散条約（NPT：1968年採択，1970年発効）
NPT（Nuclear Non-Proliferation Treaty）条約は，非核兵器国の加入について，すべての核物質や軍事転用の可能性のある資材をカバーする保障措置協定をIAEAと締結し，保障措置を受諾することを義務づける（3条1項，4項）。NPTを締結するのは191カ国・地域（2021年5月時点），包括的保障措置協定を締結するのは178カ国（2022年1月）である。

＊22 こうした包括的保障措置協定の他にも，二国間で移転された核物質又は原子力資機材のみを対象とする保障措置協定，核兵器国が自発的にIAEA保障措置の適用を受けるためにIAEAとの間で締結する協定がある。

＊23 2022年，IAEAはウクライナのチョルノービリ原子力発電所に査察活動を実施するミッションを派遣し，その後サポリッジャを含むすべての原子力発電所でスタッフの常駐を開始した。

＊ウラン濃縮
濃縮ウランは原子炉の燃料として使えるだけでなく，濃度を高めれば核兵器に転用することができる。

＊24 イラクによるNPT及び保障措置協定の義務違反や核兵器開発疑惑，北朝鮮による保障措置協定の締結不履行問題，イランによる核兵器開発疑惑等。

いう IAEA の「結論」を得た国に実施され，これにより効率的な保障措置を行うことが可能となった。

［4］　IAEA と日本

　NPT の締約国である日本は IAEA 保障措置協定と追加議定書を締結しており，日本には保障措置が適用される。2004年6月，日本は「申告された核物質の軍事転用も，未申告の核物質及び原子力活動も認められないことから，保有する核物質全てが保障措置の下にあり平和利用されている」との「結論」を得たため，商業用発電炉や研究炉，使用済燃料貯蔵施設に対する統合保障措置の適用が始まった。これにより日本の対象施設への通常査察の回数は減少している。なお，東京電力福島第一原発事故を受け，福島県と IAEA の間で覚書が交わされ，除染などの分野で協力した活動が行われた。また，日本政府が海洋放出の方針を明らかにした ALPS 処理水については IAEA が放出前・中・後に安全性に関するレビューを実施することとなっている。

第10章

戦争と国際法

　人類の歴史は戦争と共にあったと言っても過言ではないが，平和の希求は国連憲章において武力行使の違法化へと結実した。戦争・武力行使を防止し，平和を維持するための様々な方法が検討され，実施されてきた。しかしながらそれでもなお戦争は生じており，そのための規定は現在でも存在意義を失っていない。戦争をめぐる国際法の規定の内容とその存在意義を考えてほしい。

1　戦争の禁止

1　正戦論

　ヨーロッパの近代の幕開けをもたらすこととなったウェストファリア講和会議によって，カトリックとプロテスタントの宗教対立によって始まった30年戦争は終結した。この戦争における惨禍は，グロティウスが『**戦争と平和の法**』（1625年）を著作する契機となり，近代に入ってからの国際法学者の主要な関心は，戦争そのものに向けられていった。近代国際法の形成に先駆的業績を残したヴィトリアやスアーレスといったグロティウス以前の中世の著述家たちは，中世キリスト教神学の影響を多分に受け，戦争とは，宗教的にみて正しい理由や正しい原因に基づいた場合にのみ許容される行為であると説き，いわゆる「正戦論」の構築に寄与した。グロティウスは，この正戦論の宗教的要素を排除し，合理的な戦争の正当原因の構築を試みた。その結果，例えば，自己防衛，奪われた財産の回復，悪しき行為に対する処罰などを正当な戦争原因として列挙した。ところが，次第にカトリック教会の勢力が衰微した結果，ヨーロッパ社会が，超国家的な判断者の存在を認めない主権国家間の関係に終始するようになると，何が戦争の正しい理由であるのか，戦争の正当性判断の絶対性が揺らぐこととなる。また，正戦論に基づく場合，他者が中立であることの説明が困難であるなど，理論的な限界も表面化し，正戦論は次第に影響力を失っていった。

＊『**戦争と平和の法**』
原題は *"De jure belli ac pacis"* で，ラテン語の他にも英仏西独露語，さらには中国語や日本語にも翻訳された国際法史において最も著名な書物の一つで，グロティウスが広く「国際法の父」と呼ばれる所以となった。30年戦争の悲惨な現状を前に，武力紛争から生じる流血の事態を極小化する意図をもって本書を著したといわれる。

2　実証主義的戦争観（無差別戦争観）

　正戦論に代わって18世紀半ばから支配的になった考え方が，「実証主義的戦争観」（無差別戦争観）と呼ばれるものである。戦争に訴えることは国の権利であり，国際法上これを制約するものは存在しないとする立場であり，無差別戦争観に従えば，当事者の意思を超越した普遍的な戦争の正当原因は存在しえず，戦争とは当事者が相互に承認した交戦上の規則によってのみ拘束されることとなる。したがって，戦争に関する国際法の規律対象は，戦争に対する規則（*jus ad bellum*）そのものについては及ばず，もっぱら交戦法規（*jus in bello*）に限定された。結果として，国際法の機能する状態として戦時と平時とに分けられ，戦時の場合には戦争の存在を前提として，開戦の方法，害敵手段や戦闘行為の制限，中立国の権利義務等を詳細に定めた独自の国際法分野（戦時国際法）の発達を促すこととなる。これは，通常の国と国との関係を規律するいわゆる平時国際法とは区別されるものであった。

3　20世紀と国際連盟

　20世紀に入ると，戦争に訴える権利や武力行使そのものに対して一定の規制が試みられるようになる。1907年の第2回ハーグ平和会議で採択された「契約上ノ債務回収ノ為ニスル兵力使用ノ制限ニ関スル条約」などが挙げられる。その後も紛争の平和的解決手段を整備する必要性が認識されるようになると，一定期間戦争に訴えることを禁止する諸条約（ブライアン条約[*]）が締結された。

　国際連盟の設立にあたっては，こうした戦争概念の変化に伴う国際法の発展が取り入れられ，連盟規約では，紛争の平和的解決手段を整備するとともに，戦争に対する規制を強化した。連盟規約前文では，締約国は「戦争ニ訴ヘサルノ義務ヲ受諾」するとされ，締約国間で「国交断絶ニ至ルノ虞アル紛争」が発生した場合には，仲裁裁判，司法的解決，又は連盟理事会の審査に付すことが定められた。結果として，一定の場合に戦争に訴えることが違法なものとされ，戦争そのものに対する規制がより強まる結果となった。他方で，連盟規約は戦争を全面的に禁止するまでには至らず，武力行使にあたっては多くの抜け道が残されるものであった。例えば，連盟理事会の勧告が紛争当事国を除く全会一致で得られない場

＊ブライアン条約
1913〜14年にかけて米国が他国と締結した諸条約。紛争解決のための調停委員会を常設し，委員会報告が提出されるまでの間，兵力の使用を禁止した。

合には「正義公道ヲ維持スル為必要ト認ムル処置」として，戦争に訴えることが認められたし（15条7項），また，例えば復仇など，戦争に至らない武力行使が禁止されるかについて解釈の余地を残したのである。

［4］　国際連合における戦争の違法化

20世紀に生じた二度の世界大戦による惨状を省みて，国連憲章では，加盟国に対し紛争の平和的解決義務を設定する（2条3項）と同時に，国際関係における武力による威嚇又は武力の行使を一般的に禁止することに成功した（同条4項）。国連憲章では，伝統的に用いられてきた「戦争」という文言を用いることを避け，武力行使のみならず，武力による威嚇も禁止の対象に加えている[*1]。したがって，国連憲章上，今日の国際社会では，武力行使が許容されるのは，国連憲章第7章の集団的措置に基づく場合か[*2]，憲章が認める個別的又は集団的自衛権の行使の場合（51条）に限定される[*3]。

国連憲章において確立された武力不行使原則は，紛争の平和的解決義務と表裏をなす中心的規定であり，これらは今日では国際慣習法として確立し，国連に加盟していない国に対しても適用される。1986年の対ニカラグア軍事活動事件において，国際司法裁判所は，1970年の友好関係原則宣言で確認された武力行使の禁止の内容が国際慣習法としての地位を有することを認めた。

② 平和に対する罪

［1］　平和に対する罪とは

平和に対する罪の萌芽は，第一次世界大戦の平和条約であるヴェルサイユ条約における国際道義及び条約の神聖に反する犯行の訴追に関する規定にみることができる。しかし，平和に対する罪が実際に裁判所において適用され，刑事罰が科されるようになったのは，第二次世界大戦後であった。

第二次世界大戦後に設立された戦争犯罪を裁くための国際法廷であったニュルンベルク国際軍事裁判所（ドイツ）及び極東国際軍事裁判所（日本）は，その管轄する犯罪の一つに，平和に対する罪を定めた。ニュルンベルク国際軍事裁判所憲章6条(a)によれば，平和に対する罪とは，「侵略戦争又は国際条約，協定若しくは保証に違反する戦争の計画，準備，開始若しくは遂行，又は以上の行為のいずれかを達成す

＊1　2022年2月に発生したロシアのウクライナへの軍事的侵攻は，国際法及び国連憲章の定める武力不行使原則に違反するとして，多数の国連加盟国が批判している。ロシア軍のウクライナからの即時撤退を求める安保理決議案は，当該武力行使が憲章51条に基づくものであると主張するロシアの拒否権行使によって採択されなかったが，その後2022年3月の国連総会緊急特別会合において，ロシアに対する非難決議が採択された（賛成141，反対7，棄権32カ国）。また，同年10月にはロシアによる4州併合非難決議を採択した（賛成143，反対5，棄権35）。

＊2　➡第10章❺「集団安全保障」

＊3　これらの他に，武力行使の法的根拠をめぐって近年特に問題になるのは，人道的介入，警察的権能の行使，自決権の行使などの場合である。➡第10章❻「自衛権」

るための共通の計画若しくは共同謀議への関与」と定義される。

　この平和に対する罪の上記両裁判所における適用に関して，第二次世界大戦後に新たに創設されたものであり，これをもって第二次世界大戦等の開戦行為を裁くのは事後法による遡及処罰であることから，罪刑法定主義に反するとの根強い批判がある。この点につき，ニュルンベルク国際軍事裁判所判決は，戦争放棄に関する条約（1928年）における戦争放棄が，**侵略戦争の違法化***に加えて侵略戦争の計画・遂行の犯罪化も必然的に含むものであるとし，平和に対する罪の正当性を強調している。

2 　平和に対する罪の定式化

　1946年，第 1 回**国連総会***において，ニュルンベルク国際軍事裁判所憲章及び判決で認められた国際法の諸原則を確認する決議が全会一致で採択された。これに基づき，**国連国際法委員会（ILC）***は，ニュルンベルク諸原則（1950年），人類の平和と安全に対する犯罪の法典案（1954年）を作成し，侵略に関連する行為が平和に対する罪を構成し，当該行為者である個人が処罰されることの定式化を図った。

　また，国連総会における**友好関係原則宣言**（1970年）においても，侵略戦争が平和に対する罪を構成するものであり，これに対して国際法上の責任が生じることが言明されている。以上の通り，平和に対する罪につき，個人責任が問われる国際犯罪であるとの定式化が進められたが，依然，犯罪構成要件である侵略概念は不明確なままであった。

3 　侵略概念の定義

　侵略の定義に関しては，1933年に締結された侵略の定義に関する条約がある。ここでは，他国に対する開戦宣言や他国の領域への軍隊による侵入などの行為を最初に行った国が国際紛争における侵略者とみなされるとされ（ 2 条），政治的，軍事的，経済的な考慮による侵略の正当化も禁止された（ 3 条）。しかし，同条約は，その締約国が東欧及び中東諸国の 7 カ国にとどまり，実効性及び普遍性を欠くものであった。

　1974年，国連総会において，侵略の定義に関する決議が採択された。この決議において，侵略とは，「一国による他国の主権，領土保全若しくは政治的独立に対する，又は国際連

***侵略戦争の違法化**
➡第10章❶「戦争の禁止」

***国連総会**
➡第9章❷「総会」

***国連国際法委員会（ILC）**
1947年に国際法の漸進的発達と法典化を促進することを目的として国連総会の下で設立された委員会である。これまで，様々な分野の国際法に関して条約草案を作成する作業を行ってきた。

***友好関係原則宣言**
正式名称は，国際連合憲章に従った諸国間の友好関係及び協力についての国際法の原則に関する宣言。武力不行使，紛争の平和的解決，内政不干渉，相互協力，人民の同権及び自決，主権平等，国連憲章の義務の誠実な履行といった国際法の基本原則を宣言した。

合憲章と両立しないその他の方法による武力の行使であって，この定義に定めるもの」（1条）とされ，その上で**侵略の具体的行為七つ**^{*}が列挙された（3条(a)～(g)）。しかしながら，列挙されたもの以外の行為を侵略と認定しうる国連安全保障理事会の権限（**国連憲章39条**^{*}）が強調されており，侵略の網羅的な定義を定めるには至っていない（4条）。

［4］　国際刑事裁判所における侵略犯罪

　1998年に採択された国際刑事裁判所規程は，同裁判所の対象犯罪として侵略犯罪を規定した（5条1項）。しかし，同裁判所の設立準備の段階において侵略犯罪を対象とすることへの反対がみられたこともあり，侵略犯罪の定義及び管轄権行使条件が定められるまでは，侵略犯罪について管轄権が行使されないものとされていた（5条2項）。

　2010年の国際刑事裁判所規程検討会議の結果^{*4}，同規程の改正案が採択され，侵略犯罪の定義及び管轄権行使条件に関する新条文が追加されることになった。このうち，8条の2第1項は，侵略犯罪につき，「その性質，重大性及び規模に照らして国際連合憲章の明白な違反を構成する侵略行為の，国の政治的又は軍事的行動を実質的に管理し又は指示する地位にある者による計画，準備，開始又は実行」と定義している。その上で，8条の2第2項は，「侵略行為」につき，「他の国の主権，領土保全又は政治的独立に反する，また国際連合憲章と両立しない他の方法による，国による武力の行使をいう」と定め，その具体的行為の内容について，1974年の侵略の定義に関する決議3条に従うこととした。

　2017年，国際刑事裁判所規程締約国会議は，2018年7月17日以降に発生した侵略犯罪について国際刑事裁判所が管轄権を行使することを決定した。

③　人道に対する罪

［1］　人道に対する罪とは

　人道に対する罪は，第二次世界大戦中にナチス・ドイツがユダヤ人等に対して行ったホロコーストを裁くため，ニュルンベルク国際軍事裁判所憲章で初めて規定された犯罪である。同憲章6条(c)によれば，人道に対する罪は，「犯行地の国内法違反であるかにかかわりなく，戦前もしくは戦時中になされた殺戮，殲滅，奴隷的虐使，追放，文民に対して行わ

＊侵略の具体的行為七つ

①一国の兵力による他国の領域への侵入もしくは攻撃，一時的なものであってもこのような侵入もしくは攻撃の結果として生じた軍事占領又は武力の行使による他国の領域の全部もしくは一部の併合（(a)），②一国の兵力による他国の領域に対する砲爆撃又は一国による他国の領域に対する兵器の使用（(b)），③一国の兵力による他国の港又は沿岸の封鎖（(c)），④一国の兵力による他国の陸軍，海軍もしくは空軍又は船隊もしくは航空隊に対する攻撃（(d)），⑤受入国との合意に基づきその国の領域内に駐留する軍隊の合意に定められた条件に反する使用又は当該合意終了後の右領域内における当該軍隊の駐留の継続（(e)），⑥他国の使用に供した領域を，当該他国が第三国に対する侵略行為を行うために使用することを許容する国の行為（(f)），⑦前記の諸行為に相当する重大性を有する武力行為を他国に対して実行する武装部隊，集団，不正規兵又は傭兵の国による派遣もしくは国のための派遣又はこのような行為に対する国の実質的関与（(g)）。

＊国連憲章39条

「安全保障理事会は，平和に対する脅威，平和の破壊又は侵略行為の存在を決定し，並びに，国際の平和及び安全を維持し又は回復するために，勧告をし，又は第41条及び第42条に従っていかなる措置をとるかを決定する。」

*4 本文中に示した8条の2に加え、侵略犯罪に関する検察官の職権捜査の場合において、検察官は、安全保障理事会が侵略行為を認定したか否かを確認し（15条の2第6項）、この認定がなされたときに捜査を進めることができる（同7項）と定める規程改正案が採択された。

**平和に対する罪*
→第10章❷「平和に対する罪」

**戦争犯罪*
→第10章❹「戦争犯罪」

*5 そもそも、極東国際軍事裁判所において、人道に対する罪は独立した訴因とされておらず、戦争犯罪と統合された訴因の分類（第3類：通例の戦争犯罪及び人道に対する罪）に組み込まれていた。

**国際人道法*
→第10章❽「国際人道法」

**国連安保理*
→第9章❸「安全保障理事会」

れたその他の非人道的行為，又は，裁判所の管轄に属する犯罪の遂行として若しくはそれに関連して行われた政治的，人種的若しくは宗教上の理由に基づく迫害」と定義される。この定義に基づき，犯罪構成要件として，非人道的行為や迫害等が，**平和に対する罪***や**戦争犯罪***の遂行に伴うこと，戦前若しくは戦時中に行われたことが求められていた。

なお，人道に対する罪は，極東国際軍事裁判所の管轄犯罪でもあったが，同裁判所においてこの罪が認定されることはなかった。ニュルンベルク国際軍事裁判所における人道に対する罪の適用につき，平和に対する罪と同様の理由で罪刑法定主義に反するとの批判がある。[*5]

[2] 人道に対する罪と集団殺害（ジェノサイド）罪の区別

集団殺害（ジェノサイド）とは，「国民的，民族的，人種的又は宗教的な集団の全部又は一部を集団それ自体として破壊する意図をもって行われる」集団構成員の殺害等を指す（ジェノサイド条約2条）。集団殺害（ジェノサイド）罪は，ニュルンベルク国際軍事裁判所において人道に対する罪として裁かれたユダヤ人の虐殺に対応する犯罪として新たに創設されたものであった。

しかし，集団殺害（ジェノサイド）罪は，「集団それ自体として破壊する意図」が構成要件となっている点で，こうした意図が求められない人道に対する罪と区別されうる。国連国際法委員会は，人類の平和と安全に対する犯罪の法典案（1954年）において，人道に対する罪と集団殺害（ジェノサイド）罪を別個の犯罪として規定し，この区別は，以後の国際刑事法廷において踏襲されている。

[3] 旧ユーゴ国際刑事裁判所，ルワンダ国際刑事裁判所における適用

旧ユーゴ国際刑事裁判所（ICTY）は，旧ユーゴ民族紛争において行われた**国際人道法***の重大な違反について訴追するために**国連安全保障理事会***によって設置された。同裁判所規程は，人道に対する罪につき，武力紛争において文民に対して直接行われた殺人や殲滅，拷問などの非人道的な行為であると定めている（5条）。ここでは，非人道的行為が平和に対する罪や戦争犯罪の遂行に伴うことが求められていないが，武力紛争において行われたことが構成要件とされてい

る。旧ユーゴ国際刑事裁判所（ICTY）において人道に対する罪に関して有罪判決が下された例として，**タジッチ事件**[*]が挙げられる。

　ルワンダ国際刑事裁判所（ICTR）は，同国内におけるジェノサイド及び国際人道法の重大な違反について訴追するために国連安保理によって設置された。同裁判所規程は，人道に対する罪につき，あらゆる文民に対する，広範または体系的な攻撃の一部として行われた殺人や殲滅，拷問などの非人道的行為であると規定する（3条）。ここでは，犯罪構成要件として，平和に対する罪や戦争犯罪との関連性のみならず，武力紛争との関連性も求められていない。ルワンダ国際刑事裁判所（ICTR）において人道に対する罪に関して有罪判決が下された例として，**アカイェス事件**[*]が挙げられる。

　なお，これらアド・ホック刑事裁判所の任務完了後の残余機能は，2010年に設立された国際刑事裁判所メカニズム（MICT）に引き継がれた。

4　**国際刑事裁判所における人道に対する罪**

　2002年に誕生した常設の**国際刑事裁判所（ICC）**[*]は，人道に対する罪を管轄犯罪と定めている。同裁判所規程において，人道に対する罪は，「文民たる住民に対する攻撃であって広範又は組織的なものの一部として，そのような攻撃であると認識しつつ行う次のいずれかの行為」とされ，これを構成する具体的な行為[*6]が列挙されている（7条）。人道に対する罪の構成要件として，武力紛争との関連性は求められていないが，文民に対する広範又は組織的な攻撃の一部として行われること（広範性／組織性要素），及び，そうした攻撃であることの認識が求められており（認識要素），この点で戦争犯罪と明確に区別されている。

5　**人道に対する罪に関する防止及び処罰に関する条文案**

　2014年より，国連国際法委員会（ILC）は，人道に対する罪に関する防止及び処罰に関する条約条文案の検討作業を開始した。2017年，同委員会は，第一読を終了し，第一次条案及びその注釈を採択した。2019年，特別報告者による第四次報告書を受け，第二読会が行われ，新たな注釈とともに第二次条文案が採択され，国連総会に提出された。国連総会第六委員会は，この条文案について，2023年4月及び2024年4

＊タジッチ事件
ボスニアのオマルスカ収容所の看守兵であったデュスコ・タジッチが，クロアチア人やムスリムに対して殺人，虐待，拘禁などを行ったとして起訴された事件。1949年ジュネーヴ諸条約に対する重大な違反行為，戦争の法規または慣例に対する違反，人道に対する罪に関して有罪判決が下された。被告人の再審請求に対し，2002年，上訴裁判部は請求却下を決定した。

＊アカイェス事件
ルワンダ・ギタマラ地方のタバ市長であったジャン＝ポール・アカイェスが，ツチ族の殺害を奨励する演説を行い，ツチ族に対する性的暴力の許容，殺人・暴行への立会いや命令を行ったとして起訴された事件。集団殺害（ジェノサイド）罪，人道に対する罪に関して有罪判決が下された（第一審裁判部）。2001年の上訴裁判部判決において第一審裁判部における法解釈が修正された。

＊国際刑事裁判所（ICC）
➡第4章❻「国際刑事裁判所（ICC）」

＊6　①殺人（(a)），②絶滅させる行為（(b)），③奴隷化（(c)），④住民の追放・強制移送（(d)），⑤拘禁その他の身体的な自由の著しい剥奪（(e)），⑥拷問（(f)），⑦強姦，強制売春その他あらゆる形態の性的暴力（(g)），⑧特定の集団又は共同体に対する迫害（(h)），⑨人の強制失踪（(i)），⑩アパルトヘイト犯罪（(j)），⑪身体又は心身

の健康に対して苦痛又は傷
害を与えるその他の非人道
的行為（(k)）。

月に検討することとしている。

　第二読会においては，人道に対する罪の構成要件や犯罪人
引渡しなどの協力体制といった点について検討が行われた。
このうち，人道に対する罪の構成要件については，国際刑事
裁判所規程に倣っている。

④　戦争犯罪

［1］　戦争犯罪とは

＊**戦争法規又は戦争慣例**
➡第10章❽「国際人道法」

　戦争犯罪は，通例の戦争犯罪とも呼ばれ，**戦争法規又は戦**
争慣例＊の違反を指す（ニュルンベルク国際軍事裁判所憲章6条
(b)，極東国際軍事裁判所憲章5条(ロ)）。戦争犯罪は，国際法上の
犯罪として国際裁判所で処罰されうるのみならず，交戦国等
の国内裁判所でも処罰され得る。1949年のジュネーヴ諸条約
において，締約国は，同条約の重大な違反行為（戦争犯罪）
を処罰するために必要な立法を行い，実行行為地や国籍にか
かわりなく被疑者について自国裁判所に対する公訴を提起す
る義務を負っており（ジュネーヴ第1条約49条等），戦争犯罪に
対する各締約国の裁判管轄権につき普遍主義が採用されてい
る。国際裁判所に関しては，現在まで，ニュルンベルク国際
軍事裁判所（IMT），極東国際軍事裁判所（IMTFE），旧ユー
ゴ国際刑事裁判所（ICTY），ルワンダ国際刑事裁判所
(ICTR)，**国際刑事裁判所（ICC）**＊において戦争犯罪の処罰が
行われてきた。

＊**国際刑事裁判所（ICC）**
➡第4章❻「国際刑事裁判
所（ICC）」

［2］　戦争犯罪の実行行為・構成要件

　国際刑事裁判所（ICC）規程は，戦争犯罪の実行行為につ
き，国際的武力紛争と非国際的武力紛争の場合に分けて定め
ている。国際的武力紛争における戦争犯罪とは，1949年ジュ
ネーヴ諸条約に対する重大な違反となる殺人や拷問，非人道
的な待遇，恣意的な財産の徴発などの行為（8条2項(a)），及
び，確立された国際法の枠組みにおいて国際的な武力紛争の
際に適用される法規及び慣例に対する著しい違反となる文民
や民用物への故意の攻撃などの行為から成る（8条2項(b)）。

　一方，非国際的武力紛争における戦争犯罪とは，**1949年**
ジュネーヴ諸条約共通3条＊の著しい違反となる殺人，虐待，
個人の尊厳の侵害などの行為（8条2項(c)），及び，確立され
た国際法の枠組みにおいて国際的性質を有しない武力紛争の
際に適用される法規及び慣例に対する著しい違反となる文民

＊**1949年ジュネーヴ諸条約**
共通3条
国際的性質を有しない武力
紛争の場合に適用される規
定であり，敵対行為に直接
参加しない者（武器を放棄
した軍隊の構成員及び病
気，負傷，抑留その他の事
由により戦闘外に置かれた
者を含む）に対する無差別
の人道的な待遇や傷者・病
者に対する看護を義務づけ
ている。

への故意の攻撃や性的暴力などの行為から成る（8条2項(e)）。

　2010年の国際刑事裁判所規程検討会議における規程改正により，非国際的武力紛争においても，国際的武力紛争と同様，①毒物又は毒を施した兵器を使用する行為，②窒息性ガスや毒性ガス等を使用する行為，③人体内において容易に展開し又は扁平となる弾丸を使用する行為が戦争犯罪を構成することとなった。また，2017年の国際刑事裁判所規程締約国会議は，国際的・非国際的の両武力紛争における戦争犯罪について，①微生物剤その他の生物剤又は毒素を施した兵器の使用，②人体内に入った場合にエックス線で検出することができないような破片によって傷害を与えることを第一義的な効果とする兵器の使用，③視力の強化されていない眼に永久に失明をもたらすように特に設計されたレーザー兵器の使用についても実行行為とする内容の改正を採択した。

　以上の実行行為からも明らかなように，戦争犯罪は，国際的または非国際的武力紛争に関連して行われることが必要である（武力紛争関連性）。なお，国際刑事裁判所は，その管轄権行使を「計画若しくは政策の一部として又は大規模に行われたそのような犯罪の一部として行われる」戦争犯罪に限定している（8条1項）。

[3]　戦争犯罪の責任阻却事由

　国際刑事裁判所は，戦争犯罪の責任阻却事由として正当防衛を認めている。すなわち，国際刑事裁判所規程によると，戦争犯罪が問題となる場合において，「自己その他の者又は……自己その他の者の生存に不可欠な財産もしくは軍事上の任務の遂行に不可欠な財産を急迫したかつ違法な武力の行使から防御するため，自己その他の者又は財産に対する危険の程度と均衡のとれた態様で合理的に行動する場合」には，刑事上の責任が阻却されることになる（31条1項(c)）。

　また，戦争犯罪については，集団殺害（ジェノサイド）罪や人道に対する罪とは異なり，上官命令の抗弁による責任阻却が認められる場合がある（33条2項反対解釈）。国際刑事裁判所規程33条1項によれば，①戦争犯罪の行為者が政府又は当該上官の命令に従う法的義務を負っており，かつ，②その命令が違法であることを当該行為者が知らず，かつ，③その命令が明白に違法ではなかった場合には，当該行為者の戦争

犯罪に関する責任が阻却されうる。

4 経過規定

新たに国際刑事裁判所規程の締約国となる国は，当該国について同規程が効力を生じてから7年間，当該国の国民によって又は当該国の領域内において行われた戦争犯罪について，国際刑事裁判所の管轄権を受諾しない旨の宣言をすることができる（国際刑事裁判所規程124条）。同条に対しては，国際刑事裁判所の枠組みを弱体化させるとの批判が絶えなかった。

2010年の国際刑事裁判所規程検討会議においては，この124条の維持が決定されたが，2015年の国際刑事裁判所規程締約国会議において，同条の削除を内容とする改正が採択された。

5 集団安全保障

1 集団安全保障とは

集団安全保障とは，ある集団内部で武力を行使しない約束をし，その約束に反して武力を行使する国に他国が協力して対立し，自国の安全を相互に保障する方式をいう。

第一次世界大戦が**勢力均衡方式**の欠点から発生したことを反省し，同大戦後に設立された国際連盟は，その規約において一定の戦争を禁止，これに違反して戦争をする国に対して経済的措置や軍事的措置をとることを定めて集団安全保障体制を制度化した。しかし，違反の認定やとるべき措置の決定は加盟国の判断に委ねられるという分権的体制で，また戦争は完全に禁止されなかったため，第二次世界大戦を防げなかった。

国際連盟での失敗を踏まえ，国際連合では集権的な集団安全保障体制の構築が目指された。国連憲章は2条4項で武力の行使と武力による威嚇を禁止し，侵略などが発生した場合には安保理の決定により非軍事的措置や軍事的措置といった強制措置によって対処する規定を第7章に設けた。

冷戦期には安保理常任理事国の頻繁な**拒否権行使**により制度は十分に機能しなかったが，冷戦終結後は第7章の決議が採択されるようになり，様々なケースで「平和に対する脅威」などの存在が認定され，強制措置が発動されている。

＊勢力均衡方式
他国と軍事同盟を結ぶことで対立する国との間の力の均衡を図り，自国の安全を確保しようとした方式。勢力の拡張競争や軍拡競争により戦争を誘発しやすく，戦争が発生すると各国間の同盟条約を通じて世界的に拡大するという欠点があった。

＊拒否権行使
強制措置を発動させるための決議を採択するには，安保理の常任理事国5カ国（中，仏，露，英，米）すべてが賛成しなければならない（憲章27条）が，反対票を投じることを拒否権行使という。➡第9章❸「安全保障理事会」

2 「平和に対する脅威，平和の破壊，侵略行為」の存在の決定

　国連憲章は「国際の平和と安全の維持の主要な責任」を安保理に負わせ，関連する規定を第7章に設けた。安保理は「平和に対する脅威，平和の破壊又は侵略行為」の存在を決定することができ（憲章39条），この決定によって集団安全保障を機能させる。それぞれの定義は国連憲章上設けられておらず，決定には安保理に大きな裁量が認められている。これまで，「平和に対する脅威」は**人道法**違反や人権侵害，**テロリズム**など様々な事態で認定されてきた。[7]「平和の破壊」は国家間で武力が行使される事態，二国の軍隊間の敵対行為をいう。[8]「侵略行為」については，指針として「侵略の定義に関する決議」（国連総会決議）が採択されているが，安保理がその存在を決定した例があるか否かについては見解が分かれている。[9]

3 非軍事的措置と軍事的措置

　「平和に対する脅威」などの存在の決定後，安保理は必要に応じて非軍事的措置と軍事的措置をとることを決定することができる（憲章41条，42条）。[10]

　非軍事的措置とは兵力の使用を伴わない措置をいい，経済関係や鉄道・航空など運輸手段の中断，外交関係の断絶，武器や特定産品の輸出入禁止，金融制裁，人の移動の禁止など多岐にわたる。[11]しかし，こうした措置は措置対象国の一般市民に大きな影響を及ぼすことから，1990年代以降，国ではなく，特定の個人（国の指導者やテロリストなど）や団体を対象に，資産凍結や渡航禁止などを課すスマート・サンクションが進められている。[12]非軍事的措置では不十分な場合，安保理は軍事的措置をとることができる。

　軍事的措置とは兵力を使用する措置をいい，用いられる兵力は安保理との間で予め締結される特別協定に従って加盟国が提供することになっている（憲章43条）が，現在も特別協定は締結されておらず，安保理が利用できる兵力は存在しない。そのため，イラクによるクウェート侵攻時，安保理は加盟国に対して「憲章第7章に基づいて……必要なあらゆる措置を採ることを認める（authorize）」と定める決議を採択し，この決議に基づいて加盟国の軍隊から構成される多国籍軍がイラクに対して武力を行使した。以降，同様の文言を盛り込

*人道法
➡第10章❽「国際人道法」
*テロリズム
➡第8章❾「国際テロリズム」
*7　例えば，南アフリカのアパルトヘイト，旧ユーゴでの非人道的行為などが挙げられる。
*8　例えば，1950年の北朝鮮による韓国への攻撃や1990年のイラクによるクウェート侵攻などでその存在が決定された。
*9　例えば，「侵略行為」であるとして非難したものとして，南アフリカがアンゴラなどで軍事作戦を行ったケースなどがある。
*10　ただし，イランによる核兵器開発に関する決議など，39条の決定をせずに，41条に基づき非軍事的措置をとった例もある。
*11　例えば，1990年のイラクによるクウェート侵攻は「平和の破壊」と決定され，非軍事的措置としてイラクからの石油製品輸入やイラクへの武器輸出を禁止する安保理決議が採択された（安保理決議661）。
*12　スマート・サンクションは特定の個人などを対象に移動の自由などを制限するものであるから，人権侵害であるとして人権関連機関で争われることもある。

んだ決議を採択して加盟国に武力の行使を認める例が繰り返されている。

4 加盟国の義務

非軍事的措置・軍事的措置の**決定**には法的拘束力があり，加盟国は決定に従う義務を負う（憲章25条）。これまで，非軍事的措置として，ある行為の命令，不承認の義務，輸出入の制限義務などが定められてきており，例えば，航空機爆破テロ事件に関連してリビアは容疑者の引渡しを命じられ，1966年に南ローデシアの白人少数政権が行った一方的な独立宣言に関連して国連加盟国はこれを承認しないよう求められた。また，北朝鮮による弾道ミサイル発射や核実験に対しては，同発射や核実験などを行わないことに加え，輸出入の禁止，特定個人・家族の入国等の禁止，特定個人の資産凍結，北朝鮮への又はからの船舶間の積替え（「瀬取り」）の禁止などを北朝鮮や他の国連加盟国に義務づけてきた。安保理決議における決定が他の条約上の義務と抵触する場合には，憲章義務の優先を定めた国連憲章103条に従い，安保理の決定が優先する。

加盟国に対して「あらゆる必要な措置を採ることを認める」形の軍事的措置の場合，義務ではなく，容認や許可といった性質のものであり，すべての国が軍事的措置をとらなければならないというものではない。

6 自衛権

1 国連憲章による武力行使の禁止

国連憲章は2条3項において加盟国に紛争の平和的解決を義務づけ，紛争解決手段としての戦争を禁止した。そして2条4項において「すべての加盟国は，その国際関係において，武力による威嚇又は武力の行使を，いかなる国の領土保全又は政治的独立に対するものも，また，国際連合の目的と両立しない他のいかなる方法によるものも慎まなければならない」として，武力行使の禁止を規定した。

武力行使の禁止の例外として国連憲章自体が許容しているのは，武力攻撃が発生した場合の個別的・集団的自衛権（憲章51条）と，憲章第7章に基づく安保理決議による軍事措置である。他にも例外として主張されるものがある（例えば在外自国民の保護のための武力行使や人道的干渉など）が，国連

＊決定
安保理決議は通常いくつかのパラグラフで構成される。「憲章第7章の下」の決議の中でも，特に「決定する（decide）」という文言で始まるパラグラフには法的拘束力がある。
＊13 ロッカビー事件
➡第8章❿「ハイジャック・シージャック」

＊14 ➡第10章❶「戦争の禁止」

＊15 憲章2条4項の内容は，以降の1970年友好関係原則宣言（国連総会決議2625），1974年侵略の定義に関する決議（同3314）等で繰り返し確認されている。
＊16 ➡第10章❺「集団安全保障」

憲章の起草過程では武力行使の包括的禁止と理解されていた。

[2]　武力行使の禁止の例外としての自衛権

国連憲章51条は、「この憲章のいかなる規定も、国連加盟国に対して武力攻撃が発生した場合には、安保理が必要な措置をとるまでの間、個別的又は集団的自衛の固有の権利を害するものではない。この自衛権の行使に当って加盟国がとった措置は、直ちに安保理に報告しなければならない。（以下略）」と規定する。この51条の解釈をめぐっては多くの論争がある。

第一に、51条の規定は、以前から国に認められてきた国際慣習法上の自衛権[*17]を制限するかが問題となる。51条の「固有の権利」の文言を重視して国際慣習法上の自衛権を制限しないという立場がある一方、51条の規定がより限定的であることを重視して国際慣習法上の自衛権を制限するという立場がある。

第二に、自衛権の行使は「武力攻撃が発生した場合」に限られるかが問題となる。国連憲章の下でも国際慣習法上の自衛権が存続するとの立場からは、武力攻撃の現実の発生を待つ必要はないとして、先制的自衛が許容される[*18]。これに対して、先制的自衛の危険性を指摘し、51条の解釈としては武力攻撃が実際に行われた後にのみ自衛権の行使が可能であるとする見解がある。日本政府は1998年の北朝鮮によるテポドン発射に際して、武力攻撃のおそれがあると推量されるにすぎない段階での先制攻撃は認められないが、武力攻撃の着手があれば、被害の発生を待たずして自衛権の行使が可能であるとの見解を示した。

第三に、「武力攻撃」の対象の範囲が問題となる。国の領域に対する武力攻撃以外にも、在外自国民に対する攻撃[*19]、自国の船舶や航空機に対する攻撃も含まれ、自衛権の行使が可能であるとの見解がある[*20]。

[3]　個別的自衛権と集団的自衛権

個別的自衛権が被攻撃国自身による自衛であるのに対して、集団的自衛権は他国が武力攻撃を受けた場合にこれと密接な関係にある国が被攻撃国と共同して防衛にあたることをいう[*21]。国連憲章53条は安保理の許可がなければ地域的機構は

*17　1837年カロライン号事件に関して当時の米国務長官ウェブスターによって示された、「急迫し、圧倒的で、他の手段を選ぶ余地がなく、熟考の時間もないほどの自衛の必要性を要し、かつその手段は必要な限度内にとどめる」との要件がその典型とされている。

*18　1981年、イスラエルはイラクによる核兵器開発が近いとみて、原子炉を空爆で破壊し、これを「一般国際法において理解され、憲章51条の意味に十分含まれている自衛の固有かつ自然の権利の行使」と正当化した。イスラエルの空爆について、安保理は憲章の明白な違反であると非難した（決議487）。

*19　1976年エンテベ空港事件：民間航空機がハイジャックされ、ウガンダのエンテベ空港に着陸させられた。犯人がユダヤ人乗客を人質にとったため、イスラエル特殊部隊が同空港に乗り込み、犯人を殺害して人質を解放した。イスラエルは自衛権を主張した。

*20　1998年のナイロビ及びダルエスサラームの米国大使館爆破テロ事件を受け、米国はアフガニスタンのタリバン支配地域にあったテロ組織訓練施設と、スーダンの化学兵器施設をミサイルで攻撃した。米国は安保理議長宛て書簡において、「米国の安全保障に対する差し迫った脅威があり、攻撃は憲章51条の個別的自衛権行使である」と説明した。

*21　国際司法裁判所は，対ニカラグア軍事活動事件において，第三国が集団的自衛権を行使するには，被攻撃国が自ら攻撃されたと宣言し（宣言要件），当該第三国に対して援助を要請すること（援助要請要件）が必要と判示した。

*22　タリン・マニュアル（NATO のサイバー防衛センターに法律専門家が集まり，サイバー攻撃に関する国際法の規則を記述したもの）第 2 版（2017）規則 71 は，「武力攻撃の水準に至るサイバー行動の目標となる国家は，固有の自衛権を行使することができる。サイバー行動が武力攻撃に該当するか否かは，その規模及び効果による。」とする。

軍事行動をとることができないとするが，安保理における拒否権の行使により，地域的機構が独自に行動できなくなることを米州諸国が懸念したといわれる。条約でこれを規定する例として1949年北大西洋条約があり，欧州又は北米における締約国に対する武力攻撃は全締約国に対する攻撃とみなすとして，北大西洋条約機構（NATO）諸国の集団的自衛権を認めている。[*22]

2001年 9 月11日の米国同時多発テロ事件を受け，翌日の安保理決議1368はその前文で「国連憲章に従った個別的・集団的自衛の固有の権利」を確認した。同年10月に米国・英国軍はアフガニスタンのタリバン政権軍事施設及びテロ組織の訓練キャンプへの攻撃を開始し，これを米国に対して行われた武力攻撃に対する「個別的・集団的自衛の固有の権利の行使である」と主張した。

４　国際司法裁判所による判断

国際司法裁判所は，国連憲章 2 条 4 項が定める武力行使禁止原則が国際慣習法であることを確認し，自衛権の行使には厳格な判断をしている。

○対ニカラグア軍事活動事件（ニカラグア対米国，1986年 6 月27日本案判決）

ICJ は，自衛権行使が認められるための“武力攻撃”とは，最も重大な形態の武力行使を指すとし，“武力攻撃”とは国の正規軍によるものであって，非国家主体による場合は国の実質的関与が必要とした。より重大でない武力行使には，均衡のとれた対抗措置をとることができるとした。

○オイル・プラットフォーム事件（イラン対米国，2003年 11月 6 日判決）

米国旗を掲揚したクウェートのタンカーがクウェートの港に停泊中ミサイル攻撃を受けたのに対し，米国がイランの石油掘削用海上プラットフォームを攻撃し自衛権を主張した。また，米軍艦がバーレーン沖上で触雷したのに対し，米国がイランの石油掘削施設を攻撃し自衛権を主張した。ICJ は，米国に対する“武力攻撃”がないとして，米国のイランに対する攻撃を自衛とは認めなかった。

○コンゴ領域武力活動事件（コンゴ民主共和国対ウガンダ，2005年12月19日判決）

問題となる攻撃がコンゴ民主共和国に帰属しないとして，

ウガンダによる自衛権主張を否定した。

7　日米安保

1　旧・日米安保条約（1951年）

　第二次世界大戦後の占領期，米国は，冷戦下における自由主義陣営の強化を目指し，米国による日本の安全保障を模索していた。他方，日本は，当初，国連に安全保障を頼ることを考えていたが，冷戦による**集団安全保障**の機能不全を想定し，また再軍備が困難であることから，米国に頼る現実路線を辿ることにした。その後の日米協議の結果，米国務省による平和条約草案（1950年）を原型としながらも，米軍駐留の具体的取決めについて平和条約から分離し，①日本への外国軍隊の駐留を一般的に可能とする平和条約，②米軍駐留による安全保障の大綱を定めた安全保障条約，③同条約実施の細目を定めた協定の三つの文書によって米国による日本の安全保障が実現されることとなった。以上の経緯に基づき，1951年，**対日平和条約**6条(a)（日本への外国軍隊駐留の認容）に基づき，「日本国とアメリカ合衆国との間の安全保障条約」（旧・日米安保条約）が締結され，翌年，米軍の配備を規律する諸条件等を定めた日米行政協定が作成された。

　旧・日米安保条約の主な規定の内容は次の通りである。第一に，日本に米軍を駐留させることができる権利を日本が米国に与え，米国が同権利を受諾するものとされた（**1条**）。すなわち，同条約では，日本の基地提供義務のみが規定され，米国の日本防衛義務は定められなかった。これは，米国において，安全保障の取決めを結ぶにあたり継続的かつ効果的な自助及び相互援助を基礎とすべきことを求める「ヴァンデンバーグ決議」（1948年）が採択されていたため，固有の自衛権を行使する有効な手段をもたない日本と相互対等な安全保障条約を締結できないという理由によるものであった。第二に，外国の干渉等に起因する日本国内における内乱や騒擾の鎮圧のため，日本政府の要請に応じて米軍が援助を行うことができると定められていた（いわゆる内乱条項）。第三に，日本に駐留する米軍は，日本及びその周辺地域のみならず極東の平和と安全の維持に寄与しうるものとされていた（いわゆる極東条項）。

　こうした旧・日米安保条約に対しては，米国の駐兵権のみを定め，共同防衛を観念できない片務的駐兵協定にすぎない

＊**集団安全保障**
➡第10章❺「集団安全保障」

＊**対日平和条約**
➡第11章❶「対日平和条約」

＊**1条**
「平和条約及びこの条約の効力発生と同時に，アメリカ合衆国の陸軍，空軍及び海軍を日本国内及びその附近に配備する権利を，日本国は，許与し，アメリカ合衆国は，これを受諾する。……」

＊**23**　旧・日米安全保障条約前文には，次のように記述されている。「……日本国は，武装を解除されているので，平和条約の効力発生の時において固有の自衛権を行使する有効な手段をもたない。……日本国は，平和条約が日本国とアメリカ合衆国の間に効力を生ずるのと同時に効力を生ずべきアメリカ合衆国との安全保障条約を希望する。……」

との批判が絶えなかった。

② 新・日米安保条約（1960年）

警察予備隊, 保安隊を経て, 1954年に自衛隊をもつに至った日本は, 相互対等で双務的な日米の安全保障協力関係を求め, 1960年,「日本国とアメリカ合衆国との間の相互協力及び安全保障条約」（新・日米安保条約）を締結することに成功した。また, 同条約6条に基づき, 日米行政協定に代わり, 基地及び駐留米軍の権利義務関係等について定めた日米地位協定が締結された。さらに, 駐留米軍の配備及び装備に関する重要な変更並びに戦闘作戦行動における基地等の使用についての事前協議を義務づける「条約第6条の実施に関する交換公文」も作成された。

新・日米安保条約は, 旧・日米安保条約と比較して, 次のような新たな規定を有している。第一に, 同条約が国連憲章の定める国際の平和と安全の維持という目的に則り, **紛争の平和的解決原則**, **武力行使禁止原則**, **自衛権**に依拠するものであることが明示された（1条, 5条, 7条）。第二に, 日米両国間の経済的協力の促進が定められ, 軍事的協力にとどまらないことが示された（2条）。第三に, 日本に対し, 継続的かつ効果的な自助及び相互援助を維持し発展させることが義務づけられた（3条, いわゆるヴァンデンバーグ条項）。第四に, 条約の実施や日本又は極東の安全に対する脅威に関する協議を行うことが定められた（4条）。第五に, 米国の日本防衛義務及び日本の施政下にある駐留米軍を防衛する日本の義務が明示され, 共同防衛体制が整えられた（5条）。第六に, 極東条項は残存したが（6条）, 内乱条項が削除された。

新・日米安保条約5条の共同防衛の法的根拠について, 米国の日本防衛義務は**集団的自衛権**に基づくとされてきたが（前文参照）, 日本の駐留米軍防衛義務は, 集団的自衛権の行使を認めない**日本国憲法9条**に従い, 日本の領域を防衛するための個別的自衛権に基づくものと考えられてきた。しかし, 2014年の閣議決定による憲法9条の解釈変更及び2016年に施行された**平和安全法制整備法**による自衛隊法の改正に基づき, 日本による集団的自衛権の限定的行使が可能となったため, 日本の駐留米軍防衛義務について集団的自衛権に基づいて説明できる余地が生じることとなった。

*紛争の平和的解決原則
➡第4章 intro「紛争の平和的解決手続とは」
*武力行使禁止原則
➡第10章❶「戦争の禁止」
*自衛権
➡第10章❻「自衛権」
*新・日米安保条約5条
「各締約国は, 日本国の施政の下にある領域における, いずれか一方に対する武力攻撃が, 自国の平和及び安全を危うくするものであることを認め, 自国の憲法上の規定及び手続に従って共通の危険に対処するように行動することを宣言する。……」
*集団的自衛権
➡第10章❻「自衛権」
*24「……両国が国際連合憲章に定める個別的又は集団的自衛の固有の権利を有していることを確認し, ……」
*日本国憲法9条
かつての憲法9条の解釈においては, 日本は個別的自衛権・集団的自衛権の双方を有しているが, 個別的自衛権のみを行使することができ, 集団的自衛権を行使することはできないとされていた。
*平和安全法制整備法
➡第10章 Column5「平和安全法制」

3 日米ガイドライン（2015年）と日米物品役務相互提供協定（2016年）

2015年，日米安全保障協議委員会（2＋2）において，新たな「日米防衛協力のための指針」（日米ガイドライン）が了承された。同ガイドラインでは，切れ目のない形での日本の安全保障のための協力強化に加え，地域・グローバル・宇宙・サイバー空間といった新たな戦略的領域における協力拡大が確認された。

2016年，平和安全法制整備法による自衛隊法の改正に基づいて自衛隊から米軍への物品役務の提供内容が拡大されたため，旧来の決済手続等の適用を可能とする新たな**日米物品役務相互提供協定**が作成された（2017年発効）。

8 国際人道法

1 国際人道法とは

国際法においては，戦争に対する規則（武力行使自体の合法性：*jus ad bellum*）と，交戦法規（戦闘手段の合法性：*jus in bello*）とが区別され，各々発達してきた。国際人道法（International Humanitarian Law）とは，*jus in bello* として武力紛争時に適用される，人道原則によって武力紛争を規制する国際法規範の総称であり，赤十字国際委員会の定義によれば，「人および人に不可欠な物を保護する規則」を指し，「人道的理由から，敵対行為，兵器の使用，戦闘員の行動，復仇の行使に対して限界を定めた条約上または慣習法上の規則，ならびにこれらの規則の正常な適用を確保するための規範（監視，刑事制裁）」をも含む。

国際人道法は，傷病者・捕虜・文民といった戦争犠牲者を保護する規則（ジュネーヴ規則）と交戦手段を制限する規則（ハーグ規則）から成る。かつて戦争法（Laws of War）と呼ばれていたものは，ジュネーヴ規則，ハーグ規則，条約法上の規則，中立法規などを含むとされていた。しかし，現代国際法において戦争・武力行使が禁止され，戦争に代わって「武力行使」「武力による威嚇」という語が使用されるに伴い，戦争法に代わって「武力紛争法（Law of Armed Conflict）」という語が使用されるようになった。この武力紛争法の規則のうち，明らかに人道的性格を有する法規が「国際人道法」と呼ばれている。

現在国際人道法の主な条約としては，1949年ジュネーヴ諸

＊**日米物品役務相互提供協定**

なお，日英及び日豪の物品役務相互提供協定も2017年に発効した。さらに，日仏及び日加の物品役務相互提供協定が，2019年に発効した。

＊**25**　ジュネーヴ規則は，1864年赤十字条約以来，ジュネーヴの赤十字国際委員会が中心となり作成してきた規範であるためこう呼ばれる。ハーグ規則は，主として1899年及び1907年のハーグ平和会議において採択された規則であるためこう呼ばれる。ハーグ規則の起源は，1868年サンクト・ペテルブルク宣言（戦時における400 g 未満の爆発性物質を充填した発射物の使用禁止に関する宣言）及び1863年リーバー・コード（米国の南北戦争中の北軍の陸戦規則）に遡る。

＊26　国際的武力紛争の犠牲者の保護に関する第一追加議定書，非国際的武力紛争の保護に関する第二追加議定書。日本は2004年に国会が第一・第二追加議定書を承認して，締約国となった。関連国内法として，「国際人道法の重大な違反行為の処罰に関する法律」，「武力攻撃事態における捕虜等の取扱いに関する法律」，「武力攻撃事態等における国民の保護のための措置に関する法律（国民保護法）」が制定されている。

＊27　非国際的武力紛争に満たない国内騒乱の場合には，人権に関する各国際条約が適用可能である。

＊28　これはジュネーヴ諸条約中で非国際的武力紛争に適用される唯一の条文である。国際司法裁判所は対ニカラグア軍事活動事件（1986年）において，本条の国際慣習法化を認定した。また，旧ユーゴスラヴィア国際刑事裁判所もタジッチ事件（1995年管轄権上訴審）において，同様の認定をした。➡第10章❸「人道に対する罪」

条約（締約国196），並びにジュネーヴ諸条約を補完する1977年第一追加議定書（締約国174）及び第二追加議定書（締約国169）がある。[＊26]

［２］　国際人道法の適用範囲

　国際人道法は，武力行使の開始という事実によって適用が始まり，軍事行動の全般的終了時に（占領地域においては占領の終了時に）適用が終わる。武力行使自体の合法性は *jus ad bellum* の問題として別個であり，国際人道法は武力紛争の全当事者に等しく適用される。

　国際人道法は，国際的武力紛争か非国際的武力紛争（いわゆる内戦）かによって適用法を区別するため，当該武力紛争がどちらにあたるかを判定することが，適用法の決定のために必要となる。[＊27]

・国際的武力紛争―1949年ジュネーヴ諸条約全体，1977年第一追加議定書
・非国際的武力紛争―1949年ジュネーヴ諸条約共通３条[＊28]，1977年第二追加議定書

◆1949年ジュネーヴ諸条約共通３条

　　締約国の一の領域内に生ずる国際的性質を有しない武力紛争の場合には，各紛争当事者は，少なくとも次の規定を適用しなければならない。

　　(1)　敵対行為に直接に参加しない者（武器を放棄した軍隊の構成員及び病気，負傷，抑留，その他の事由による戦闘外に置かれた者を含む。）は，すべての場合において，人種，色，宗教もしくは信条，性別，門地もしくは貧富又はその他類似の基準による不利な差別をしないで人道的に待遇しなければならない。

　　このため，次の行為は，前記の者については，いかなる場合にも，また，いかなる場所でも禁止する。

　　(a)生命及び身体に対する暴行，特に，あらゆる種類の殺人，傷害，虐待及び拷問

　　(b)人質

　　(c)個人の尊厳に対する侵害，特に，侮辱的で体面を汚す待遇

　　(d)正規に構成された裁判所で文明国民が不可欠と認めるすべての裁判上の保障を与えるものの裁判によらない判決の言渡及び刑の執行

3　国際人道法の基本原則

　人道を基礎とする国際人道法の諸規則には(a)区別原則，(b)必要性，(c)均衡性，(d)無用の苦痛の禁止，といった基本原則が通底している。相手国による先行違法行為があったとしても，文民に対する復仇は禁止されている（第一追加議定書51条6項）。

(a)　区別原則とは，戦闘員／非戦闘員（文民）の区別，軍事目標／非軍事物の区別を意味し，第一追加議定書48条に示されている。[*29]

(b)　必要性とは，とられる交戦手段の軍事的必要性の要件を意味し，第一追加議定書52条2項の軍事目標主義に示されている。[*30]　軍事目標主義とは攻撃対象を軍事目標と非軍事物に分け，前者に対する攻撃のみを許容するもので，非戦闘員・非軍事物の保護という人道的理由及び敵の軍事力の効果的壊滅という現実的要請に基づく。

(c)　均衡性とは，攻撃によって得られる軍事的利益と攻撃によって生じる文民への被害（付随的損害）との均衡性の要件を意味し，第一追加議定書の無差別攻撃の禁止の規定に示されている。[*31]

(d)　無用の苦痛の禁止とは，過度の傷害または無用の苦痛を与える兵器，投射物及び物質並びに戦闘の方法の使用の禁止（第一追加議定書35条2項）を意味し，特定通常兵器使用禁止制限条約及び同議定書（Ⅰ-Ⅳ）等に具現されている。これらは人道に反するのみならず，武力行使の目的（敵の軍事力の壊滅）にも合致しないため禁止される。

9　捕　虜

1　捕虜（POW : Prisoner of War）とは

　捕虜とは，**国際的武力紛争**において，敵の権力内に陥った戦闘員をいい，現在国際人道法上保護される者として規定されている。

　近代以前の戦争においては，敵に捕えられた捕虜は奴隷とされた。近代に入ると身代金による解放や一定の人道的待遇といった実行がみられたが，初めて条約の明文規定で捕虜の待遇が規定されたのは1907年ハーグ陸戦規則である。[*32]　捕虜に対して実際になされた劣悪な取扱いが，以後の条約によって禁止されるようになり，第一次世界大戦後に1929年捕虜の待遇に関する条約，第二次世界大戦後に1949年捕虜の待遇に関

*29　「紛争当事者は，文民たる住民及び民用物を尊重し及び保護することを確保するため，文民たる住民と戦闘員とを，また，民用物と軍事目標とを常に区別し，及び軍事目標のみを軍事行動の対象とする。」

*30　「攻撃は，厳格に軍事目標に対するものに限定する。軍事目標は，物については，その性質，位置，用途又は使用が軍事活動に効果的に資する物であってその全面的又は部分的な破壊，奪取又は無効化がその時点における状況において明確な軍事的利益をもたらすものに限る。」

*31　例として51条5項(b)「予期される具体的かつ直接的な軍事的利益との比較において，巻き添えによる文民の死亡，文民の傷害，民用物の損傷又はこれらの複合した事態を過度に引き起こすことが予測される攻撃」は無差別攻撃として禁止される。

*国際的武力紛争
➡第10章❽「国際人道法」
*32　陸戦の法規慣例に関する条約（1899年，1907年に改正）の附属書である。条約と附属書をあわせて「ハーグ陸戦条規」とも略される。条約の前文には「マルテンス条項」が置かれ，一層完備された戦争法規が制定されるまでは，諸国は条約に明文の規定がなくても，依然として国際慣習法及び人道原則に従うことを確認している。

する条約（ジュネーヴ第三条約）（以下，1949年捕虜条約）が成立
した。第二次世界大戦後の武力紛争，特に民族解放戦争にお
いてはゲリラ戦が多く，ジュネーヴ諸条約を補完する1977年
第一追加議定書ではこれに対応した規定が置かれた。

2 捕虜資格が認められる戦闘員とは

◆国際的武力紛争の過程で捕えられた者

　・戦闘員→捕虜（1949年捕虜条約の適用）

　・そうでない者→捕虜資格なし（1949年ジュネーヴ第
　　四条約〔文民条約〕が規定する「被抑留者」に該当す
　　る場合あり）

「戦闘員」の要件について，1949年捕虜条約及び1977年第
一追加議定書が詳細に規定している。[33]

＊1949年捕虜条約4条

A(1)紛争当事国の軍隊の構成員（正規軍）

　(2)不正規軍（民兵隊，義勇隊，組織的抵抗運動団体）で次の条
　　件を満たすもの

　　(a)部下について責任を負う一人の者が指揮している

　　(b)遠方から認識可能な固着の特殊標章を有する

　　(c)公然と武器を携行している

　　(d)戦争の法規及び慣例に従って行動している

　1977年第一追加議定書では，1949年捕虜条約のように正規
軍／不正規軍を区別せずに，「部下の行動について当該紛争
当事者に対して責任を負う司令部の下にある組織され及び武
装したすべての兵力，集団及び部隊」を紛争当事者（民族解
放団体を含む）の軍隊と定義して，戦闘員の要件を緩和した。[34]
戦闘員が諜報活動を行っていた場合（46条）及び傭兵（47条）
は捕虜資格を有しない。

◆米国によるキューバ・グアンタナモ米海軍基地における抑留

　　2001年9・11後の米国によるアフガニスタン攻撃に
おいては，アフガニスタンのタリバン兵士及びテロ組織
アルカイダの構成員が多数捕えられ，グアンタナモ基地
に移送，抑留されている。米国は抑留者が「不法戦闘員
（unlawful combatants）」であり，1949年捕虜条約上
の「捕虜」には該当しないとした。

　　対テロ戦争の名の下で，尋問及び情報収集目的による
無期限の抑留を行うことは国際法に反する。[35]米国連邦最
高裁判所は2006年6月29日 Hamdan v. Rumsfeld 事

＊33　国内法として，「武
力攻撃事態における捕虜等
の取扱いに関する法律」
（2005年施行）がある。

＊34　そして，戦闘員は
「攻撃又は攻撃の準備のた
めの軍事行動を行っている
間，自己と文民たる住民と
を区別する義務」を負い
（第一追加議定書44条3
項），これを満たさない場
合は捕虜資格を失うとした
（同4項）。もっとも，戦闘
員が自己を文民と区別する
ことができない状況（ゲリ
ラ戦等）を認め，その場合
は交戦の間及び自己が参加
する攻撃に先立つ軍事展開
中に敵に目撃されている
間，武器を公然と携行する
ことを条件とした。

＊35　抑留に至った状況に
より，1949年ジュネーヴ諸
条約や人権条約（恣意的拘
禁について規定する自由権
規約9条等）が適用可能で
ある。

件（原告は抑留者，被告は当時の米国国防長官）におい
て，グアンタナモ基地の抑留者を裁く「特別軍事法廷」
は1949年ジュネーヴ諸条約に反すると判示した。

3　捕虜の保護[*36]

　2003年からのイラク戦争においては，アブグレイブ刑務所
において米軍兵士がイラク人捕虜を虐待していた事実が明ら
かとなり，1949年捕虜条約違反が問題となった。1949年捕虜
条約は捕虜の保護を以下のように詳細に規定している。

> ・常に人道的に待遇される。抑留国の不法の作為又は不
> 　作為で捕虜を死に至らしめ，又はその健康に重大な危
> 　険を及ぼすものは禁止される。
> 　（特に，医療上正当とは認められない身体の切断や医
> 　学的・科学的実験は禁止される。）
> ・暴行又は脅迫並びに侮辱及び公衆の好奇心から保護さ
> 　れる。
> ・復仇は禁止される。
> ・身体・名誉を尊重される権利を有し，女性の場合には
> 　女性に対する考慮をもって待遇される。
> ・人種，国籍，宗教的信条もしくは政治的意見に基づい
> 　て差別されない。
> ・衛生，医療，食糧の保障を受ける。
> ・健康な捕虜には労働条件・賃金に関する規定に従い労
> 　働を課しうるが，危険な労働に使用してはならない。[*37]
> ・捕虜の裁判は，条約上の規定に従って行われる。

(10)　文化財の保護

1　文化財とは

　1990年代の旧ユーゴスラヴィア内戦でクロアチアの世界遺
産ドゥブロヴニク旧市街が破壊され，2003年のイラク戦争時
にイラク国立博物館から古代バビロニア文明の**文化財**[*]が大量
に略奪されたように，文化財は内戦や戦争において攻撃や略
奪の対象となってきた。[*38]現在，武力紛争時における文化財の
保護を規定する国際法が存在するが，どのような文化財が保
護の対象となるかについて一致した定義は存在せず，個別の
条約規定によることになる。例えば，1954年武力紛争の際の
文化財の保護のためのハーグ条約（1954年ハーグ条約）では，
①すべての人の文化的資産にとって多大な重要性を有する動

＊36　ICRC（赤十字国際委員会）の代表は捕虜を訪問することができる（1949年捕虜条約126条）。

＊37　捕虜の労働に関する国内判例として，シベリア抑留捕虜補償請求事件がある。➡第11章❸「戦後処理」

＊文化財
「文化財」の定義は，個別の条約等において定められており，国際的に統一されたものはない。「文化遺産」と表現されることも多く，最近は「文化財」よりも広い意味を有する用語と捉える見解も多い。

＊38　1991年以降の旧ユーゴスラヴィア内戦で，世界遺産ドゥブロヴニク旧市街（現在クロアチア）が破壊され，危機遺産となった（修復作業を経て，1998年に危機遺産リストから除外）。2003年のイラク戦争の際，イラク国立博物館より約1万3000点以上の文化財が略奪された。また，2022年のロシアによるウクライナ侵攻では，ウクライナの文化財が多く破壊されており，武力紛争時文化財保護委員会は「ウクライナにおける文化財の保護に関する宣言」を採択，ロシアに対し1954年ハーグ条約4条の諸義務の遵守を促すなどしている。

産又は不動産（建築・遺跡・美術品・書籍を含む），②動産文化財を保存・展示する保管施設（博物館等），動産文化財を武力紛争時に防護するための避難施設，③これら文化財が多数集中する地区，を文化財と定義する。

2　文化財保護のための国際法

今日では，複数の条約が文化財に対する攻撃やこれらを軍事的に利用することを禁止している。代表的なものは以下の通りである。

①ハーグ陸戦規則

1907年に採択されたハーグ陸戦規則[39]は，防守都市において軍事利用されていない「宗教，技芸，学術及ビ慈善ノ用ニ供セラルル建物，歴史上ノ紀念建造物」を保護の対象とし（27条），不動産文化財の保護を定めた。被占領地の場合，占領軍は公有の技芸・学術建造物の没収や技芸・学術動産の押収・破壊・毀損を禁じられる（56条）。

②1954年武力紛争の際の文化財保護条約（ハーグ条約）

第二次世界大戦において多くの文化財が破壊又は略奪された事態が憂慮され，UNESCO[*]によって作成されたのが1954年ハーグ条約である。上述の通り，「重要な文化財」が保護の対象とされ，文化財について平時からの保護措置やそれへの敵対行為・略奪等が一般的保護として禁止されるとともに，文化財集中地区や不動産文化財の軍事目標から妥当な距離をとることが特別保護として義務づけられる[40]。ただし，軍事的必要性がある場合には文化財への攻撃は可能とされている（一般的保護の場合は「真にやむを得ない軍事的必要性」がある場合，特別保護の場合は「不可避の軍事的必要性」がある場合）。なお，条約は国家間の主として武力紛争において適用され，非国際的武力紛争においては文化財尊重の義務のみ課す。

③1954年ハーグ条約第一議定書

同条約と同時に採択された第一議定書は，文化財の組織的略奪行為に対抗するため占領地からの輸出を防止するよう義務づける。

④1977年第一追加議定書

第一追加議定書は53条に文化財保護の規定を設けた。「国民の文化的又は精神的遺産を構成する歴史的建造物，芸術又は礼拝所を対象とする敵対行為を行うこと」やそれらを「軍事上の努力を支援するために利用すること」，それらを

*39　➡第10章❽「国際人道法」

* UNESCO
➡第9章❽「UNESCO（国連教育科学文化機関）」

*40　軍事目標については，第10章❽「国際人道法」参照。

「復仇の対象とすること」が禁止され，これに違反して行われる文化財への攻撃は議定書の重大な違反行為とみなされる。

⑤国際刑事裁判所規程

1998年に採択された国際刑事裁判所規程は，文化財への攻撃を戦争犯罪の一つとした。すなわち，「宗教，教育，芸術，学術若しくは慈善目的に供される建物，歴史上の記念建造物，病院及び傷病者の収容所（軍事目標ではないものに限る）を故意に狙った攻撃」であり，この規定に違反して文化財を攻撃した場合，戦争犯罪が問われることとなった。実際に，2012年にマリが付託した事態のうち，アル・マフディ事件では，マリの歴史的・宗教的施設を故意に攻撃・破壊した戦争犯罪について有罪判決が下された（2016年）。

⑥1954年ハーグ条約第二議定書

1990年代の旧ユーゴ内戦[*41]を経て，1954年のハーグ条約を補足するものとして，1954年ハーグ条約第二議定書が1999年に採択された。議定書は「軍事的必要性」の定義を明確にし，1954年ハーグ条約にいう「真にやむを得ない軍事的必要性」から文化財を攻撃できる条件として，例えば，文化財の機能から軍事目標となった場合などを定める（6条）。

③ 「ブルーシールド」

1954年ハーグ条約は，攻撃を控えるべき文化財を識別する手段として，「**ブルーシールド[*]**」と呼ばれる特殊標章を定めた。標章は青色と白色で構成されている。しかし，旧ユーゴ内戦ではブルーシールドが掲げられた文化財も多く破壊された。そのためブルーシールドの存在そのものの周知・普及も含め，その掲げ方等が課題として議論されている。

⑪ 化学兵器の禁止

① 化学兵器とは

化学兵器とは，化学作用により人や動植物を殺傷する毒ガス（マスタードガス，サリン等）を指す。これによる攻撃は，施設や兵器を破壊することなく，生命のみを殺傷する。また，防護服の着用の有無によって被害に大差が生じる。

化学兵器はその即効性ゆえに軍事的な利用価値を広く認められてきた。第一次世界大戦中の1915年，ドイツ軍がベルギーのイープルで毒ガスを放出し1万4000人のフランス軍兵

＊41　旧ユーゴスラヴィア内戦では，ボスニア・ヘルツェゴビナのイスラム寺院など多くの文化財が民族浄化の一手段として破壊された。内戦後に国連安保理決議により設置された旧ユーゴ国際刑事裁判所では，宗教施設の破壊なども訴追の対象とされた。

＊ブルーシールド

（出所）　UNESCO ウェブサイト〈http://portal.unesco.org/.../ev.php-URL_ID=36887&URL_DO=DO_TOPIC&URL_SECTION=201.html〉より。

士を死傷させたのを皮切りに，同大戦の毒ガスによる負傷者
は130万人に達し，そのうち9万人が死亡したとされている。
1980〜88年のイラン・イラク戦争でも使用され，イラクが自
国のクルド人に対しても使用したことが確認されている。
2011年からのシリア内戦でも使用された。[*42]

＊42　シリアのアサド政権
が化学兵器を使用したとし
て，2018年4月米英仏はシ
リアを空爆した。
＊化学兵器禁止条約
化学兵器禁止条約は，1968
年の核不拡散条約，1972年
の生物毒素兵器禁止条約を
受けて，大量破壊兵器とし
ては最も後に成立した軍縮
条約である。条約成立まで
長年を要したのは，大量破
壊兵器の中でも最も使用可
能性が高く，最も製造が安
価かつ容易であることか
ら，各国に禁止への抵抗が
あったこと，また，広範な
民生用途との関係で検証措
置についての合意が困難で
あったことが挙げられてい
る。➡第10章⓭「軍縮」
＊留保禁止条約
➡第2章❷「留保」

② 化学兵器を禁止する国際法

　すでに1899年第1回ハーグ平和会議での「毒ガス禁止宣
言」及び1925年の「ジュネーヴ毒ガス禁止議定書」により化
学兵器の使用は禁止されていたが，禁止の範囲や履行確保制
度が不十分であったため，毒ガスの使用が頻発した。
　1993年の**化学兵器禁止条約**は，化学兵器の使用のみならず
生産と保有を禁止し，現に保有している化学兵器の廃棄を規
定した。加えて，化学兵器生産施設の廃棄を規定し，生産手
段の廃棄によって将来にわたる生産禁止を確保している。締
約国による条約違反を監視するための国際機構としては，化
学兵器禁止機関（OPCW：Organisation for the Prohibition of
Chemical Weapons）がある。同条約は，条約本文について留保
を付すことができない，**留保禁止条約**である。同条約は1997
年に発効し，2023年現在193の締約国があり，化学兵器の使
用の禁止に関する規範は国際慣習法化したとされている。

③ サリン事件と化学兵器禁止条約

　オウム真理教関係者による松本サリン事件（1994年）及び
地下鉄サリン事件（1995年）は，化学兵器禁止条約発効
（1997年）以前のことであった。しかし，サリン製造プラント
については，条約上「化学兵器生産施設」として廃棄の対象
となる。実際に，日本はオウム真理教の「第7サティアン」
を化学兵器生産施設として申告し，化学兵器禁止機関の査察
を受けた後，1998年に廃棄した。
　また，化学兵器禁止条約はサリンの生産施設や生産量に関
して厳格に規制し，締約国に国内法の制定を義務づけてい
る。日本の国内実施法（化学兵器禁止法）によって，サリンの
製造は許可制とされ，無許可製造には罰則が設けられた。[*43]

＊43　➡第2章❻「国際
法の国内的実施」

④ 旧日本軍が中国に遺棄した化学兵器の処理

　第二次世界大戦において旧日本軍は中国各地に大量の化学
兵器を持ち込み，戦後，中国国内に遺棄された化学兵器の爆

発による死傷事故がたびたび起きている。こうした遺棄化学
兵器の放置について，日本の国内裁判所に損害賠償請求訴訟
が複数提起されたが，最高裁ですべて敗訴している（なお，
2003年9月29日東京地裁は，被害者である中国国民の損害賠償請求
を認めた。旧日本軍の遺棄行為と日本国の〔戦後の〕放置行為を別
個の行為として国家賠償法1条の適用を検討し，放置行為は不作為
による違法な公権力の行使にあたるとしたものである）。

　日本と中国がともに加盟している化学兵器禁止条約は，条
約発効後原則として10年以内に他の締約国の領域内に遺棄し
たすべての化学兵器の廃棄を完了することを締約国に義務づ
ける。そのため，日本は中国に遺棄した化学兵器を廃棄する
義務を負い，中国もまた遺棄化学兵器の所在国として廃棄の
義務を負う。

　日本政府は，日中共同で現地調査を行い，廃棄処理や発掘
回収事業を進めており，2021年末までに約9万発の遺棄化学
兵器を中国国内にて発掘回収した。

12　核兵器

1　核兵器の包括的禁止

　2017年7月7日，核兵器禁止条約が採択された。この条約
は，核兵器の使用及び使用の威嚇のみならず，核兵器の開
発・実験・生産・製造・取得・占有・貯蔵・移譲・受領・配
置・設置などを包括的に禁止した初めての国際法である。
2020年10月に発効のために必要な50カ国以上の批准が達成さ
れ，同条約は，2021年1月22日に発効した。しかしながら，
核兵器国による署名・批准がみられず，依然としてその実効
性に疑問が呈されている。

　唯一の戦争被爆国である日本は，同条約への署名・批准を
行っていない。日本政府は，安全保障の見地より核抑止力の[44]
維持を求めつつ現実的な核軍縮に取り組むことを強調し，核
兵器の即時全面的な禁止に反対する姿勢をみせている。

2　核兵器の使用の違法性

　核兵器禁止条約以前において核兵器の使用を明示的に禁止
した条約は存在していなかった。他方，裁判所における判断
において核兵器の使用の違法性が表明されてきた。

　昭和38年12月7日東京地裁判決（下田事件原爆判決[*]）は，広
島と長崎に対する原子爆弾の投下が，**無防守都市[*]**に対する無

*44　日本政府は，「核兵
器を持たず，作らず，持ち
込ませず」の非核三原則を
遵守することを表明してき
た（1967年12月11日衆議院
予算委員会における佐藤総
理答弁，1971年11月24日非
核兵器ならびに沖縄米軍基
地縮小に関する衆議院決議
など）。

**＊昭和38年12月7日東京地
裁判決（下田事件原爆判
決）**

➡第11章❸「戦後処理」

＊無防守都市
防守都市（敵国の占領の企
図に対し抵抗する都市）で
はない都市を指す。

差別攻撃として当時の国際法に違反するのみならず，不必要な苦痛を与えてはならないという**戦争法**＊の基本原則に違反していると判示した。

核兵器の威嚇・使用の合法性に関する**国際司法裁判所**＊勧告的意見（1996年）は，核兵器による威嚇・使用が人道法の原則及び規則に一般的に反するとした。しかし，裁判所は，国家の存在自体が危うくされる**自衛**＊の極限状態において，核兵器による威嚇又は使用が合法か違法かについて確定的に結論することができないとし，事実上，判断を回避する姿勢を示したことに注意が必要である。

［3］　核実験の禁止

1963年に発効した部分的核実験禁止条約は，大気圏内，宇宙空間及び水中における核実験を禁止した。これにより，放射性降下物による被害軽減が期待されたが，同条約は，地下核実験を禁止することまではしなかった。フランスや中国はこれに加入せず，これらの国による大気圏内核実験が継続された。

1996年，包括的核実験禁止条約が採択された。同条約は，地下を含むあらゆる空間におけるすべての核実験を禁止し，条約遵守のための検証機関の設置を掲げた画期的なものであった。しかし，同条約は，一定レベルの原子力技術を有するとされた44カ国の批准が発効要件となっており，効力を生じていない。

［4］　核兵器の拡散の防止

1970年，核兵器不拡散条約が発効した。この条約において，核兵器国（米，露，英，仏，中）は，核兵器を移譲しない義務を負う。他方，非核兵器国は，核兵器を受領・製造・取得しない義務の他，原子力の平和利用の義務，**国際原子力機関**＊による保障措置受諾の義務を負う。また，すべての加盟国において，核軍縮に関する条約について誠実に交渉することが約されている。

同条約は，190カ国以上が批准する実効性の高いものであるが，潜在的核兵器国と称される国の参加がみられない（加盟国であった北朝鮮は2003年に脱退）などの問題を抱えている。

⑤　核兵器の数量の制限・削減（核軍縮*）

　これまで，米ソ（露）間において，核兵器の数を制限することを目指した戦略兵器制限交渉（SALT）や，核兵器の数を削減することを目指した戦略兵器削減交渉（START）が行われてきた。その過程で，**中距離核戦力（INF）全廃条約***の締結などの成果もあったが，両国間の関係悪化などを受け，**第二次戦略兵器削減条約***が発効することはなかった。

　その後，米国の安全保障政策の変容などに基づき，米露間において，**戦略攻撃能力削減条約**（2002年），**新戦略兵器削減条約（新START）**（2010年）が締結され，核軍縮の進展がみられた。2019年，米露間の意見対立により中距離核戦力全廃条約が失効した一方，2021年2月には新戦略兵器削減条約（新START）の有効期限が延長されたが，2023年2月にロシアが同条約の履行停止を表明した。このように，核軍縮問題は一進一退を繰り返している。

⑥　非核兵器地域の設定

　特定の空間における核兵器の配備などを制限した国際法として，南極条約（1959年），宇宙条約（1967年），核兵器海底設置禁止条約（海底非核化条約，1971年）がある。

　また，特定の地域を非核兵器地帯とし，核兵器国による当該地域への核攻撃・威嚇を禁止した地域条約として，トラテロルコ条約（ラテン・アメリカ及びカリブ地域，1967年），ラロトンガ条約（南太平洋，1985年），バンコク条約（東南アジア，1995年），ペリンダバ条約（アフリカ，1996年），セメイ条約（中央アジア，2006年）があり，すべて発効済みである。

⑬　軍　縮

①　軍縮とは*45

　軍縮（disarmament）とは，軍備の全面撤廃を究極の目標としつつ，軍備の一定の制限や削減を定める部分的措置をも含む広義の用語である。現在では，軍備規制や軍備管理といった語も用いられている。

　国際連盟規約は「連盟国は，平和維持のためには，その軍備を国の安全および国際義務を協同動作をもってする強制に支障なき最低限度まで縮小するの必要あることを承認す」（8条）として軍備縮小を規定していた。これに対して国連憲章は**集団安全保障***に重点を置くもので，軍縮に関する規定

＊**核軍縮**
➡第10章⑬「軍縮」

＊**中距離核戦力（INF）全廃条約**
500〜5500kmの射程を有する地上発射型弾道ミサイル及び巡航ミサイルの撤廃を定めた米ソ（露）の二国間条約。

＊**第二次戦略兵器削減条約**
戦略核弾頭数を3000〜3500発に削減することを定めた米露の二国間条約。

＊**戦略攻撃能力削減条約**
戦略核弾頭数を1700〜2200発に削減することを定めた米露の二国間条約。

＊**新戦略兵器削減条約（新START）**
戦略核弾頭数を1550発，運搬手段数を800に制限することを定めた米露の二国間条約。米露間の核軍縮関連条約のうち現在において唯一効力が生じている条約である。

＊45　日本政府が積極的に取り組み，国際社会に対する貢献を目指している課題の一つである。

＊**集団安全保障**
➡第10章⑤「集団安全保障」

*46　軍縮を担当する機関には主に次の二つがある。軍縮委員会（Disarmament Commission）は，国連総会の補助機関としての軍縮の審議機関であり，1952年の総会決議502によって国連の原子力委員会と通常軍備委員会が統合されて設置された。軍縮会議（Conference on Disarmament）は，ジュネーヴの軍縮交渉機関であり，国連の外に設置された1960年10カ国軍縮委員会を起源とする。1978年第1回国連軍縮特別総会において国連との繋がりを強めて軍縮委員会に改められ，1984年に軍縮会議と改称された。唯一の多数国間軍縮交渉機関と位置づけられており，これまで核兵器不拡散条約，海底非核化条約，生物毒素兵器禁止条約，化学兵器禁止条約，包括的核実験禁止条約などの交渉を行ってきた。

は少ない。国連総会の権限として軍縮及び軍備規制を律する原則の審議（憲章11条），安保理の任務として軍備規制の方式を確立するための計画の作成（26条）を挙げる。

　軍縮は一国の自発的措置として行われる場合もあるが，多くの場合は条約によって加盟国が一定の軍縮措置を規定し，行われている。そのため，各々の軍縮条約に加盟しない国や条約を脱退する国が現実上深刻な問題を惹起している。

　軍備の撤廃・兵器の削減は，国連憲章が規定する国際紛争の平和的解決や武力行使の禁止とともに，平和の実現のために不可欠の事項である。

２　大量破壊兵器（WMD：Weapons of Mass Destruction）

○条約

　大量破壊兵器とは，核兵器，生物兵器，化学兵器を指し，各々軍縮条約が締結されている。生物兵器については，1972年生物毒素兵器禁止条約が締結され，締約国に「防疫の目的，身体防護の目的その他の平和的目的による正当化ができない種類及び量の微生物剤その他の生物剤又はこのような種類及び量の毒素」の開発・生産・貯蔵・取得・保有しないことを義務づけている（1条）。

○拡散防止構想（PSI：Proliferation Security Initiative）

　大量破壊兵器等関連物資の拡散阻止のため，2003年5月ブッシュ米大統領は各国が共同してとりうる措置の検討を提唱した（PSI）。米国，英国，フランス，ドイツ，スペイン，ポーランド，ポルトガル，ノルウェー，オランダ，イタリア，カナダ，オーストラリア，シンガポール，日本をはじめとする106カ国が2023年現在PSIの活動の基本原則を支持し，実質的に参加・協力している。PSIは「阻止原則宣言」を採択して，疑惑のある貨物を積載した船舶の臨検や航空機の捜索，ミサイル兵器・技術の押収といった行動を実施している。

　大量破壊兵器の拡散防止については国連安保理においても検討され，2004年4月に決議1540によって，加盟国に大量破壊兵器に関連する技術の譲渡を禁止し，加盟国に対して厳格な輸出管理体制・法制度の整備を求めた。加盟国の実施状況の報告を審査するための「1540委員会」が安保理の補助機関として設置されている。

3　通常兵器

　通常兵器とは大量破壊兵器を除く従来の兵器であり，以下の規制が進んでいる。

　対人地雷は世界70カ国以上に1億個以上が埋められており，年間2万4000人以上が犠牲になっているとされていた。1980年**特定通常兵器使用禁止制限条約**[*]（過度に傷害を与え又は無差別に効果を及ぼすことがあると認められる通常兵器の使用の禁止又は制限に関する条約）の第二議定書は，対人地雷を規制しつつも全面禁止には至らなかったため，オタワ・プロセスで成立した1997年対人地雷禁止条約[*47]（1999年発効。2023年現在，締約国164）が対人地雷の使用・貯蔵・製造・移譲を全面的に禁止した。

　クラスター弾は，複数の子弾が集束しているもので，空中から発射されると子弾が散布され広範囲に損害を及ぼす。2001年〜アフガニスタン攻撃及び，2003年〜イラク戦争における米軍による使用をはじめ，近年の紛争で多用され深刻な被害をもたらしていた。2008年にクラスター弾に関する条約が成立し（2010年発効。2023年現在，締約国111），締約国にクラスター弾の使用，開発，生産，取得，貯蔵，保有及び移譲を行わないことを義務づけている[*48]。2022年〜ウクライナ侵攻において締約国でないロシアとウクライナは，クラスター弾を使用した。

　小型武器[*]も紛争で多用され，人命を脅かすのみならず，紛争終結後の復興を妨げている。年間50万人以上が被害にあう小型武器は「実質的な大量破壊兵器」とも呼ばれ，2001年に国連小型武器会議が行動計画を採択した。小型武器を含む通常兵器の輸出入については，2013年に国連で武器貿易条約（ATT：Arms Trade Treaty）が採択された[*49]（2014年発効。2023年現在，締約国113）。これは通常兵器の輸出入及び移譲に関する国際的な共通基準の確立を通じて，通常兵器の移譲の管理強化を目指すものである。

＊特定通常兵器使用禁止制限条約（CCW：Convention on Certain Conventional Weapons）
この条約の枠組みの下，「自律型致死兵器システム」の規制が現在議論されており，2019年に政府専門家会合が採択した指針では，今後開発される新システムにも国際人道法が適用されるとしている。➡第10章❽「国際人道法」

＊47 日本は1998年に条約に加盟し，関連国内法として「対人地雷の製造の禁止及び所持の規制等に関する法律」がある。

＊48 日本は2009年に国会が承認して，2010年に締約国となった。関連国内法として「クラスター弾等の製造の禁止及び所持の規制等に関する法律」がある。

＊小型武器
一人で運搬・操作できる銃やロケット砲などをいう。銃だけで世界に6億丁以上とされている。

＊49 日本は2014年に加盟した。米国のオバマ政権は条約に署名したが，議会上院で承認が得られず批准できなかった。その後トランプ政権は上記署名自体を撤回した。➡第2章❶「条約」

▶▶ *Column* 5　平和安全法制 ◀◀

　平和安全法制は，自衛隊法や国際平和協力法などの改正を規定した「我が国及び国際社会の平和及び安全の確保に資するための自衛隊法等の一部を改正する法律」（平和安全法制整備法）と新規に制定された「国際平和共同対処事態に際して我が国が実施する諸外国の軍隊等に対する協力支援活動等に関する法律」（国際平和支援法）の二つの法律から成る。2015年9月30日に公布され，2016年3月29日に施行された。

　平和安全法制整備法が定める自衛隊法の改正においては，在外邦人等の保護措置における任務遂行型の武器使用や米軍等部隊の武器等の防護のための武器使用が自衛隊に認められるようになり，平時における米軍に対する物品役務の提供が拡大された。また，同法に基づいて内閣総理大臣が命ずることができる防衛出動の事態として，「我が国に対する外部からの武力攻撃が発生した事態又は我が国に対する外部からの武力攻撃が発生する明白な危険が切迫していると認められるに至った事態」（武力攻撃事態等）に加え，「我が国と密接な関係にある他国に対する武力攻撃が発生し，これにより我が国の存立が脅かされ，国民の生命，自由及び幸福追求の権利が根底から覆される明白な危険がある事態」（存立危機事態）が追加されることとなった。この平和安全法制整備法により改正された自衛隊法76条が，日本が集団的自衛権を行使する際の国内法上の根拠となっている（もっとも，集団的自衛権の行使は憲法9条に反し認められない，とする見解も存する）。

　同じく平和安全法制整備法が定める国際平和協力法の改正においては，国連平和維持活動（PKO）等において実施できる業務が停戦監視や被災民救援等のみならず安全確保業務，駆け付け警護，司令部業務等まで拡大された。また，同改正により，国連が統括しない人道復興支援等の活動（国際連携平和安全活動）の実施に関する要件等が新設された。

　国際平和支援法は，「国際社会の平和及び安全を脅かす事態であって，その脅威を除去するために国際社会が国連憲章の目的に従い共同して対処する活動を行い，我が国が国際社会の一員としてこれに主体的かつ積極的に寄与する必要があるもの」（国際平和共同対処事態）において，当該共同対処活動を行う諸外国の軍隊等に対して物品役務の提供を含む協力支援活動や捜索救助活動等を実施することを定めている。　（薬袋佳祐）

第11章

日本と国際法

　各国は国際法における様々な問題に対処しているが，それらは一律ではなく，それぞれの国の状況を反映している。日本もまた世界に約200ある国の一つにすぎず，他国と同様に多くの国際法上の問題に対応してきている。ここでは，第二次世界大戦後に生じてきた事例と近年関心の高まっている事例を取り上げたが，これ以外にも日本は多種多様な国際法問題を抱えていることに関心をもって考えてみてほしい。

1　対日平和条約

　1　対日平和条約の締結に至る過程

　1945年8月14日のポツダム宣言受諾，同年9月2日の降伏文書署名により，日本は第二次世界大戦に敗戦し，連合国による占領下に置かれた。当初の連合国の対日占領政策の主眼は，日本の徹底的な非軍事化であり，米国務省が作成した第一次対日平和条約草案（1947年3月・8月）は，峻厳な戦争責任を日本に求めるものであった。

　しかし，マッカーサー（連合国軍最高司令官）及びケナン（米国務省政策企画部）による現実主義に依拠した対日占領政策の転換に基づき，占領期間中の問題処理によって対日平和条約の性質を懲罰的でなく寛大なものにする方向性が定められ（1948年NSC13/2文書），日本に対する制限を限定した平和条約草案（1948年10月）が作成された。この現実主義路線を継承したダレス（米国特使〔対日平和条約交渉担当〕）は，日本の戦争責任を明示せず，戦争賠償に関する**無賠償原則**を明示して「寛大な講和」を謳った対日講和7原則（1950年9月）に基づき，日米間協議を進めていった。

　他方，イギリスは独自に，対イタリア平和条約（1947年）を原型として，戦争責任の所在等の懲罰的規定を含む対日講和問題文書（1950年12月）及び対日平和条約草案（1951年3月・4月）を作成していた。立場の異なる米英間において交渉が行われた結果，両国の妥協に基づき，「寛大な講和」を原則としつつ，主に戦争賠償や戦争犯罪人に関して米国案よ

＊無賠償原則

連合国内にある日本財産の処分及び日本による原状回復（連合国財産の返還等）を除き，すべての当事国が請求権を放棄するということ。

り厳格な対応を日本に求める方向性で対日平和条約米英共同草案（1951年5月・6月）が作成・調整されていった。同共同草案とほぼ同内容の対日平和条約案（1951年7月）にフィリピンの賠償条項修正案を加味した文言修正が行われ，対日平和条約最終案（1951年8月）が講和会議のために公表された。

　同最終案に基づく対日平和条約の署名・締結のためのサンフランシスコ講和会議（1951年9月）には，米英における**国家承認**の相違から中華人民共和国政府と中華民国政府の双方とも招請を受けず，招請を受けたビルマ（ミャンマー），インド，ユーゴスラヴィアは参加しなかった。また，同会議に参加したソ連，チェコスロバキア，ポーランドは，対日平和条約の署名に至らなかった。結果，日本を含む49カ国が署名し，1951年9月8日に「日本国との平和条約」（対日平和条約）が成立した。同条約は，1952年4月28日に発効し（当事国数46カ国），これによって対日占領が解かれ，日本の主権が回復した。

［2］　対日平和条約の主な規定内容

　対日平和条約は全7章で構成されている。第1章は平和，第2章は領域，第3章は安全，第4章は政治及び経済条項，第5章は請求権及び財産，第6章は紛争の解決，第7章は最終条項である。以下では，実体的な規範を定めた第1章から第5章までの主な規定を概観する。

　第1章（平和）では，日本国と各連合国との戦争状態が対日平和条約の発効によって終了し，これによって連合国が日本の領域に対する日本国民の完全な主権を承認することが定められている（1条）。

　第2章（領域）では，まず，朝鮮，台湾，澎湖諸島，千島列島，樺太等に対するすべての権利，権原及び請求権を日本が放棄するものとされた（2条）。ここでいう「朝鮮」に含まれる島の解釈に関連して**竹島問題***が，「千島列島」の解釈に関連して**北方領土問題***が生じている。また，日本は，琉球諸島，小笠原群島等を国連の信託統治制度に基づく米国の施政権下に置くことに同意した（3条）。

　第3章（安全）では，国連未加盟国である日本が，国連憲章に定められた**紛争の平和的解決義務***，**武力不行使義務***等を受諾する一方，**自衛権***を有し集団的安全保障取極を締結できることが承認された（5条）。その上で，外国軍隊が日本の

*国家承認
➡第1章❷「国家承認・政府承認」

*竹島問題
➡第5章❸「竹島」
*北方領土問題
➡第5章❷「北方領土」
*紛争の平和的解決義務
➡第4章　intro「紛争の平和的解決手続とは」
*武力不行使義務
➡第10章❶「戦争の禁止」
*自衛権
➡第10章❻「自衛権」

領域に駐留することが認められた（6条）。これに基づき，**日米安保体制**[*]が構築されることとなった。

　第4章（政治及び経済条項）では，戦前の条約関係の処理（7条），特定の条約における権益の放棄（8条），漁業協定・通商航海条約・**国際民間航空運送に関する条約**[*]等の交渉（9条，12条，13条）が定められた。また，日本は，極東国際軍事裁判所及び連合国**戦争犯罪法廷**[*]における判決（裁判）を受諾し，刑を執行することとされ，さらに赦免等の権限が制限されることとなった（11条）。

　第5章（請求権及び財産[*]）では，日本は，戦争中に生じさせた損害及び苦痛に関して賠償を支払うべきことを承認するが，存立可能な経済を維持する観点より，役務賠償の交渉（14条），在外日本財産の処分（14条），日本にある連合国財産の返還（15条），中立国・旧敵国にある日本財産の連合国捕虜等への補償のための赤十字国際委員会（ICRC）への引渡し（16条）を行うこととされた。以上の方法による戦争賠償の実現は，当初模索されていた金銭，金，生産物等による賠償と比較して日本の負担を緩和したものと考えられる。なお，連合国及びその国民に対する日本及びその国民のすべての請求権は放棄された（19条）。

② 国際裁判と日本

1　明治維新と国際裁判

　幕末の開国に伴い，日本は欧米諸国との関係において国際法の導入を余儀なくされた。欧米列強との間で締結された**不平等条約**[*]の撤廃を目指して，日本は条約改正のための外交交渉を進めるとともに，「文明国」の一員であることを示すために欧米の文化や法制度を次々と導入していった。国際法を守る国であると知らしめることは「文明国」の仲間入りを果たすための重要な条件であり，明治政府も国際法研究を奨励するとともにその遵守に細心の注意を払った。

　そのような状況の中，1872年には横浜港停泊中のペルー籍船から虐待を逃れて逃走した中国人の取扱いをめぐり，ペルーとの間で「**マリア・ルース号事件**[*]」が起き，ロシア皇帝による仲裁裁判で決着をみることとなった。1875年の仲裁判決は日本の行為がいかなる条約にも違反しないとして日本の主張を全面的に支持した。しかし，日本は家屋税事件（常設仲裁裁判所〔PCA〕，1905年判決）で英仏独に敗れ，その後国際

*日米安保体制
➡第10章❼「日米安保」

*国際民間航空運送に関する条約
➡第5章⓭「空Ⅱ：国際民間航空」
*戦争犯罪法廷
➡第10章❹「戦争犯罪」

*第5章（請求権及び財産）
特に請求権の放棄に関する規定は，1963年12月7日東京地裁判決（下田事件）において援用されたり，2007年4月27日最高裁判決（山西省元慰安婦事件）において考慮されたりするなど，国内裁判所における判決に重大な影響を与えている。

*不平等条約
➡序章❻「アジア」

*マリア・ルース号事件
➡第4章❷「仲裁裁判」

裁判への積極的な関与を控えるようになったといわれる。[*1]

2 国際司法裁判所の設立と日本のかかわり

第二次世界大戦後，50年以上にわたり日本は国際裁判の当事者となることはなかった。しかし，日本が外交交渉の中で国際裁判の活用を全く検討しなかったというわけではない。例えば，領土問題に関しては，竹島をめぐる紛争を国際司法裁判所（ICJ）に付託するべく韓国へ繰り返し働きかけを行い（1954年，1962年[*2]），また北方領土に関してもロシアに対してICJへの付託を提案している（1972年）。これらの紛争では，実効的支配をしている相手国側は付託への同意をせず，裁判は実現しなかった。さらに，遠洋漁業における日本の利権確保を目的として，漁業管轄権を拡大しつつあったオーストラリアやニュージーランドとの間の紛争をICJにおいて解決することを模索したこともあった。またイタリア政府との間のいわゆる「ミラノ裁判問題」[*]（1967年）も日本がICJへの紛争の付託を提案した事案である。日本政府はイタリア政府の同意を得て共同提訴に踏み切る方針であったものの，やがて紛争は自然消滅したと考えられている。

なお日本は1958年にICJ規程36条2項の受諾宣言を行い裁判所の強制管轄権を受け入れた。これはPCIJ時代に，日本が強制管轄権制度に反対していたのと対照的である。また，長期にわたり日本からICJ裁判官を輩出しており，日本政府のICJへの関与を重要視する姿勢を表している。[*3]

3 国際法の訴訟化と裁判手続の多様化の時代

現代国際法の特徴の一つは，国際裁判及びそれに準ずる手続の多様化とその利用の活発化である。ICJだけでなく，国際海洋法裁判所（ITLOS）のような特定の法分野に特化した裁判所が形成されるとともに，裁判の件数も増加してきた。

実際，日本が国際裁判の当事国となることも増えている。[*4]1999年にオーストラリア・ニュージーランドが日本を相手取って，国連海洋法条約附属書VIIの下の仲裁裁判を起こした（「みなみまぐろ事件」）。ITLOSにおいて暫定措置が命じられたものの，附属書VIIの下の仲裁裁判所は管轄権を有さないとして訴えを退けるとともにITLOSの暫定措置命令を取り消した。また，2007年にはITLOSにおいてロシアを相手取って速やかな釈放[*]の申立てを行っている。

*1　実際，大正時代・昭和初期には，常設国際司法裁判所（PCIJ）において，ウィンブルドン号事件（1923年判決）及びメーメル領域規程解釈事件（1932年判決）で共同原告として登場しただけであった。もっとも，1942年まで織田萬・安達峰一郎・長岡春一と歴代のPCIJ裁判官を輩出している。

*2　さらに，2012年にはICJへの合意付託及び日韓紛争解決交換公文に基づく調停を提案している。

ミラノ裁判問題
中谷和弘『ロースクール国際法読本』（信山社，2013年）62〜64頁に詳しい。

*3　田中耕太郎（1961〜1970年），小田滋（1976〜2003年），小和田恆（2003〜2018年），岩澤雄司（2018年〜）。

*4　裁判ではないが，GATT/WTOの下の紛争解決手続に関して，日本は，当初は付託申立てをされる一方であったが，1988年以降，この手続を積極的に利用している。また，外国企業と投資受入国との間の投資紛争を解決する投資仲裁については，日本企業が外国政府を訴える事案が近年増えているのに加え，2021年には再生可能エネルギー補助金をめぐり，日本政府も日・香港投資協定に基づく国際仲裁手続を申し立てられている。

速やかな釈放
第53富丸事件，第88豊進丸事件　➡第4章4「国際海洋法裁判所（ITLOS）」。

　さらに，2010年にはオーストラリアが日本を相手取って調査捕鯨の中止を求める裁判をICJで起こし，これにニュージーランドも第三者の立場から参加した（「南極における捕鯨事件」）。ICJは2014年に判決を下し，本件について管轄権を有するとした上で，第2期南極海鯨類捕獲調査計画（JARPA II）の関連で与えられた特別許可書は国際捕鯨取締条約（ICRW）8条1の規定の範囲内におさまらないとし，ICRWの下での日本の義務違反を認定した上で，JARPA IIに関して付与された許可等の撤回及び追加的許可を与えることを慎まなければならないと判示した。これを受け，日本政府は判決に従い，JARPA IIを取りやめることを表明した。他方，現在の国際捕鯨委員会の状況では鯨類の保存と捕鯨産業の秩序ある発展という二つの役割の両立は困難であるとしてICRWから脱退し，2019年からは日本の領海・排他的経済水域において大型鯨類を対象とした商業捕鯨を再開した。また，2015年には，ICJの選択条項受諾宣言を修正し，海洋生物資源の調査，保存，管理又は開発についての国際的な紛争が生じた場合についてはこの宣言が適用されないとした。

　国際社会における国際裁判の重要性が増すにつれ，日本が当事国として国際裁判（及びこれに類する手続）にかかわる事案も増えてきた。裁判を避けるか否かの判断や自国利益の最大化を可能にする訴訟戦術の習得を含め，国際裁判に戦略的に対応していくことは，今後の日本外交の課題であろう。

③　戦後処理

［1］　戦後処理とは

　太平洋戦争の敗戦後78年が経過するが，戦争中に行われた行為に関する国際法上の問題は現在でも継続しているものがある。戦後処理は原則として平和条約において規定されるが，実際には個々の問題に関して様々な状況が生じている。ここでは，原爆投下，捕虜，慰安婦をめぐる問題を取り上げて，戦後処理がどのようになされているかを説明する。

［2］　原爆訴訟

　1945年8月6日広島，8月9日長崎に米軍により投下された原爆の被害者5名が日本政府に損害賠償を求めた訴訟である。判決は，投下行為が国際法に違反するとしながらも，賠償は認められないとした。原告は違法の判断に，被告は賠償

＊5　また，日本はICJやITLOSにおける勧告的意見の手続にも参加している。なお，ペルーのフジモリ元大統領の引渡しをめぐり，ペルーが日本をICJに提訴するとの動きが伝えられ，ペルーが実際にICJの選択条項受諾宣言を行ったものの，同氏の日本出国に伴い紛争は消滅した。

＊6　第二次世界大戦中の韓国人の元徴用工への賠償支払いにかかわる争い（「旧朝鮮半島出身労働者問題」）について，2019年には日本政府は韓国政府に対し仲裁付託を通告したが，韓国側はこれに応じず，日韓請求権協定に基づく仲裁委員会を設置することはできなかった。

＊7　対日平和条約に関しては，国際法事例研究会『戦後賠償』（ミネルヴァ書房，2016年）が詳しい。

＊8　東京高判1963年12月7日。原告の名前から，下田判決とも呼ばれている。

の否定に満足をして控訴をしなかったため判決が確定した。

投下行為の違法性について，原爆は当時の国際法が規定していなかった新兵器であったことから，既存の条約が直接の規律対象としていないことを認めた上で，原爆のもつ破壊力を考えると無差別投下は国際法に違反すると判断した。

個人の賠償請求権に関しては，違法な戦闘行為により被害を受けた個人は特別な条約がない限り一般に国際法上賠償請求をすることはできない。日本国民は個人としてその被害に対し，日本の裁判所に米国を相手として賠償を求めることはできず，また米国の国内裁判所に訴えることもできないとした。その上で，「戦争災害に対しては当然に結果責任に基づく国家補償の問題が生ずるであろう」と指摘している。

なお，現在では原子爆弾被爆者に対する援護に関する法律（平成6年法律第117号）により援助がなされているが，その対象範囲をめぐって「黒い雨」訴訟[*9]が起きてきた。

③　捕　虜[*]

国際法上の**捕虜**として日本の軍人・軍属が第二次大戦の戦中・戦後に旧ソ連のシベリアに連行された。約70万人が分散抑留され，強制労働に従事し，栄養失調，過酷な労働，不良な衛生状態等による死者は約6万人といわれている。帰国した人達が自国民捕虜補償原則を定めた1949年の捕虜条約，慣習国際法に基づいて強制労働の賃金支払等を求めたのがシベリア抑留捕虜補償請求事件[*10]である。条約66条は，「……捕虜が属する国は，捕虜たる身分が終了した時に抑留国から捕虜に支払うべき貸方残高を当該捕虜に対して決済する責任を負う。」とされていた。また68条には労働による負傷又はその他の身体障害に関する捕虜の補償の請求について規定していた。判決では捕虜条約は遡及適用されず，国際慣習法としても成立していなかったとされた[*11]。ロシアは1956年の日ソ共同宣言により請求権の問題は処理済みであるとしている[*12]。

これとは逆に，日本軍の捕虜等とされた人々が1907年ハーグ陸戦条約3条及び1929年捕虜条約，国際慣習法に基づいて日本国に賠償を求めた国内判決として，英国人元捕虜等損害賠償請求事件[*13]及びオランダ人元捕虜等損害賠償事件[*14]がある。3条は損害がある場合には賠償の責任を負うことを定めているが，判決ではこれが国家対国家の規定であり，個人に請求権を認めるものではないとの判断を下し，請求を認めなかっ

*9　広島高判2021年7月14日判決は上告されず，7月29日に判決が確定した。

*捕虜
➡第10章❾「捕虜」

*10　東京地判1989年4月18日，東京高判1993年3月5日，最判1997年3月13日。

*11　2010年に戦後強制抑留者特別措置法が成立し給付金が支給された。なお，現在も抑留中に亡くなった人々の調査が厚生労働省により継続されている。

*12　日ソ共同宣言第6項は「……日本国及びソヴィエト社会主義共和国連邦は，1945年8月9日以来の戦争の結果として生じたそれぞれの国，その団体及び国民のそれぞれ他方の国，その団体及び国民に対するすべての請求権を，相互に，放棄する。」としている。

*13　東京地判1998年11月26日，東京高判2002年3月27日，最判2004年3月30日。

*14　東京地判1998年11月30日，東京高判2001年10月11日，最判2004年3月30日。

た。

［4］　慰安婦

　慰安婦とは，旧日本軍が利用した慰安所において，もっぱ
ら軍人に対する売春に従事した婦女の総称である。「従軍慰
安婦」と呼ばれることもあるが，当時はこの言葉が用いられ
なかったとされる。1990年に日本政府が国会で軍と国家の関
与を否定した翌年，韓国女性が慰安婦であったと初めて名乗
り出た。

　日本政府は1991年から調査を実施し，河野洋平内閣官房長
官が，いわゆる従軍慰安婦の方々にお詫びと反省の気持ちを
伝えた。1994年には村山内閣総理大臣が，心からの反省とお
詫びの気持ちを表明し，アジア女性基金が誕生することと
なった。

　日本政府は，韓国との間では1965年の日韓請求権協定によ
り，慰安婦問題を含め，完全かつ最終的に解決した，との立
場を取っていた。アジア女性基金の対応に関しても，道義的
責任からの対応であると解した。2015年12月28日に日韓外相
による合意がなされ，最終的かつ不可逆的に解決されること
を確認している。この合意はその後の韓国国内における2017
年の政権交代により，両国間での理解に齟齬が生じており，
その後も流動的である。

　なお，アジア女性基金はフィリピン，台湾，インドネシ
ア，オランダについても活動を行った。また，中華人民共和
国に関しては，山西省元慰安婦事件判決では，日中共同声明
により個人が裁判上救済を求める権利を放棄しているとされ
た。

＊15　東京地判2002年3月29日，東京高判2005年3月18日，最判2007年4月27日。

　戦争中に行われた行為より生じた様々な状況が戦後の現在
までも続いていることは，戦争の悲惨さを，そして平和の重
要性を我々に伝えている。

❹　世界遺産

［1］　文化遺産保護のはじまり

　世界の文化遺産の保存のための国際会議が初めて開催され
たのは，1874年にアンリ・デュナンの呼びかけにより，ブ
リュッセルで開催された武力紛争時の文化遺産保存のための
国際会議とされる。19世紀末から20世紀初頭にかけて，文化
遺産の保護に関する問題は，武力紛争によるそれらの破壊か

らいかにして保護するかを出発点として，人道問題と関連づけて論じられ発展してきた。この問題に取り組む初の国際条約としては「陸戦の法規と慣例に関する条約とその附属書」（1899年及び1907年のハーグ条約）が挙げられ，附属書27条では，保護すべき対象として，軍事目的に使用されていない宗教，技芸，学術等に用いられる建物，歴史上の記念建造物等が含まれている。こうした国際法の規定にもかかわらず，第一次世界大戦において多くの歴史的建造物や都市が破壊されたことにより，武力紛争時の文化遺産保護の必要性が一層高まった。国際連盟の時代になると，1921年に国際文化協力の審議機関として国際知的協力委員会（ICIC）が設置され，実施機関として，後のUNESCOの前身となる国際知的協力機関（IIIC）がパリに設立された。

　第二次世界大戦直後の1945年に採択されたUNESCO憲章では，世界の文化遺産である図書，芸術作品，歴史的科学的記念物の保護を確保するため，必要な条約を勧告する権限をUNESCOに認めた。第4回ユネスコ総会において「博物館，図書館，文書館に保存されている全ての文化的価値のある物を武力紛争から保護するための決議」が採択された。その後の武力紛争時の文化遺産保護に関する初の包括的な条約である，ハーグ条約とその第一議定書（1954年）へと結びついた。

　このように，文化遺産保護の制度は，武力紛争から生じる破壊への反作用として誕生し発展してきたが，国際連合の時代に入り，UNESCOは精力的に文化遺産保護のための条約や勧告を採択していった。この時期の主要なものとしては，「考古学的発掘に適用される国際的原則に関する勧告」（1956年），「風光の美及び特性の保全に関する勧告」（1962年），「公的又は私的工事の危機にさらされる文化財の保存に関する勧告」（1968年），そして「文化財の不法な輸出，輸入及び所有権譲渡の禁止及び防止に関する条約」（1970年）などがある。

２　世界遺産条約

　こうした国際社会の取組みの成果として，1972年「世界文化遺産及び自然遺産の保護に関する条約」（世界遺産条約）が採択された。同条約は，文化遺産保護に関する部分をUNESCOが，自然遺産保護に関する部分をIUCNがそれぞれ起草し，最終的に一つの条約としてまとめられたものである。同条約の目的は，文化遺産及び自然遺産を人類全体のた

図11-1　UNESCO 世界遺産登録の手続

1.　世界遺産条約締約国

①国内の暫定リストを作成し、UNESCO 世界遺産センターへ提出。
②暫定リストに記載された物件の中から条件が整ったものを、原則として1年につき各国1物件を UNESCO 世界遺産センターに推薦。

↓

2.　UNESCO 世界遺産センター

①各国政府からの推薦書を受理。
②推薦された物件に関して、文化遺産について国際記念物遺跡会議（ICOMOS）、自然遺産については IUCN（国際自然保護連合）の専門機関に現地調査実施を依頼。

↓

3.　ICOMOS と IUCN

①ICOMOS と IUCN の専門家が現地調査を実施し、当該地の価値や保護・保存状態、今後の保全・保存管理計画などについて評価報告書を作成。
②UNESCO 世界遺産センターに報告書を提出。

↓

4.　世界遺産委員会

ICOMOS、IUCN の報告に基づき、世界遺産リストへの登録の可否を決定。

（出所）　文化庁のウェブサイトを基に筆者作成。

めの世界の遺産として損傷，破壊等の脅威から保護し，保存するための国際的な協力及び援助の体制を確立することである。同条約では，保護の対象を，記念工作物，建造物群，遺跡，自然の地域等で普遍的価値を有するものとし（1～3条），締約国は，自国内に存在する遺産を保護する義務を認識し最善を尽くす（4条）と規定されており，自国内に存在する遺産については，保護に協力することが国際社会全体の義務である旨を定める（6条）。2022年4月現在，締約国数は194カ国であり，897件の文化遺産，218件の自然遺産，39件の複合遺産が登録されている[*16*17*18]（**図11-1**）。

3　近年の動き

　世界遺産条約以降も，UNESCO を中心とした文化遺産保護のための法制度の構築は進められており，主要なものとして「文化財の国際的交換に関する勧告」（1976年），「歴史的地区の保全及び現代的役割に関する勧告」（1976年），「伝統文化と民俗の保全に関する勧告」（1989年），「1954年ハーグ条約の第二議定書」（1999年），「水中文化遺産保護条約」

*16　日本においても，近年では毎年世界遺産の登録が行われており，2022年4月現在，総数は25件（文化遺産20件，自然遺産5件）に上る。最近のものとしては，「神宿る島」宗像・沖ノ島と関連遺産群（福岡県），長崎と天草地方の潜伏キリシタン関連遺産（長崎県・熊本県），北海道・北東北の縄文遺跡群（北海道），自然遺産として，奄美大島，徳之島，沖縄島北部及び西表島（鹿児島県・沖縄県）などがある。

*17　武力紛争，自然災害，大規模工事，都市開発，観光開発，商業的密猟などにより，その顕著な普遍的価値を損なうような重

大な危機にさらされている
世界遺産は，危機遺産リス
トに登録される。2021年現
在，危機遺産の数は52件で
ある。

＊18　イギリスのリヴァ
プール海商都市は，2004年
に世界遺産に登録された
が，2021年の第44回世界遺
産委員会において，世界遺
産としての顕著な普遍的価
値が損なわれたとして世界
遺産リストから削除され
た。これまでに削除された
遺産は，オマーンのアラビ
ア・オリックスの保護地区
（2007年）と，ドイツのド
レスデン・エルベ渓谷
（2009年）がある。リヴァ
プール海商都市は，ウォー
ター・フロント開発計画に
よる景観悪化などを理由に
2012年以降危機遺産リスト
に記載されていた。その
後，さらなる開発や，新た
なサッカー・スタジアムの
建設計画等により，顕著な
普遍的価値が損なわれたと
判断された。

（2001年），「無形文化遺産保護条約」（2003年），「文化多様性条約」（2005年）などが挙げられる。世界自然遺産保護に関しては，特に生物多様性との関連性において論じられる局面が多く，UNESCOの枠を超えて，1992年に採択された多様性条約の締約国会議において活発な議論が行われている。

　また，1960年代から70年代にかけて旧植民地諸国が独立を達成して以降，これらの諸国は，自国の伝統文化の保全や文化財の原所有国への返還を要求している。1973年には「文化価値の保存と発展」及び「収奪の犠牲になった国への美術品の返還」といった国連決議が採択された。以降，この問題は国連の場においてたびたび取り上げられており，現在では途上国の文化権の問題として議論が高まっている。自然遺産の分野においても，生物多様性条約では「原住民の社会及び地域社会の知識，工夫及び慣行を尊重し，保存し及び維持する」旨が規定されており（8条j項），こうした視点は自然遺産の審査に際して重要な指標を提供している。

事項索引

事件索引

条約・国際文書索引

●あ 行

●さ 行

執筆者紹介
（50音順）

大森正仁（おおもり　まさひと）　**編者**

慶應義塾大学大学院法学研究科公法学専攻博士課程単位取得退学。博士（法学）

現在：慶應義塾大学名誉教授

主著：『国際責任の履行における賠償の研究』慶應義塾大学出版会，2018年／「常設国際司法裁判所及び国際司法裁判所の判例における金銭賠償の一考察」岩沢雄司他編『国際関係と法の支配（小和田恒国際司法裁判所裁判官退任記念）』信山社，2021年／「国際責任法の発展に関する一考察—2000年〜2018年」芹田健太郎他編『実証の国際法学の継承（安藤仁介先生追悼）』信山社，2019年

執筆担当：1-4章 intro，2章③，3章①-③，4章②，5章⑪，11章③

小山佳枝（おやま　かえ）

慶應義塾大学大学院法学研究科公法学専攻後期博士課程単位取得退学

現在：中京大学総合政策学部教授

主著：『海の国際秩序と海洋政策』（共著）東信堂，2006年／「違法漁業防止寄港国措置協定と国内措置—IUU漁業問題をめぐる法的対応」『環境と公害』47巻3号，2018年／「水中文化遺産保護条約の意義と課題」『環境と公害』45巻3号，2016年

執筆担当：序章①，1章⑤⑥，2章④，4章③，5章⑮，6章①②⑤⑥⑧，7章④，8章④，9章④，10章①，11章④

佐々木浩子（ささき　ひろこ）

慶應義塾大学大学院法学研究科公法学専攻後期博士課程単位取得退学

現在：国立研究開発法人水産研究・教育機構水産大学校水産流通経営学科講師

主著：「「漁業主体」台湾の国際的な枠組みへの参加—かつお・まぐろ類地域漁業管理機関を素材として」『島嶼研究ジャーナル』12巻1号，2022年／「国家管轄権外区域の海洋生物多様性（BBNJ）のための枠組みに関する一考察—国連海洋法条約の下の新たな条約（BBNJ新協定）と生物多様性条約の交錯」『法學研究』94巻1号，2021年／「太平洋島嶼国における海洋の管理に関する一考察—「水域に基づく管理（zone based management)」とは何か」『島嶼研究ジャーナル』10巻1号，2020年

執筆担当：序章⑤，2章①②，4章⑤，5章③⑤⑥⑭，6章③④⑦⑨，7章①②，8章⑥，9章①②⑩⑫，10章⑤⑩，Column1, 2, 3

武井良修（たけい　よしのぶ）

オランダ・ユトレヒト大学法学博士号取得

現在：慶應義塾大学法学部准教授

主著：*Filling Regulatory Gaps in High Seas Fisheries : Discrete High Seas Fish Stocks, Deep-sea Fisheries and Vulnerable Marine Ecosystems,* Martinus Nijhoff Publishers, 2013／"Demystifying Ocean Governance", in Seline Trevisanut, Nikolaos Giannopoulos and Rozemarijn Roland Holst（eds.），*Regime Interaction in Ocean Governance : Problems, Theories and Methods,* Brill, 2020／"Are the Polar Regions Converging ? A Study of the Evolution of the International Regime Governing the Arctic in Comparison with the Antarctic Treaty System", in Mariano Aznar and Mary Footer（eds.），*Select Proceedings of the European Society of Inter-*

national Law, vol. 4, Hart Publishing, 2015

執筆担当：序章④，1章①-③，2章⑤，4章①④，5章④⑦-⑩，8章⑧，9章⑥⑪，11章②，Column4

藤原　泉（ふじわら　いずみ）

應義塾大学大学院法学研究科公法学専攻後期博士課程単位取得退学。タフツ大学フレッチャー法律外交大学院修士課程修了，修士（国際関係論）

現在：在オランダ日本大使館専門調査員

主著：「一方的制裁の合法性とその法的課題―EU 及び米国における対イラン制裁を中心に」『法律學研究』56号，2016年／「国際法における域外管轄権と米国の二次制裁」『法學政治學論究』115号，2017年／「国際法における経済制裁解除の課題と展望―最近の事例と米国制裁法の構造に照らして」『法學政治學論究』127号，2020年

執筆担当：序章③⑥，5章①②⑫⑬，7章⑥，8章②，9章③

藥袋佳祐（みない　けいすけ）

慶應義塾大学大学院法学研究科公法学専攻後期博士課程単位取得退学

現在：名城大学法学部准教授

主著："The Belgian Martens Clause: Qualitative, Quantitative, and Statistical Reanalyses of the Records of the 1899 Hague Peace Conference", *UNIVERSITY OF DETROIT MERCY LAW REVIEW*, Vol. 100, 2023／"Re-Excavation of Fault in Article 3 of the 1907 Hague Convention IV on War on Land", 『法學研究』94巻1号，2021年／"Encouragement of Learning through War Video Games as an Intelligible Textbook on International Humanitarian Law", *CORNELL INTERNATIONAL LAW JOURNAL*, Vol. 52, No. 4, 2020

執筆担当：序章②，2章⑥，4章⑥，7章⑤，8章⑨⑩⑫，9章⑤⑧⑨，10章②-④⑦⑫，11章①，Column5

尹　仁河（ゆん・いんは）

慶應義塾大学大学院法学研究科公法学専攻後期博士課程単位取得退学

現在：慶應義塾大学法学部専任講師

主著：『よくわかる国際法　第2版』（共著）ミネルヴァ書房，2014年／『プレステップ法学　第5版』（共著）弘文堂，2023年／「障害者権利条約に基づく被害者救済の意義」『法學研究』94巻1号，2021年

執筆担当：1章④⑦，7章③，8章①③⑤⑦⑪，9章⑦，10章⑥⑧⑨⑪⑬

Horitsu Bunka Sha

Basic Study Books

入門 国際法

2024年2月20日　初版第1刷発行

編著者　　大森正仁

発行者　　畑　　光

発行所　　株式会社 法律文化社

〒603-8053
京都市北区上賀茂岩ヶ垣内町71
電話 075(791)7131　FAX 075(721)8400
https://www.hou-bun.com/

印刷：共同印刷工業㈱／製本：新生製本㈱
装幀：白沢　正

ISBN978-4-589-04298-9

Ⓒ2024　Masahito Omori　Printed in Japan

乱丁など不良本がありましたら、ご連絡下さい。送料小社負担にて
お取り替えいたします。
本書についてのご意見・ご感想は、小社ウェブサイト、トップページの
「読者カード」にてお聞かせ下さい。

JCOPY 〈出版者著作権管理機構 委託出版物〉

本書の無断複写は著作権法上での例外を除き禁じられています。複写される
場合は、そのつど事前に、出版者著作権管理機構（電話 03-5244-5088,
FAX 03-5244-5089, e-mail: info@jcopy.or.jp）の許諾を得て下さい。

山形英郎編

国 際 法 入 門 〔第3版〕
―逆から学ぶ―

A 5 判・434頁・2970円

具体から抽象への目次構成や，Quiz や Point 等を用いて
わかりやすく解説。冷戦を背景とする20世紀国際法と対
比して21世紀国際法を叙述。ウクライナ情勢等国際社会
を批判的に見る眼を養う。新たに索引を付し，見出し項
目を3つの学習レベルで分類するなど学習の便宜を図る。

徳川信治・西村智朗編著

テキストブック 法と国際社会〔第2版〕

A 5 判・240頁・2530円

高校での既習事項をふまえながら大学で学ぶ国際法
の仕組み・役割をかみ砕いて解説する。授業経験に
もとづき本文の表現や説明の仕方を工夫したほか，
気候変動に関するパリ協定など，国際社会の新たな
動向を反映させた。

横田洋三編

新 国 際 人 権 入 門
―SDGs 時代における展開―

A 5 判・268頁・2970円

初学者が「国際人権」の意味や制度，権利内容を一
通り学習できる好評書の新版企画。構成を維持する
一方，SDGs と国際人権の関連に焦点を合わせ加筆
修正。新型コロナや人種差別など地球規模での人権
への制約にも留意しながら，国際人権の展開を解説。

川島 聡・菅原絵美・山崎公士著

国 際 人 権 法 の 考 え 方

A 5 判・186頁・2640円

障害者や女性への差別の是正が課題の日本社会にお
いて，国際的視点から人権を捉える素材を提供。国
際人権法の全体像・基本原則をおさえ，国内判例等
を交えつつ人権条約の内容を具体的に論じ，さらに
その実現方法まで解説。

横田洋三監修／滝澤美佐子・富田麻理
望月康恵・吉村祥子編著

入 門 国 際 機 構

A 5 判・266頁・2970円

創設70周年を迎えた国連を中心に国際機構が生まれ
た背景とその発展の歴史，組織構造とそこで働く職
員の地位を論じる。感染症の拡大防止等，国境を越
えた人類共通の問題に対して国際機構は何ができる
のかを解説する。

―――――法律文化社―――――

表示価格は消費税10％を含んだ価格です